教育部首批全国高校"双带头人"教师党支部书记工作室"党建 + 学术研究 + 育人"三位一体建设成果

——本成果适用于高等学校法学专业教学培养

新时代
中国特色社会主义
法治理论与实践

（经济法治篇）

王玉辉　梁增然

主　编

曹明睿　郭德香

副主编

知识产权出版社

全国百佳图书出版单位

—北京—

图书在版编目（CIP）数据

新时代中国特色社会主义法治理论与实践. 经济法治篇/王玉辉，梁增然主编；曹明睿，郭德香副主编. —北京：知识产权出版社，2022.1
ISBN 978 - 7 - 5130 - 7945 - 7

Ⅰ.①新… Ⅱ.①王… ②梁… ③曹… ④郭… Ⅲ.①经济—社会主义法治—研究—中国
Ⅳ.①D920. 0

中国版本图书馆 CIP 数据核字（2021）第 257341 号

责任编辑：吴亚平　　　　　　　　责任校对：王　岩
封面设计：杨杨工作室·张冀　　　责任印制：刘译文

新时代中国特色社会主义法治理论与实践（经济法治篇）

王玉辉　梁增然　主编
曹明睿　郭德香　副主编

出版发行：	知识产权出版社 有限责任公司	网　址：	http://www.ipph.cn
社　址：	北京市海淀区气象路50号院	邮　编：	100081
责编电话：	010 - 82000860 转 8672	责编邮箱：	yp. wu@ foxmail. com
发行电话：	010 - 82000860 转 8101/8102	发行传真：	010 - 82000893/82005070/82000270
印　刷：	天津嘉恒印务有限公司	经　销：	各大网上书店、新华书店及相关专业书店
开　本：	787mm×1092mm　1/16	印　张：	19.75
版　次：	2022 年 1 月第 1 版	印　次：	2022 年 1 月第 1 次印刷
字　数：	352 千字	定　价：	79.00 元
ISBN 978 - 7 - 5130 - 7945 - 7			

编 委 会

前　言

为加强党对高校的全面领导，把高校教师党支部书记队伍建设成为新时代高校党建和业务双融合、双促进的中坚力量，加快一流大学和一流学科建设、培养德智体美全面发展的社会主义建设者和接班人，教育部于 2018 年 6 月开展了首批全国高校"双带头人"（党建带头人和学术带头人）教师党支部书记工作室遴选和建设工作（全国 100 个）。王玉辉教授带领的郑州大学法学院教工第四党支部成功入选，这是我国法学专业入选的唯一一家。

入选以来，工作室秉承"党建＋学术研究＋育人"三位一体融合发展的建设目标，在党建引领下，依托所在学科深厚的学术研究能力，通过学术研究，阐明中国特色社会主义经济法治理论和实践，并将研究成果应用于课堂教学和人才培养，从而实现党建引领下的科学研究、立德树人工作新发展。本研究成果——《新时代中国特色社会主义法治理论与实践（经济法治篇）》就是这一建设背景之下的代表作。

本成果研究呈现如下特色：一是立足中国特色，紧扣时代脉搏。成果立足于中国道路、中国理论、中国实践，对中国重要的经济法治制度进行了体系化梳理和深入研究，旨在探明中国特色社会主义经济法治理论与实践发展的路径。二是主题前沿，脉络一以贯之。成果始终牢牢把握经济法治这一主题，就中国特色社会主义市场经济法治建设、生态文明法治建设、涉外（国际）法治建设三大方面的前沿议题展开探讨，力图从多角度呈现中国特色经济法治建设成就和未来发展方向。成果角度多样，统筹服务于经济法治建设这一主题。三是理论前沿，指导中国法治实践。成果紧扣我国市场经济发展中的市场竞争机制、金融财税制度、区域协调发展、黄河流域生态保护、贸易便利化、人类命运共同体等重大理论前沿问题，在体系化梳理中国建设成就的基础上，对我国未来法治完善的路径和方法提供可行性建设方案。

本成果编写团队由支部所在的经济法、环境资源法、国际法 3 个学科中

15 位学术精湛的教师组建。编写人员汇集了老、中、青 3 代研究人员，其中博士生导师 8 人，"中国哲学社会科学最有影响力学者排行榜（法学类）" 1 人，国家知识产权咨询专家、中国知识产权青联委员 2 人，国家教材委员会专家 1 人，省级学会副会长以上任职 4 人，河南省政府法律顾问 2 人，河南省学术技术带头人 1 人、河南省特聘教授 1 人、河南省优秀社科专家 2 人、河南省优秀中青年法学家 2 人。编写团队具有较高的科研能力和研究水平。

本成果的编写旨在以中国特色社会主义法治思想为引领，将经济法治理论研究与中国问题相结合，总结中国经济法治建设成就，阐明中国特色经济法治理论，指导中国经济法治实践发展，并将上述研究成果应用于课堂教学，从而为我国培养崇尚中国特色社会主义法治思想、践行中国特色社会主义法治理论、德法兼修的法治人才。作为教育部首批高校"双带头人"教师党支部书记工作室的建设成果，希望本书的出版能够为我国高校"党建 + 学术研究 + 育人"三位一体融合发展探索一条创新发展之路。

对于本书的编写，尽管我们进行了潜心研讨，精心编排、校对，但是由于编写组能力之所限，仍可能存在诸多不足，欢迎广大读者批评指正。

目　录

经 济 法 编

环 境 资 源 法 编

国 际 法 编

经济法编

新时代中国竞争中立政策的
制度特色及法治化建设*

竞争中立政策是确保政府一视同仁、平等对待各类市场主体的制度设计。在发达国家力推竞争中立等所谓的"二十一世纪新议题谈判",谋求主导国际贸易规则的背景下,我国基于深化市场经济体制改革与国际形势的要求,引入该项制度。2016 年,我国在《中华人民共和国国民经济和社会发展第十三个五年规划纲要》(以下简称《"十三五"规划纲要》)中首次在国家规划层面确立竞争中立的政策理念。❶ 2017 年我国首次在《"十三五"市场监管规划》中明确提出"竞争中立制度"一词。❷ 2021 年,《中华人民共和国国民经济和社会发展第十四个五年规划和 2035 年远景目标纲要》(以下简称《"十四

＊ 本成果系河南省高校科技创新团队支持计划"数据垄断防控"(211RTSTHN012)的阶段性成果。

** 作者简介:王玉辉,郑州大学法学院副院长、经济法律研究中心主任,教授、博士生导师。

❶ 《"十三五"规划纲要》指出:"坚持权利平等、机会平等、规则平等,更好激发非公有制经济活力和创造力。"

❷ 《"十三五"市场监管规划》指出:"实行竞争中立制度,避免对市场机制的扭曲,影响资源优化配置。"

五"规划和2035年远景目标纲要》）也对强化竞争政策基础地位作出专题部署。❶ 经过多年的制度建设与法治化路径构建，我国的竞争中立政策逐渐形成自己的制度特色。

一、竞争中立政策之历史渊源厘定

（一）政策源起：澳大利亚的国内经济改革措施

20世纪80年代，澳大利亚提出以自由和开放竞争来化解国内经济改革难题。1994年9月22日，澳大利亚竞争政策审查小组发布《竞争政策审查报告（草案）》。报告明确指出竞争中立是澳大利亚竞争政策的六要素之一。❷ 1995年，澳大利亚联邦与各州和领地最终达成《竞争原则协定》。该协定指出："竞争中立政策的目标是消除从事重大商业活动的公有制实体造成的资源分配扭曲：国有企业不应仅仅因为其公有制而享有任何竞争优势。"❸

1996年，澳大利亚发布《联邦竞争中立政策声明》。该声明确立了竞争中立的五项原则，构建了澳大利亚竞争中立政策的主体框架。具体来看，五项原则体现为：（1）税收中立原则，该原则要求国有企业不因免税或竞争对手无法获得的优势而受益；（2）信贷中立原则，该原则要求国有企业与竞争对手承担类似的信贷成本；（3）监管中立原则，该原则要求国有企业不因在与其竞争对手不同的监管环境中经营而得利；（4）合理的商业回报率原则，该原则要求企业获得足够的回报，以证明企业长期保留业务中的资产和支付

---

❶ 《"十四五"规划和2035年远景目标纲要》对强化竞争政策基础地位作出专题部署，指出："坚持鼓励竞争、反对垄断，完善竞争政策框架，构建覆盖事前、事中、事后全环节的竞争政策实施机制。统筹做好增量审查与存量清理，强化公平竞争审查制度的刚性约束，完善公平竞争审查细则，持续清理废除妨碍全国统一市场和公平竞争的规定及做法。完善市场竞争状况评估制度，建立投诉举报和处理回应机制。加大反垄断和反不正当竞争执法司法力度，防止资本无序扩张。推进能源、铁路、电信、公用事业等行业竞争性环节市场化改革，放开竞争性业务准入，进一步引入市场竞争机制，加强对自然垄断业务的监管。"

❷ 这六个要素分别为：规制企业的反竞争行为、修改不正当限制竞争的法规、改革公共垄断结构促进竞争、向第三方提供对竞争至关重要的某些设施、限制垄断定价行为、在国有企业和私营企业竞争时促进它们之间的"竞争中立"。Hilmer F. et al, National Competition Policy, p. xvii.

❸ The Council of Australian Governments. Competition Principles Agreement [EB/OL]. (1997 - 11 - 04) [2019 - 11 - 20]. https://www.coag.gov.au/about - coag/agreements/competition - principles - agreement.

商业股息是正当的；（5）价格反映成本原则，该原则要求从事重大商业活动的机构在制定价格时，将其商业活动的全部成本反映在价格上，以确保为非商业、非营利活动提供的公共资金不会被用于补贴商业活动。❶澳大利亚通过实行竞争中立政策，从实质上消除了政府所有制优势，显著提高了国有企业的效率，使国有企业的商品价格与资源成本相匹配，从而确保澳大利亚的国内经济改革顺利推进。

（二）内涵变迁：逐步走向国际化的市场准则

随着 2008 年全球经济危机的爆发，西方国家意识到国有企业尤其是发展中国家的国有企业在国际贸易中所发挥的重要作用。为此，为有效维护本国利益、确保各类企业公平参与竞争，美国、欧盟、经济合作与发展组织（OECD，简称经合组织）等国家或国际组织开始在国际层面上推广竞争中立政策，并对澳大利亚竞争中立政策作出改变。

1. OECD 发布系列竞争中立政策报告

2009 年以来，在美国和欧盟的支持下，经济合作与发展组织（OECD）发布《国有企业和竞争中立原则 2009》《澳大利亚的竞争中立和国有企业》《竞争中立和国有企业：挑战和政策选择》等系列报告。OECD 将"竞争中立"定义为："在经济市场中没有任何实体受到不正当竞争优势或劣势的影响。"OECD 在借鉴澳大利亚竞争中立政策五项原则的基础上，提出竞争中立的八项基石：（1）精简国有企业的运行方式。即在实际可行并符合效率的情况下，将国有企业的商业活动和非商业活动进行结构性分离。（2）识别直接成本。即对既进行商业活动又履行公共服务义务的国有企业确立一套合理的成本分配机制，国有企业必须保持高水平的会计要求和透明度。（3）实现商业回报率。即国有企业获得的商业回报率应该与同行业中类似公司所获得的商业回报率相当。（4）合理考量公共服务义务的成本。该原则要求既进行商业活动又履行公共服务义务的国有企业，在其履行公共服务义务的成本通过公共资金获得充分补偿时，应透明且不过度。（5）税收中立原则。该原则要

---

❶ Australian Government. Commonwealth Competitive Neutrality Policy Statement［EB/OL］. (1999 - 04 - 01)［2019 - 11 - 20］. https://treasury.gov.au/publication/commonwealth - competitive - neutrality - policy - statement.

求国有企业应当和与其具有竞争关系的经营者承担相当水平的税收负担。（6）监管中立原则。该原则要求政府应当对国有企业与私营企业进行相同的监管活动。（7）债务与补贴中立原则。该原则要求国有企业与私营企业在类似的情况下所承担的债务应支付相同的利率，且政府应确保国有企业不会因补贴融资或直接补贴而获益，不会因事实上或被认为的较低的违约风险而获得比从事类似活动的私营企业更便宜的融资。（8）政府采购中立原则。该原则要求政府采购应当按照竞争性和非歧视性的标准运作。❶《经合组织国有企业公司治理指引》建议："国有企业的法律和监管框架应确保在国有企业和私营企业竞争的市场上有一个公平的竞争环境，以避免市场扭曲。"❷ OECD 版竞争中立政策是对澳大利亚版竞争中立政策的延伸，在并未充分考虑不同国家国有企业的特殊性、市场中的作用及其对经济活动影响的情况下，只对竞争中立制度作出了一般性规定。OECD 期望尽快将竞争中立政策上升为国际准则。

2. 欧盟在其区域内部和国际两个层面实施不同内涵的竞争中立政策

欧盟在其区域内部虽未明确提出竞争中立一词，但其相关立法中无不体现着竞争中立的理念，其目的在于确保实现欧盟区域内部国有企业和私营企业间的公平竞争。其一，欧盟在《欧盟运行条约》第 106 条中明确规定国有企业应遵守竞争规则。❸ 其二，《欧盟运行条约》第 107 条严格控制国家援助。❹ 其三，发布"透明度指令"。"透明度指令"要求既有商业活动又有非

---

❶ OECD. Competitive Neutrality: Maintaining a Level Playing Field between Public and Private Business [EB/OL]. (2012 - 09 - 03) [2019 - 11 - 21]. https://read. oecd - ilibrary. org/industry - and - serv-ices/competitive - neutrality_9789264178953 - en#page28.

❷ OECD. Competitive Neutrality and State - Owned Enterprises: Challenges and Policy Options [EB/OL]. (2011 - 05 - 01) [2019 - 11 - 21]. https://www. oecd - ilibrary. org/governance/competitive - neu-trality - and - state - owned - enterprises_5kg9xfgjdhg6 - en.

❸《欧盟运行条约》第 106 条第 1 款和第 2 款分别规定："对于公共事业和成员国给予特殊或排他性权利的事业，成员国不得颁布或维持任何违反条约所载规则的措施，特别是违反第 18 条和第 101至 109 条规定的规则的措施。""受托经营具有一般经济利益的服务或具有产生收入的垄断性质的企业，在法律上或事实上不妨碍履行的情况下，应履行条约所载规则，特别是竞争规则分配给他们的特殊任务。" See Consolidated Version of the Treaty on the Functioning of the European Union, Article 106.

❹《欧盟运行条约》第 107 条第 1 款规定："除条约另有规定外，任何成员国或通过国家资源提供的任何形式的援助，只要影响到成员国之间的贸易，就应与国内市场不相容，这种援助有利于某些企业或生产某些货物，从而扭曲或威胁扭曲竞争。" See Consolidated Version of the Treaty on the Functio-ning of the European Union, Article 107.

商业活动的国有企业需将账目分开。❶ 除此之外，欧盟还在国际层面推行内涵不同于欧盟区域内部的竞争中立政策，试图将 OECD 版的竞争中立政策上升为国际贸易的共同行为准则。2012 年，欧盟与美国联合发布的《欧盟和美国关于国际投资共同原则的声明》指出："各国政府应努力提高对国家影响力对商业企业构成的具体挑战的认识，并努力协调应对这些挑战的方法。为此，欧盟和美国支持经合组织在'竞争中立'领域的工作。"欧盟在区域内部层面实施竞争中立政策主要是将"竞争中立"作为区域内部的治理工具，而其在国际层面倡导的竞争中立政策则着眼于构建具有共识性的国际贸易规则。

3. 美国在国际贸易谈判中积极输出竞争中立政策

美国并未选择将竞争中立政策引入其国内法律或政策体系之中，而是积极向其他国家和地区输出 OECD 系列报告中提出的有关竞争中立的要求。第一，美国在与其他国家签订自由贸易协定时普遍设置由对方单方面遵守的竞争中立条款。❷ 第二，美国在其《2012 美国双边投资条约范本》第 2 条第 2 款中明确规定由缔约方授权行使任何管理、行政或其他政府权力的国有企业也应遵守缔约方的义务。❸ 第三，美国还曾在《跨太平洋伙伴关系协定》[Trans - Pacific Partnership（TPP）Agreement] 谈判过程中积极倡导竞争中立，企图利用 TPP 牢牢掌握国际贸易规则的制定权。美国在参与 TPP 谈判时，曾针对国有企业要求其他参与谈判的成员国遵守一系列的要求，如确保国有企业基于商业考量进行商业交易、确保获得补贴的国有企业没有优势也不会削弱美国私营企业的实力、对国有企业和私营企业进行公正监管等，这些要求绝大多数体现的是 OECD 的研究成果。❹ 实际上，美国在国际层面积极输出竞争中立政策，目的在于通过约束其他国家的国有企业以保障美国自身的国家利益，主导全球贸易体系。

---

❶ Commission Directive 2006/111/EC of 16 November 2006 on the Transparency of Financial Relations between Member States and Public Undertakings as Well as on Financial Transparency within Certain Undertakings.

❷ 例如《美国 – 澳大利亚自贸协定》的第 14 条第 4 款第 3 项、《美国 – 新加坡自贸协定》的第 12 条第 3 款第 2 项等。

❸ U. S. Department of State. 2012 U. S. Model Bilateral Investment Treaty，Article2. 2.

❹ Office of the United States Trade Representative. Ensuring Fair Competition with State – owned Enterprises [EB/OL]. (2015 – 05 – 10) [2019 – 11 – 24]. https://ustr.gov/sites/default/files/TPP – Ensuring – Fair – Competition – with – State – Owned – Enterprises – Fact – Sheet. pdf.

二、中国竞争中立政策构建之必要性

（一）社会主义市场经济体制改革的应然选择

党的十八届三中全会提出："经济体制改革是全面深化改革的重点，核心问题是处理好政府和市场的关系，使市场在资源配置中起决定性作用和更好发挥政府作用。"❶ 资源的配置效率对经济发展的重要性不言而喻，在资源投入最小化的基础上，使得商品产量最大化才能获取丰厚的收益，而市场是资源配置的最佳方式。❷ 源起于澳大利亚的竞争中立政策虽然在形式上表现为市场主体之间的公平竞争，但其在实质上就是解决如何处理好政府和市场之间的关系。❸ 因此，我国经济体制改革的目标与竞争中立政策要解决的问题存在着高度的契合性。市场经济的基本属性在于竞争。市场经济是竞争经济，经营行为都是竞争行为。首先，竞争是提高资源配置效率的重要保障。竞争能够尽可能地提高经营者的积极性，并且经营者在竞争中随时都面临着可能失败的风险，通过市场上的优胜劣汰，资源配置的效率得到极大提高。其次，竞争是合理分配收入的有效路径。充分的竞争使得任何经营者都难以在较长的时间内获得超过市场平均水平的超额利润，促使竞争性行业中的所有经营者形成平均利润率。最后，竞争使消费者分享更多福祉。经营者之间的竞争使得消费者有了更多的选择空间，经营者在争相吸引消费者的过程中，消费者得到了实惠。因此，引入竞争中立政策，更好地保护市场公平竞争，将成为我国实现经济高质量发展目标的有力支撑。

---

❶ 改革开放以来，我国社会主义市场经济体制改革的历程其实就是我国对政府和市场关系的认识不断深化的历程。1992 年，党的十四大提出了我国经济体制改革的目标是建立社会主义市场经济体制，提出"要使市场在国家宏观调控下对资源配置起基础性作用"。此后，我们党一直在根据实践拓展和认识深化探寻政府和市场关系的科学定位。参见中共中央宣传部. 习近平新时代中国特色社会主义思想学习纲要［M］. 北京：学习出版社，人民出版社，2019：114.

❷ 中共中央文献研究室. 十八大以来重要文献选编（上）［M］. 北京：中央文献出版社，2014：499.

❸ 史际春，罗伟恒. 论"竞争中立"［J］. 经贸法律评论，2019（03）：101－119.

（二）规范政府行为的重要工具

市场以价值规律为基础自发调节配置资源以实现短期利益和部分利益，而政府则代表社会公共利益主动配置资源以实现长期利益和整体利益。❶ 可以说，问题的难点不是是否应当允许政府干预，而是如何界定政府干预的界限。为了更好地发挥政府作用，政府在进行干预时，必须强化竞争政策的基础性地位，能够用竞争政策解决的问题就不应有政府干预的介入。首先，市场作为资源配置的最佳手段，在市场机制自身能够有效运转的情况下，政府应充分尊重并利用市场机制，使各类市场主体广泛开展积极竞争，从而达到市场机制功能的最大化。其次，市场机制存在着自发性、盲目性等显著缺陷，在市场失灵现象发生时，政府作为社会公共利益的代表者，又肩负着主动维护市场公平竞争的义务，通过国家干预解决市场失灵的问题并保障宏观经济行稳致远。最后，政府在维护市场公平竞争的过程中，也应防止自身滥用行政权力排除、限制竞争，因为政府对市场失灵现象的矫正，并非是代替或排斥市场机制的存在，而是在充分尊重并利用市场机制的基础上，对市场机制的合理补充。❷ 在风险社会，源自政府公权力的风险带来了一系列的问题和挑战。❸ 因此，政府在特殊情况下对市场的干预行为理应受到必要的限制，而竞争中立政策的引入恰好可以起到限制政府不正当、不合理地干预市场的作用，从而可以成为我国规范政府行为的重要工具。

（三）加快建设创新型国家的有力举措

当前，我国经济的发展动力逐渐由要素投入转变为创新驱动，❹ 而竞争是推动技术创新的最有效形式，因为经营者只有通过不断创新，才能在市场竞争中脱颖而出。在竞争机制的作用下，经营者为谋求更多利润，就必然要不断提高劳动生产率、降低生产成本，以期以更少的投入获得更多的产出。这

---

❶ 程恩富，孙秋鹏. 论资源配置中的市场调节作用与国家调节作用——两种不同的"市场决定性作用论"［J］. 学术研究，2014（04）：63–72.

❷ 万江. 政府管制的私法效应：强制性规定司法认定的实证研究［J］. 当代法学，2020，34（02）：96–107.

❸ 姜城. 系统论视角下的行政执法风险防控［J］. 当代法学，2019，33（06）：75–82.

❹ 中共中央宣传部. 习近平新时代中国特色社会主义思想学习纲要［M］. 北京：学习出版社，人民出版社，2019：112.

也意味着，竞争能够激励经营者积极研发新技术、新产品，优化经营管理模式，以抢占行业制高点。如果有经营者因创新而获得了竞争优势，那么同行业的其他经营者将纷纷跟进，亦会通过不断创新，以获取相同的利润和市场地位。引入竞争中立政策可以保障各类市场主体处于同一创新起跑点，消除某些特定企业因人为原因而形成的额外竞争优势，鼓励各类市场主体通过竞相研发新技术确立自己的竞争优势，从而为各类市场主体营造一个激励创新的社会氛围。

（四）应对国际贸易谈判的现实需求

近年来，美国将中国、印度、巴西等新兴经济体的国有企业，甚至一些非国有企业称为"国家资本主义"，并声称将与 OECD 合作，制定"竞争中立框架"，以解决"国家资本主义"问题，这给我国的对外贸易谈判带来了不少困扰。2011 年，时任美国副国务卿 Robert D. Hormats 在《确保全球竞争的稳固基础：竞争中立》一文中甚至指出："在许多情况下，国家资本主义扭曲了全球市场贸易和投资模式，是对美国就业、利益和竞争力的直接威胁。"❶ 美国在参与 TPP 谈判之时也曾多次指责中国对待国有企业的态度不符合竞争中立政策。如今，美国虽已宣布正式退出 TPP 谈判，但作为 TPP 谈判焦点的竞争中立政策并不会因此而丧失影响力，美国也不会因此而降低其在国际社会输出其竞争中立政策以及针对中国的力度。❷ 实际上，美国在国际贸易谈判中所倡导的竞争中立政策，曲解了原本作为国内经济改革措施的竞争中立政策的原有初衷，以打压其他国家国有企业的方式，增加本国企业的不正当竞争优势，从而逐步沦为了新型贸易保护主义的工具。然而，在涉及竞争中立的国际谈判中，我国目前的应对规则仍然略显匮乏，因此，尽快对竞争中立这一议题进行有力回应，构建既符合我国国情，又能与世界接轨的竞争中立政策，将有助于我国对外贸易谈判争端的解决。

---

❶ Robert D. Hormats. Ensuring a Sound Basis for Global Competition：Competitive Neutrality ［EB/OL］.（2011 - 05 - 05）［2019 - 11 - 23］. https：//2009 - 2017. state. gov/e/rls/rmk/20092013/2011/163472. htm.

❷ 石伟. "竞争中立"制度的理论和实践 ［M］. 北京：法律出版社，2017：67.

三、中国竞争中立政策的发展进程

我国在政策层面引入竞争中立原则，既有深化市场经济体制改革的内在需要，又有应对外部国际环境的现实考虑。随着市场经济体制改革的深化、竞争政策基础性地位的逐渐确立，我国的竞争中立政策被作为竞争政策的重要组成部分得以建立完善。具体来看，我国的竞争中立政策经历了如下发展阶段。

（一）由理念转向原则期

我国竞争中立原则的雏形产生于竞争政策，竞争政策奠定了竞争中立原则的基础。最初，竞争中立原则作为政策理念，体现在党的文件、经济政策中。1980 年 10 月 17 日，《国务院关于开展和保护社会主义竞争的暂行规定》提出："允许和提倡各种经济成分之间、各个企业之间，发挥所长，开展竞争。" 1993 年 11 月 14 日，《中共中央关于建立社会主义市场经济体制若干问题的决定》明确提出，"国家要为各种所有制经济平等参与市场竞争创造条件，对各类企业一视同仁"，"发挥市场机制在资源配置中的基础性作用，必须培育和发展市场体系"，"创造平等竞争的环境，形成统一、开放、竞争、有序的大市场"。该文件首次体现了确保各类市场主体平等参与市场竞争、对各种市场主体平等对待的竞争中立理念。

2012 年 11 月 8 日，党的十八大指出，"毫不动摇鼓励、支持、引导非公有制经济发展，保证各种所有制经济依法平等使用生产要素、公平参与市场竞争、同等受到法律保护"。该文件进一步明确各市场主体需要公平竞争。2013 年 11 月 12 日，党的十八届三中全会审议通过的《中共中央关于全面深化改革若干重大问题的决定》明确提出，建设统一开放、竞争有序的市场体系，是使市场在资源配置中起决定性作用的基础；保障公平竞争，加强市场监管，维护市场秩序，是政府的重要职责。该决定为竞争政策基础性地位的确立和竞争中立政策的构建奠定了坚实的政策基础。2014 年 10 月，党的十八届四中全会审议通过的《中共中央关于全面推进依法治国若干重大问题的决定》提出："使市场在资源配置中起决定性作用和更好发挥政府作用，必须以保护产权、维护契约、统一市场、平等交换、公平竞争、有效监管为基本导向，完善社会主义市场经济法律制度。""依法加强和改善宏观调控、市场监管，反对垄断，促进合理竞争，维护公平竞争的市场秩序。"

而后，2014 年《杭州市人民政府关于杭州接轨中国（上海）自由贸易试验区发展的意见》首先正式提出遵循"竞争中立原则"。❶ 2015 年 10 月 12 日，中共中央、国务院印发《关于推进价格机制改革的若干意见》，明确指出"逐步确立竞争政策的基础性地位"。这是中央文件首次对竞争政策基础性地位的定位问题作出明确规定。

（二）从原则期转向制度期

随着国有企业改革的深化及公平竞争审查制度的推行，竞争中立的理念向纵深普及。2015 年 8 月 24 日，《中共中央、国务院关于深化国有企业改革的指导意见》出台。该指导意见指出，商业类国有企业按照市场化要求实行商业化运作，主业处于充分竞争行业和领域的商业类国有企业，原则上都要实行公司制股份制改革，国有资本可以绝对控股、相对控股，也可以参股；主业处于关系国家安全、国民经济命脉的重要行业和关键领域、主要承担重大专项任务的商业类国有企业，要保持国有资本控股地位，支持非国有资本参股，对特殊业务和竞争性业务实行业务板块有效分离，独立运作、独立核算；公益类国有企业以保障民生、服务社会、提供公共产品和服务为主要目标，引入市场机制，可以通过购买服务、特许经营、委托代理等方式，鼓励非国有企业参与经营。该指导意见的出台，进一步对非公经济放宽市场准入，各类市场主体平等参与市场竞争的权利进一步得到保障，推进了我国竞争中立政策制度化的建设。

2016 年 3 月 17 日，《中华人民共和国国民经济和社会发展第十三个五年规划纲要》进一步明确禁止有碍市场公平竞争的各种规定和做法，首次在国家规划层面确立了竞争中立的政策理念。

2016 年 6 月 1 日，国务院印发《关于在市场体系建设中建立公平竞争审查制度的意见》，要求建立公平竞争审查制度，防止政府出台妨碍公平竞争的政策措施。这标志着向中共中央和国务院提出的"逐步确立竞争政策的基础

---

❶ 《杭州市人民政府关于杭州接轨中国（上海）自由贸易试验区发展的意见》："遵循'竞争中立'原则，完善体现投资者参与、符合国际规则的信息公开机制，强化投资者权益保障和知识产权保护，探索形成政府部门、市场主体、社会组织等多方参与、透明公开的综合监管新模式，努力营造公平竞争的投资环境。"

性地位"的要求又迈出关键一步。在强化竞争政策基础性地位的过程中，实行公平竞争审查制度，从事前防范有违竞争中立原则的政策措施出台，对于我国竞争中立政策的构建具有深刻意义。

2017年1月12日，国务院印发《"十三五"市场监管规划》，首次在官方文件中明确"竞争中立制度"。《"十三五"市场监管规划》指出："以国家中长期战略规划为导向，充分尊重市场，充分发挥市场的力量，实行竞争中立制度，避免对市场机制的扭曲，影响资源优化配置。"

充分尊重市场，避免不正确的行政干预扭曲市场机制，是竞争中立政策确立的重要标志。而后，2017年10月18日，党的十九大提出："全面实施市场准入负面清单制度，清理废除妨碍统一市场和公平竞争的各种规定和做法，支持民营企业发展，激发各类市场主体活力。"十九大报告进一步从市场准入角度确保各类主体公平竞争，使竞争中立制度得以深化发展。

（三）体系化发展期

竞争中立政策以实现各类市场主体的平等竞争为核心目标，最终目的是保障市场竞争机制的正常运行以实现市场资源的优化配置。引入竞争中立制度是中国改革开放以来深化市场经济体制改革的需要。由此，我国不断地在实践中推进其体系化发展。

2019年3月5日，我国发布《2019年国务院政府工作报告》，明确阐述竞争中立制度。该报告指出："下大气力优化民营经济发展环境。坚持'两个毫不动摇'，鼓励、支持、引导非公有制经济发展。按照竞争中性原则，在要素获取、准入许可、经营运行、政府采购和招投标等方面，对各类所有制企业平等对待。""以公正监管促进公平竞争。公平竞争是市场经济的核心，公正监管是公平竞争的保障。改革完善公平竞争审查和公正监管制度，加快清理妨碍统一市场和公平竞争的各种规定和做法。""深化综合行政执法改革，清理规范行政处罚事项，坚决治理多头检查、重复检查。对监管者也要强监管、立规矩，决不允许搞选择性执法、任性执法，决不允许刁难企业和群众。""处理好政府与市场的关系，依靠改革开放激发市场主体活力……要大力推进改革开放，加快建立统一开放、竞争有序的现代市场体系，放宽市场准入，加强公正监管，打造法治化、国际化、便利化的营商环境，让各类市场主体更加活跃。"《2019年国务院政府工作报告》明确提出要按照竞争中性原则推进经济改革，以实现对各类所有制企业的平等对待，从而更好地激发经济活力。这表明竞争中性原则已开始进入国家经济发展顶层设计，对我国经济发展的重要意义已充分显现。

2019 年 3 月 26 日，国务院常务会议进一步提出，"按照竞争中性原则，加快清理修改相关法规制度，对妨碍公平竞争、束缚民营企业发展、有违内外资一视同仁的政策举措应改尽改、应废尽废"。

2019 年 12 月 4 日，中共中央、国务院发布《关于营造更好发展环境支持民营企业改革发展的意见》。该意见以公平竞争为方向，推进民营企业发展。

2019 年 10 月 22 日，国务院颁布《优化营商环境条例》，首次在立法上体系化构建了我国的竞争中立制度。该条例明确规定在市场准入、政府支持、公正监管、公平竞争等各方面确保各类市场主体获得平等对待。其中，第 10 条更是明确规定，"国家坚持权利平等、机会平等、规则平等，保障各种所有制经济平等受到法律保护"。这样，竞争中立制度在我国立法中得以体系化确立。

2020 年 5 月 11 日，《中共中央 国务院关于新时代加快完善社会主义市场经济体制的意见》指出，健全支持民营经济、外商投资企业发展的市场、政策、法治和社会环境，进一步激发活力和创造力。在要素获取、准入许可、经营运行、政府采购和招投标等方面对各类所有制企业平等对待，破除制约市场竞争的各类障碍和隐性壁垒，营造各种所有制主体依法平等使用资源要素、公开公平公正参与竞争、同等受到法律保护的市场环境。该意见为健全竞争中立制度体系进一步指明方向和路径。

四、中国竞争中立政策的制度构造与法治化实践

竞争中立政策是确保政府一视同仁、平等对待各类市场主体的制度设计。❶ 竞争中立政策的适用对象应具有多元性，其政策目标在于保护市场公平竞争，不仅要求经营者之间通过公平的方式参与市场竞争，而且要求政府为经营者之间的竞争创造公平的环境和条件。中国竞争中立政策的制度构造呈现如下特色。

---

❶ 王玉辉，雷浩然. 竞争中立政策之理论逻辑与本土化路径建构 [J]. 现代经济探讨，2020 (10)：126 – 132.

（一）基本遵循：竞争中立政策的政策目标、适用对象与实施范围

1. 竞争中立政策的政策目标在于保护市场公平竞争

保护市场公平竞争，不仅要求经营者之间通过公平的方式参与市场竞争，而且要求政府为经营者之间的竞争创造公平的环境和条件。❶ 虽然不同国家、不同版本的竞争中立政策的具体内涵不尽相同，但我国在引入竞争中立政策时应当体现公平竞争的要求。因为确保政府对待各类市场主体一视同仁、平等对待，所直接指向的就是竞争中立政策对公平竞争这一目标的追求。尽管竞争中立政策的着眼点并不在于对单个企业利益的保护，因为有竞争就会有优胜劣汰，这是竞争机制发挥作用的必然结果，但是，如果一些企业的失败是由于政府使特定企业获得不正当的竞争优势（机会）而造成的，那么市场的公平竞争就会受到严重的破坏和扭曲。因此，我国引入竞争中立政策，就是要通过保护市场公平竞争以保证竞争机制能够充分发挥作用。

2. 竞争中立政策的适用对象具有多元性

中国应对竞争中立政策的适用对象有所突破，因为政府所产生的偏向性并不仅仅发生在国有企业与民营企业之间。诚然，竞争中立政策在国外的源起和发展所指向的对象一般是国有企业，并且政府对待国有企业的偏向性问题通常也比较严重。这虽然使得政府应在国有企业与民营企业之间保持竞争中立成为广泛的共识，但绝非意味着竞争中立政策的适用对象仅限于此。因此，除依据所有制标准划分之外，中国的竞争中立制度应当适用于以下情形：（1）依据所有制标准，在国有企业和民营企业之间保持竞争中立；（2）依据资本性质标准，在中资企业和外资企业之间保持竞争中立；（3）依据企业规模标准，在大企业和中小企业之间保持竞争中立；（4）依据地区标准，在本地企业和外地企业之间保持竞争中立。政府只有在制定政策和行政执法时保障各类市场主体之间的公平竞争，才能确保整个市场的公平竞争。

3. 竞争中立政策的实施范围应限定在中国境内

竞争中立政策在不同层面实施所产生的效果具有显著差别，在国内层面

---

❶ 王先林. 竞争法学［M］. 北京：中国人民大学出版社，2018：33.

实施有利于实现该国市场的公平竞争，而在国际层面实施则极可能被新型贸易保护主义利用。❶ 这是因为竞争中立政策所保护的公平竞争不仅包括形式公平，更应体现实质公平。❷ 由于各国的国有企业在其本国的经济地位不同，承担的社会功能不同，因此各国推行的竞争中立政策应有所差异。❸ 倘若在国际层面与其他国家都遵循相同内容的竞争中立规则，表面上看似达到了形式公平，但实际上对于实现我国公有制的主体地位及国有企业的重要社会作用，却是考量不充分。如果竞争中立政策仅在国内层面实施，我国可以结合自身市场经济发展状况制定本国的竞争中立政策，更能体现实质公平的要求。因此，竞争中立政策适合作为一个国内改革措施，而不宜在国际层面实施。即使在签订国际条约或达成自贸协定时不可避免地涉及竞争中立条款，中国也应基于实质公平的考量，提出符合中国利益的竞争中立主张。

（二）内容构造：竞争中立政策的制度构成与合理豁免

1. 制度构成

除一些合理豁免之外，竞争中立政策应当适用于政府干预市场的全过程，即政府在干预市场过程中的每个环节都应以促进和保障市场公平竞争为目标。具体来看，竞争中立政策的制度构成包括以下环节。第一，市场准入中立。市场准入中立，是指政府应当确保为各类市场主体公平地提供交易机会。实现市场准入中立，目的在于避免特定企业因政府剥夺了其他企业的交易机会而获得不正当的竞争优势。第二，政策扶持中立。政策扶持中立，是指政府应当确保各类市场主体公平使用各类生产要素和公共服务资源，公平适用国家支持发展的政策。❹ 实现政策扶持中立，目的在于避免特定企业因政府额外的政策倾斜而获得不正当的竞争优势。第三，监管执法中立。监管执法中立，

---

❶ 应品广. 竞争中立：多元形式与中国应对 [J]. 国际商务研究，2015，36（06）：62 – 69.

❷ 丁茂中. 我国竞争中立政策的引入及实施 [J]. 法学，2015（09）：107 – 117.

❸ 熊月圆. "竞争中立" 视阈下的 TPP 国企规则评析 [J]. 金融发展研究，2016（09）：73 – 77.

❹ 《优化营商环境条例》第 12 条规定："国家保障各类市场主体依法平等使用资金、技术、人力资源、土地使用权及其他自然资源等各类生产要素和公共服务资源。各类市场主体依法平等适用国家支持发展的政策。政府及其有关部门在政府资金安排、土地供应、税费减免、资质许可、标准制定、项目申报、职称评定、人力资源政策等方面，应当依法平等对待各类市场主体，不得制定或者实施歧视性政策措施。"

是指政府应确保各类市场主体处在相同的监管环境中。实现监管执法中立，目的在于避免特定企业因政府执行歧视性的监管政策而获得不正当的竞争优势。第四，政务公开中立。政务公开中立，是指政府应确保各类市场主体处在相同的政府透明度中。实现政务公开中立，目的在于避免特定企业因明显的信息优势而获得不正当的竞争优势。

2. 合理豁免

为了实现特定的价值目标，政府有时会采取一些例外的政策措施。如果这些政策措施对实现政策目的不可或缺且不会严重排除和限制市场竞争，并且明确了实施期限，那么这些政策措施仍然被视为在可允许的范围内。❶ 因此，竞争中立政策的实施具有一定的界限，至少在如下情形中竞争中立政策并不适用。第一，维护国家经济安全、文化安全或者涉及国防建设的。国家安全是一个国家的核心利益，为更好地维护国家利益，在军事防务、核能利用、航空运输等涉及国家安全的领域中采取的非中立措施被视为在合法的范围之内。❷ 第二，为实现扶贫开发、救灾救助等社会保障目的的。为维护社会稳定和促进社会文明进步，政府有义务通过对资源进行再分配，保障社会成员的基本生活权利。第三，为实现节约能源资源、保护生态环境等社会公共利益的。为实现社会公共利益的需要，政府对在短期内无法带来较大经济收益的领域进行优先配置资源，可以弥补市场对于这些领域资源配置不足的问题，从而有利于我国经济社会的长远发展。

（三）法治化实践：竞争中立政策在我国立法上的体现

1. 《中华人民共和国宪法》与竞争中立

《中华人民共和国宪法》（以下简称《宪法》）作为国家的根本大法，指明了我国经济、政治的发展方向，为我国竞争中立制度的确定提供了根本法上的依据。《宪法》第 6 条规定，"国家在社会主义初级阶段，坚持公有制为主体、多种所有制经济共同发展的基本经济制度"；第 15 条规定，"国家实行

---

❶ 国务院. 关于在市场体系建设中建立公平竞争审查制度的意见 ［EB/OL］. （2016 – 06 – 01）［2020 – 01 – 03］. http://www.gov.cn/zhengce/content/2016 – 06/14/content_5082066.htm.

❷ 丁茂中. 竞争中立政策研究 ［M］. 北京：法律出版社，2018：113.

社会主义市场经济。国家加强经济立法，完善宏观调控。国家依法禁止任何组织或者个人扰乱社会经济秩序"。上述条文为竞争中立制度的确定提供了根本法上的根据。

2. 竞争法与竞争中立

竞争中立的本质就是要促进市场公平竞争。由《中华人民共和国反垄断法》（以下简称《反垄断法》）和《中华人民共和国反不正当竞争法》（以下简称《反不正当竞争法》）组成的竞争法是竞争中立理念的重要体现之一。

在我国，《反垄断法》对各类市场主体平等对待，各类市场主体均不得实施排除、限制市场竞争的滥用市场支配地位行为、垄断协议行为和违法的经营者集中行为。我国反垄断法并未对国有企业设置专门性的豁免条款，呈现出对各类市场主体，尤其是国有企业与民营企业平等对待的竞争中立规制理念。同时，我国《反垄断法》第1章第8条和第5章专设"行政垄断规制制度"，明确禁止行政机关和法律、法规授权的具有管理公共事务职能的组织不得滥用行政权力，排除、限制竞争。

2017年10月23日，国家发展改革委等五部门联合印发《公平竞争审查制度实施细则（暂行）》，明确我国推行公平竞争审查制度。这项制度要求行政机关以及法律法规授权的具有管理公共事务职能的组织，在制定市场准入、产业发展、招商引资、招标投标、政府采购、经营行为规范、资质标准等涉及市场主体经济活动的规章、规范性文件和其他政策措施时，应当进行公平竞争审查，评估对市场竞争的影响，防止排除、限制市场竞争。公平竞争审查制度的出台，有效地阻断了违反竞争中立原则的政策措施的出台，从事前确保各类市场主体公平竞争，保障竞争中立原则的推行。2021年6月29日，基于制度实施中存在的工作推进不平衡、刚性约束有待增强、整体质量有待提高等问题，国家市场监管总局等五部门印发《公平竞争审查制度实施细则》，进一步创新和完善审查方式、审查标准、监督手段等多项内容，健全公平竞争审查机制，为竞争中立原则更大力度、更深层次的推行创造了良好条件。

2020年7月20日，最高人民法院、国家发展改革委为推进竞争法的实施，联合发布《关于为新时代加快完善社会主义市场经济体制提供司法服务和保障的意见》。该意见明确提出严格遵守竞争中立原则。该意见在维护社诚信与市场秩序，营造适应经济高质量发展的法治化营商环境部分规定：加强反不正当竞争、反垄断审判工作。准确把握法律标准，恪守竞争中性原则，综合运用效能竞争、比例原则、竞争效果评估方法，建立健全第三方审查和评估机制，依法判断竞争行为的正当性，及时制止不正当竞争、垄断行为，提高违法成本，引导市场主体诚信公平有序竞争，增强市场竞争活力。

3. 《优化营商环境条例》与竞争中立

2019 年 10 月 22 日，国务院颁布《优化营商环境条例》。《优化营商环境条例》第 4 条规定："优化营商环境应当坚持市场化、法治化、国际化原则……为各类市场主体投资兴业营造稳定、公平、透明、可预期的良好环境。"第 5 条规定："国家加快建立统一开放、竞争有序的现代市场体系，依法促进各类生产要素自由流动，保障各类市场主体公平参与市场竞争。"第 6 条规定："国家鼓励、支持、引导非公有制经济发展，激发非公有制经济活力和创造力。国家进一步扩大对外开放，积极促进外商投资，平等对待内资企业、外商投资企业等各类市场主体。"第 10 条规定："国家坚持权利平等、机会平等、规则平等，保障各种所有制经济平等受到法律保护。"第 12 条规定："国家保障各类市场主体依法平等使用资金、技术、人力资源、土地使用权及其他自然资源等各类生产要素和公共服务资源。各类市场主体依法平等适用国家支持发展的政策。政府及其有关部门在政府资金安排、土地供应、税费减免、资质许可、标准制定、项目申报、职称评定、人力资源政策等方面，应当依法平等对待各类市场主体，不得制定或者实施歧视性政策措施。"第 13 条规定："招标投标和政府采购应当公开透明、公平公正，依法平等对待各类所有制和不同地区的市场主体，不得以不合理条件或者产品产地来源等进行限制或者排斥。"第 20 条规定："国家持续放宽市场准入，并实行全国统一的市场准入负面清单以外的领域，各类市场主体均可以依法平等进入。各地区、各部门不得另行制定市场准入性质的负面清单。"第 21 条规定："政府有关部门应当加大反垄断和反不正当竞争执法力度，有效预防和制止市场经济活动中的垄断行为、不正当竞争行为以及滥用行政权力排除、限制竞争的行为，营造公平竞争的市场环境。"第 26 条规定："商业银行等金融机构在授信中不得设置不合理条件，不得对民营企业、中小企业设置歧视性要求。"《优化营商环境条例》以竞争中立原则为指导，确立对内外资企业等各类市场主体一视同仁的营商环境基本制度规范，体系化构建了确保各类市场主体公平竞争的制度。

4. 部委规章等规范性文件与竞争中立

在我国全力推行竞争中立政策的进程中，国务院各部委也相继出台大量推进竞争中立政策实施的文件。如 2019 年 8 月 20 日，国家发展改革委办公厅、工业和信息化部办公厅、住房城乡建设部办公厅等联合印发《工程项目招投标领域营商环境专项整治工作方案》，要求国务院有关部门对本部门制定的部门规章、规范性文件及其他政策文件进行全面自查；各地对本地区及有关部门制定的地方性法规、地方政府规章、规范性文件及其他政策文件进行全面自查。对违反竞争中性原则、限制或者排斥不同所有制企业招投标、妨碍建立统一开放竞争有序现代市场体系的制度规定，根据权限修订、废止，或者提请本级人大、政府修订或废止。2019 年 10 月 11 日，工业和信息化部、国家发展改革委、教育部等联合印发《制造业设计能力提升专项行动计划（2019—2022 年）》，明确提出坚持市场主导。发挥市场在资源配置中的决定性作用，强化企业主体地位，坚持竞争中性原则，鼓励公平竞争，激发市场主体创新活力。更好发挥政府作用，强化公共服务，营造有利于工业设计发展的良好市场环境。2019 年 12 月 30 日中国银保监会发布《关于推动银行业和保险业高质量发展的指导意见》，要求银行保险机构要按照竞争中性原则，一视同仁、公平对待各类所有制企业。

5. 地方性规范性文件与竞争中立

在我国，随着市场决定性作用、竞争政策基础性地位的确定，各地也开始全面推进竞争中立政策的实施。2013 年 9 月 18 日，国务院批准印发《中国（上海）自由贸易试验区总体方案》，标志着上海自贸区的成立和运行。2014 年 7 月 25 日，上海市人大常委会颁布《中国（上海）自由贸易试验区条例》，自 2014 年 8 月 1 日起实施。《中国（上海）自由贸易试验区条例》第 12 条规定"暂停、取消或者放宽投资者资质要求、外资股比限制、经营范围限制等准入特别管理措施"，并且实施"负面清单"管理模式，即由国家发展改革委和商务部共同制定产业名录，除此之外在准入措施上鼓励外商投资。该措施进一步放宽市场准入、促进市场公平竞争。第 35 条规定："税务部门应当在自贸试验区开展税收征管现代化试点，提高税收效率，营造有利于企业发展、公平竞争的税收环境。"第 47 条规定："自贸试验区内各类市场主体的平等地位和发展权利，受法律保护。区内各类市场主体在监管、税收和政府采购等方面享有公平待遇。"第 56 条规定："依法在自贸试验区设立司法机构，公正高效地保障中外当事人合法权益。本市依法设立的仲裁机构应当依据法律、法规并借鉴国际商事仲裁惯例，适应自贸试验区特点完善仲裁规则，提高商事纠纷仲裁的国际化程度，并基于当事人的自主选择，提供独立、公正、专业、高效的仲裁服务。"

2014 年 4 月 19 日，《杭州市人民政府关于杭州接轨中国（上海）自由贸易试验区发展的意见》颁布。该意见指出要"遵循'竞争中立'原则，完善体现投资者参与、符合国际规则的信息公开机制，强化投资者权益保障和知识产权保护，探索形成政府部门、市场主体、社会组织等多方参与、透明公开的综合监管新模式，努力营造公平竞争的投资环境"。

2018 年 12 月 17 日，吉林省市场监督管理厅印发《吉林省市场监督管理厅支持民营经济高质量发展 30 条举措》，该举措在为民营企业营造公平竞争的市场环境部分规定："坚持竞争中立原则，对所有市场主体一视同仁、平等对待，健全竞争政策体系，防止出台在市场准入、产业发展、招商引资、招标投标、政府采购、经营规范、资质标准等方面排除、限制民营企业公平竞争的政策措施。"

2019 年 4 月 20 日，上海市科学技术委员会、上海市发展和改革委员会、上海市经济和信息化委员会、上海市教育委员会、上海市民政局、上海市财政局联合印发《关于促进新型研发机构创新发展的若干规定（试行）》，其中第 4 条规定："按照竞争中立、公平普惠原则，科技类社会组织在申报各级政府科技研发和产业创新项目、人才计划、职称评审等方面享受企事业法人同等待遇。"

2019 年 9 月 26 日，广东省人大常委会颁布《广东省促进中小企业发展条例》。该条例第 3 条规定："县级以上人民政府应当将促进中小企业发展纳入国民经济和社会发展规划，按照公平竞争原则，坚持各类企业权利平等、机会平等、规则平等，制定相应政策措施，鼓励、支持和引导中小企业发展。"

2020 年 1 月 16 日，浙江省第十三届人民代表大会第三次会议通过《浙江省民营企业发展促进条例》。该条例第 3 条规定："民营企业发展促进工作应当坚持竞争中性原则，保障民营企业与其他所有制企业依法平等使用资源要素，公开公平公正参与市场竞争，同等受到法律保护，实现权利平等、机会平等、规则平等。"

2020年3月26日，吉林市市场监督管理局发布《关于贯彻落实〈优化营商环境条例〉工作实施方案》。该方案提出："落实竞争政策基础地位。以竞争政策统领市场监管各项工作，把竞争政策理念贯穿到监管全链条。强化竞争中立原则，规范竞争行为。全面落实公平竞争审查制度，向社会公开监管规则和标准。建立面向市场主体的有违公平竞争问题的投诉举报和处理回应机制并及时向社会公布处理情况。"2021年4月7日，吉林省人民政府办公厅印发《吉林省营商环境优化提升实施方案（2021）》，提出加快打造"体制顺、机制活、政策好、审批少、手续简、成本低、服务优、办事畅、效率高"的良好营商环境。

2021年1月，中共福建省委、福建省人民政府印发《关于新时代加快完善社会主义市场经济体制的实施措施》，明确提出："全面落实公平竞争审查制度。强化竞争政策基础地位，坚持竞争中性原则，强化公平竞争审查的刚性约束，健全公平竞争审查实施机制，建立违反公平竞争问题反映和举报绿色通道。加强和规范反垄断和反不正当竞争执法，加大执法力度，提高违法成本。培育和弘扬公平竞争文化，进一步营造公平竞争的社会环境。"

五、中国竞争中立政策的实施成效

（一）持续放开市场准入

《国务院关于实行市场准入负面清单制度的意见》中阐明："市场准入负面清单制度，是指国务院以清单方式明确列出在中华人民共和国境内禁止和限制投资经营的行业、领域、业务等，各级政府依法采取相应管理措施的一系列制度安排。市场准入负面清单以外的行业、领域、业务等，各类市场主体皆可依法平等进入。"该制度是竞争中立政策下确保交易机会中立的重要手段。对此，我国从以下几个方面持续地推进和完善该制度。

第一，切实推进"全国一张清单"管理模式。加大对各类负面清单的整合力度，在全国统一的负面清单之外防止出台新的负面清单，使各类市场主体能够平等进入清单之外的相关市场。2015年10月2日，国务院制定《国务院关于实行市场准入负面清单制度的意见》，提出，我国市场准入负面清单制度按照先行先试、逐步推开的原则，从 2018 年起正式实行全国统一的市场准入负面清单制度。各地区各部门要认真落实市场准入负面清单制度。对各类市场主体基于自愿的投资经营行为，凡涉及市场准入的领域和环节，都要建立和实行负面清单制度；条件成熟时，将采取目录式管理的现行市场准入事项统一纳入市场准入负面清单。2019 年 10 月 22 日，国务院发布《优化营商环境条例》。该条例第 20 条规定："国家持续放宽市场准入，并实行全国统一的市场准入负面清单制度。市场准入负面清单以外的领域，各类市场主体均可以依法平等进入。各地区、各部门不得另行制定市场准入性质的负面清单。"2020 年 5 月 11 日，《中共中央 国务院关于新时代加快完善社会主义市场经济体制的意见》提出："全面实施市场准入负面清单制度。推行'全国一张清单'管理模式，维护清单的统一性和权威性。建立市场准入负面清单动态调整机制和第三方评估机制，以服务业为重点试点进一步放宽准入限制。建立统一的清单代码体系，使清单事项与行政审批体系紧密衔接、相互匹配。建立市场准入负面清单信息公开机制，提升准入政策透明度和负面清单使用便捷性。建立市场准入评估制度，定期评估、排查、清理各类显性和隐性壁垒，推动'非禁即入'普遍落实。改革生产许可制度。"2021 年 1 月，中共中央办公厅、国务院办公厅印发《建设高标准市场体系行动方案》，进一步提出"全面落实'全国一张清单'管理模式。严禁各地区各部门自行发布具有市场准入性质的负面清单。健全市场准入负面清单动态调整机制。建立覆盖省、市、县三级的市场准入隐性壁垒台账，畅通市场主体对隐性壁垒的意见反馈渠道和处理回应机制。制定市场准入效能评估标准并开展综合评估"。在 2021 年 3 月 11 日发布的《中华人民共和国国民经济和社会发展第十四个五年规划和 2035 年远景目标纲要》中，也进一步明确实施全国统一的市场准入负面清单制度，破除清单之外隐性准入壁垒，以服务业为重点进一步放宽准入限制。

　　在切实推进"全国一张清单"管理模式下，我国不断完善负面清单制度。2018 年 12 月 21 日，国家发展改革委、商务部印发《市场准入负面清单（2018 年版）》，将我国产业政策、投资政策及其他相关制度中涉及市场准入的内容直接纳入，其中包括《产业结构调整指导目录》中的"淘汰类项目"和"限制类项目"；《政府核准的投资项目目录》与清单相关的 10 个事项；

《互联网行业市场准入禁止许可目录》。❶ 2019 年 10 月 24 日印发的《市场准入负面清单（2019 年版）》，在 2018 年版本基础上纳入"地方国家重点生态功能区和农产品主产区产业准入负面清单（或禁止限制目录）"，❷ 实现了产业结构、政府投资、互联网、主体功能区等全国性市场准入类管理措施全部纳入。❸ 2020 年 12 月 10 日印发的《市场准入负面清单（2020 年版）》，及时移出已整合或不符合清单定位的事项措施，审慎增列金融控股公司设立相关管理措施，"全国一张清单"体系更加完善。近三年来，国家发展改革委、商务部会同各部门各地方持续清理和规范违规制定的准入类负面清单，取消各地区自行编制发布的市场准入类负面清单 23 个，有效杜绝了"负面清单满天飞"的情况，可以说市场准入负面清单制度的统一性、严肃性、权威性都在不断增强。❹

第二，继续深化市场准入负面清单动态调整机制。在坚持实现"一年一修，动态调整"的基础上，不断缩减清单事项，持续放宽各行业、各领域的市场准入限制，逐步为各类市场主体打破不合理的限制。2015 年 10 月 2 日，国务院制定《国务院关于实行市场准入负面清单制度的意见》，明确规定负面清单调整程序。该意见要求，"市场准入负面清单制度实施后，要按照简政放权、放管结合、优化服务的原则，根据改革总体进展、经济结构调整、法律法规修订等情况，适时调整市场准入负面清单。经国务院授权，发展改革委、商务部要牵头建立跨部门的议事协调机制，负责市场准入负面清单制度实施的日常工作，并组织开展第三方评估。涉及重大条目调整和增加市场准入管理措施的，报国务院批准。依据法律、行政法规和国务院决定的有关规定调整市场准入管理措施，或涉及技术性、表述性等非实质性内容调整和减少市

---

❶ 国家发展和改革委员会. 国家发改委就全面实施市场准入负面清单有关情况举行发布会［EB/OL］.（2018 - 12 - 25）［2021 - 03 - 01］. http：//www. china. com. cn/zhibo/content_74310452. htm.

❷ 国家发展和改革委员会. 一图读懂市场准入负面清单（2019 年版）［EB/OL］.（2019 - 11 - 25）［2021 - 02 - 20］. http：//www. gov. cn/fuwu/2019 - 11/25/content_5455144. htm.

❸ 郭丽岩. 健全市场准入负面清单制度体系是完善社会主义市场经济体制的重要举措［EB/OL］.（2019 - 11 - 22）［2021 - 03 - 09］. https：//www. ndrc. gov. cn/fggz/tzgg/sczrfmqd/zcjd/201911/t20191122_1204598. html? code = &state = 123.

❹ 国家发展和改革委员会. 政策研究室副主任兼委新闻发言人孟玮问答之三：刚才发言人介绍了新修订的 2020 年版市场准入负面清单. 这项制度已经实施了三年，请问总体运行情况如何？［EB/OL］.（2020 - 12 - 23）［2021 - 03 - 09］. https：//www. ndrc. gov. cn/fggz/fgzy/shgqhy/202012/t20201223_1260014. html.

场准入管理措施的，由相关部门提出调整建议，经议事协调机制审查确定后，报国务院备案。涉及国家安全的，应事先报经中央国家安全委员会审查"。2020 年 5 月 11 日，《中共中央 国务院关于新时代加快完善社会主义市场经济体制的意见》和 2021 年 1 月 31 日中共中央办公厅、国务院办公厅印发的《建设高标准市场体系行动方案》，均进一步明确提出建立、健全市场准入负面清单动态调整机制。

在负面清单动态调整方面，我国不断缩减负面清单事项。国家发展改革委、商务部发布的《市场准入负面清单（2018 年版）》包括"禁止准入类"和"许可准入类"两大类，其中禁止准入类 4 项、许可准入类 147 项，一共有 151 个事项、581 条具体管理措施，与《市场准入负面清单草案（试点版）》相比，事项减少 177 项，具体管理措施减少 288 条。❶《市场准入负面清单（2019 年版）》共列入事项 131 项，相比 2018 年版减少事项 20 项，缩减比例为 13%。其中，禁止准入类事项共 5 项，新增"不符合主体功能区建设要求的各类开发活动"事项。许可准入类事项共 126 项，涉及 18 个国民经济行业事项 105 项，《政府核准的投资项目目录》事项 10 项，《互联网市场准入禁止许可目录》事项 7 项，信用监管等其他事项 4 项。❷《市场准入负面清单（2020 年版）》共列入事项 123 项，相比 2019 年版减少 8 项，主要作出以下修订。一是放开删减一批事项措施。放开"森林资源资产评估项目核准""矿业权评估机构资质认定""碳排放权交易核查机构资格认定"等 3 条措施。根据"放管服"改革进展，删除"进出口商品检验鉴定业务的检验许可""报关企业注册登记许可""资产评估机构从事证券服务业务资格审批""证券公司董事、监事、高级管理人员任职资格核准"等 14 条管理措施。及时移出已整合或不符合清单定位的事项措施。二是调整规范部分措施表述。根据行政审批制度改革要求，缩减 20 条措施管理范围，规范 7 条备案类措施表述，将 5 条管理措施转为暂列，修改完善 72 条措施表述。三是审慎增列少数事项措施。根据《国务院关于实施金融控股公司准入管理的决定》，将金融控股公司设立

---

❶ 国家发展和改革委员会. 国家发改委就全面实施市场准入负面清单有关情况举行发布会［EB/OL］.（2018 - 12 - 25）［2021 - 03 - 01］. http：//www. china. com. cn/zhibo/content_74310452. htm.

❷ 郭丽岩. 健全市场准入负面清单制度体系是完善社会主义市场经济体制的重要举措［EB/OL］.（2019 - 11 - 22）［2021 - 03 - 09］. https：//www. ndrc. gov. cn/fggz/tzgg/sczrfmqd/zcjd/201911/t20191122_1204598. html？code = &state = 123.

相关管理措施增列入清单。新增准入事项"未获得许可或资质，不得超规模流转土地经营权"，补列个别符合清单定位且合法有效的措施。四是完善清单制度设计。对许可准入事项定义作出补充完善。衔接自然保护地体制改革进展，以及产业结构调整制度目录修订情况，对清单说明相应条款作出修正。❶经过三轮修订，2020 年版清单与 2018 年版清单相比，事项数量由 151 项缩减至 123 项，缩减比例达到 18%，与 2016 年试行的《市场准入负面清单草案（试点版）》328 项事项相比，缩减比例高达 62%。❷

第三，进一步健全市场准入审批机制。在允许市场准入的行业中继续简化审批流程，不得对各类市场主体提出不合理的要求，不得对各类市场主体采取歧视性措施，为各类市场主体进入相关市场提供一致的便利。2013 年11 月 12 日通过的《中共中央关于全面深化改革若干重大问题的决定》在"加快转变政府职能部分"提出："全面正确履行政府职能。进一步简政放权，深化行政审批制度改革，最大限度减少中央政府对微观事务的管理，市场机制能有效调节的经济活动，一律取消审批，对保留的行政审批事项要规范管理、提高效率；直接面向基层、量大面广、由地方管理更方便有效的经济社会事项，一律下放地方和基层管理。"2015 年 10 月 2 日发布的《国务院关于实行市场准入负面清单制度的意见》提出完善与市场准入负面清单制度相适应的审批体制。对限制准入事项，各级政府及其有关部门要根据审批权限，规范审批权责和标准，按照《国务院关于规范国务院部门行政审批行为改进行政审批有关工作的通知》和《国务院办公厅关于印发精简审批事项规范中介服务实行企业投资项目网上并联核准制度工作方案的通知》要求，精简前置审批，实现审批流程优化、程序规范、公开透明、权责清晰。其中，涉及国家安全、安全生产等环节的前置性审批，要依法规范和加强。鼓励各地区在省、市、县三级政府推行市场准入事项（限制类）行政审批清单，明确审批事项名称、设定依据、适用范围、实施主体、办理条件、申请材料清单及要求、办理程序

❶ 国家发展和改革委员会. 市场准入负面清单（2020 年版）［EB/OL］.（2020 - 12 - 16）［2021 - 03 - 20］. https：//www. ndrc. gov. cn/xwdt/tzgg/202012/t20201216_1252995. html？code = &state = 123.

❷ 国家发展和改革委员会. 政策研究室副主任兼委新闻发言人孟玮问答之三：刚才发言人介绍了新修订的 2020 年版市场准入负面清单。这项制度已经实施了三年，请问总体运行情况如何？［EB/OL］.（2020 - 12 - 23）［2021 - 03 - 09］. https：//www. ndrc. gov. cn/fggz/fgzy/shgqhy/202012/t20201223_1260014. html.

缩减比例应分别为 18.5%、62.5%。

及时限等。要加快建立"统一规范、并联运行，信息共享、高效便捷，阳光操作、全程监督"的网上联合审批监管平台，实现所有审批事项"一网告知、一网受理、一网办结、一网监管"。2018 年 10 月 10 日发布的《国务院关于在全国推开"证照分离"改革的通知》提出：2018 年 11 月 10 日起，在全国范围内对第一批 106 项涉企行政审批事项分别按照直接取消审批、审批改为备案、实行告知承诺、优化准入服务等四种方式实施"证照分离"改革；加强事中事后监管，建立部门间信息共享、协同监管和联合奖惩机制，形成全过程监管体系。建立长效机制，同步探索推进中央事权与地方事权的涉企行政审批事项改革，做到成熟一批复制推广一批，逐步减少涉企行政审批事项，在全国有序推开"证照分离"改革，对所有涉及市场准入的行政审批事项按照"证照分离"改革模式进行分类管理，实现全覆盖，为企业进入市场提供便利。

在逐渐取消行政许可方面，我国取得了巨大的进步。2017 年 9 月 29 日发布的《国务院关于取消一批行政许可事项的决定》规定："取消 40 项国务院部门实施的行政许可事项和 12 项中央指定地方实施的行政许可事项。另有 23 项依据有关法律设定的行政许可事项，国务院将依照法定程序提请全国人民代表大会常务委员会修订相关法律规定。"2018 年 8 月 3 日发布的《国务院关于取消一批行政许可等事项的决定》规定，取消 11 项行政许可等事项；另有 6 项依据有关法律设定的行政许可事项，国务院将依照法定程序提请全国人民代表大会常务委员会修订相关法律规定。2019 年 3 月 6 日发布的《国务院关于取消和下放一批行政许可事项的决定》规定："取消 25 项行政许可事项，下放 6 项行政许可事项的管理层级，另有 5 项依据有关法律设定的行政许可事项，国务院将依照法定程序提请全国人民代表大会常务委员会修订相关法律规定。"2020 年 9 月 21 日发布的《国务院关于取消和下放一批行政许可事项的决定》规定，取消 29 项行政许可事项，下放 4 项行政许可事项的审批层级；另有 20 项有关法律设定的行政许可事项，国务院将依照法定程序提请全国人民代表大会常务委员会修订相关法律规定。

值得一提的是，我国除发布对境内外投资者均适用的市场准入负面清单之外，还发布适用于境外投资者的外商投资负面清单。2013 年 11 月 12 日发布的《中共中央关于全面深化改革若干重大问题的决定》提出探索对外商投资实行准入前国民待遇加负面清单的管理模式。2019 年 3 月 15 日发布、2020年 1 月 1 日起实施的《中华人民共和国外商投资法》第 4 条规定"国家对外商投资实行准入前国民待遇加负面清单管理制度"。我国在 2017—2020 年，连续四年修订全国和自贸试验区外商投资准入负面清单，限制措施分别由 93 项、122 项减至 33 项、30 项。❶

（二）确保市场主体公平获得政府支持

政府对某些特定领域的扶持可以解决这些领域市场资源配置不足的问题。对此，竞争中立政策并不完全否定政府介入市场经济，给予企业以支持，而是要求政府应当公平、一视同仁地给予市场主体支持和待遇，确保各类市场主体公平地享受政策红利。具体来看，我国通过以下几方面确保市场主体公平获得政府支持。

第一，强化公平税负原则，优化税收优惠结构。2013 年 11 月 12 日，《中共中央关于全面深化改革若干重大问题的决定》发布，明确提出要"按照统一税制、公平税负、促进公平竞争的原则，加强对税收优惠特别是区域税收优惠政策的规范管理。税收优惠政策统一由专门税收法律法规规定，清理规范税收优惠政策"。这是我国在政策层面首次正式将"税收优惠"纳入公共治理的范围，进一步强化了公平税负原则。随后，2014 年、2015 年，《国务院关于清理规范税收等优惠政策的通知》《国务院关于税收等优惠政策相关事项的通知》先后发布，全面推进全面清理税收优惠政策的工作。同时，我国逐步实现收税优惠结构以直接优惠方式为主向以间接优惠方式为主转变。优惠税率、税收减免、优惠退税等直接税收优惠不仅难以激励纳税人对投资期长、获利期晚的项目进行投资，可能扭曲纳税人的决策，而且还会直接减少国家的财政收入。而加速折旧、投资抵扣、再投资退税等间接税收优惠则是将税收利益间接地赋予纳税人，可以减少对纳税人决策的扭曲，从而体现税收中立的要求。❷

第二，合理分配借贷成本。在同等的贷款政策和贷款条件下，各类市场主体本应承担同等的借贷成本，但由于明确的政府担保和隐性的政府支持等因素掣肘，使某些特定企业因具有更低的违约风险而获得了借贷成本优势，因此，我国通过合理分配各类市场主体的借贷成本，来实现债务中立的目标。

---

❶ 国家发展和改革委员会. 推进更高水平对外开放，以开放促改革促发展——国家发展改革委有关负责人就 2020 年版外商投资准入负面清单答记者问 ［EB/OL］.（2020 - 06 - 24）［2021 - 03 - 20］. https：//www.ndrc.gov.cn/xwdt/xwfb/202006/t20200624_1231928.html.

❷ 王玮. 税收优惠的公共治理：制度框架与我国的选择 ［J］. 当代财经，2017（10）：26 - 33.

2019 年 12 月 30 日，《中国银保监会关于推动银行业和保险业高质量发展的指导意见》发布。该指导意见在完善服务实体经济和人民群众生活需要的金融产品体系部分提出：银行保险机构要按照竞争中性原则，一视同仁、公平对待各类所有制企业。加大对符合产业发展方向、主业相对集中于实体经济、技术先进、产品有市场但暂时遇到困难的民营企业的支持力度。

第三，切实防止交叉补贴。防止交叉补贴，是指对于既进行商业活动，又履行公共服务义务的企业，其商业活动不得因其承担公共服务而获取的政府补贴形成额外的竞争优势。❶ 交叉补贴使特定企业从事商业活动时设定的价格没有真实地反映出其生产成本，其获得的竞争优势不是来源于企业自身的能力，而是来源于政府补贴。对此，2015 年 10 月 12 日发布的《中共中央国务院关于推进价格机制改革的若干意见》，明确要求"按照'管住中间、放开两头'总体思路，推进电力、天然气等能源价格改革，促进市场主体多元化竞争，稳妥处理和逐步减少交叉补贴，还原能源商品属性"。重申价格机制在市场机制中的核心作用，加速价格改革，有计划减少交叉补贴，加快完善主要由市场决定价格机制。随后，我国在电信、电力、水利、能源等领域颁布相关文件，进行专门性规范。2016 年 2 月 6 日颁布的《中华人民共和国电信条例》第41 条明确规定，电信业务经营者在电信业务经营活动中，不得对其经营的不同业务进行不合理的交叉补贴。2018 年 7 月 16 日国家发展改革委、国家能源局发布的《全面放开部分重点行业电力用户发用电计划实施方案》明确规定："可适当减免交叉补贴；鼓励参与跨省跨区市场化交易的市场主体消纳计划外增送清洁能源电量，并可通过协商适度降低跨省跨区输电价格。"2018 年 7 月 19 日发布的《国家发展改革委关于利用扩大跨省区电力交易规模等措施降低一般工商业电价有关事项的通知》要求："督促自备电厂承担政策性交叉补贴等电价空间，全部用于降低一般工商业电价。"2019 年 7 月 31 日，国家发展改革委办公厅、国家能源局综合司印发《关于深化电力现货市场建设试点工作的意见》，明确要求"电力现货市场价格形成机制设计应避免增加市场主体间的交叉补贴"。2020 年 12 月 23 日发布的《国务院办公厅转发国家发展改革委等部门关于清理规范城镇供水供电供气供暖行业收费促进行业高质量发展意见的通知》，提出完善电价机制，深入研究并逐步解决电价政策性交叉补贴问题。

❶ 唐宜红，姚曦. 竞争中立：国际市场新规则［J］. 国际贸易，2013（03）：54-59.

第四，确保公平引进人才。政府应为各类市场主体引进人才提供相同的政策条件，为已引进的人才提供相同的人才服务，打破人才在各类市场主体之间自由流动的壁垒。2016 年 3 月 16 日发布的《中华人民共和国国民经济和社会发展第十三个五年规划纲要》明确规定："建立健全人才流动机制，提高社会横向和纵向流动性，促进人才在不同性质单位和不同地域间有序自由流动。"2020 年 5 月 11 日发布的《中共中央 国务院关于新时代加快完善社会主义市场经济体制的意见》规定："促进劳动力、人才社会性流动，完善企事业单位人才流动机制，畅通人才跨所有制流动渠道。"该意见为推动人才公平、有序、自由流动奠定政策基础。

（三）确保实现公正监管

公正监管是公平竞争的有力保障。公正监管和公平竞争如车之两轮，共同推动市场经济这辆马车行稳致远。当前，我国不断改革和完善公正监管制度，为各类市场主体公平竞争保驾护航。

第一，在监管主体方面，实现监管机构与市场主体相分离。监管机构应当在法律层面区分于市场主体，在事实层面独立于市场主体，以确保监管主体的公正性。2017 年 1 月 12 日发布的《国务院关于印发"十三五"市场监管规划的通知》规定："坚持依法依规监管。对各类市场主体一视同仁，依法依规实施公平公正监管，平等保护各类市场主体合法权益。"2018 年 3 月 21 日，国家市场监督管理总局正式成立，全面推进"大监管"理念。

第二，在监管对象方面，实现市场主体的商业经营业务和公共服务业务相分离。通过对市场主体不同性质的业务进行有效区分，以确保监管对象的清晰性。对此，2019 年 10 月发布的《优化营商环境条例》明确规定，政府有关部门应当严格按照法律法规和职责，落实监管责任，明确监管对象和范围、厘清监管事权，依法对市场主体进行监管，实现监管全覆盖。通过区分市场主体的商业经营业务和公共服务业务，有利于节约监管成本，明确监管对象，提高监管效力。

第三，在监管机制方面，推进信用监管改革。构建以信用为基础的新型监管机制，依据市场主体的信用状况实行分级分类监管，以确保监管机制的高效性。对此，2017 年 1 月 12 日发布的《国务院关于印发"十三五"市场监管规划的通知》第 4 章明确规定："发挥企业信用监管的作用，推动企业诚信经营。"2019 年 7 月 9 日发布的《国务院办公厅关于加快推进社会信用体系建设构建以信用为基础的新型监管机制的指导意见》第 3 条明确规定："在充分掌握信用信息、综合研判信用状况的基础上，以公共信用综合评价结果、行业信用评价结果等为依据，对监管对象进行分级分类，根据信用等级高低采取差异化的监管措施。"《优化营商环境条例》第 53 条要求："政府及其有关部门应当按照国家关于加快构建以信用为基础的新型监管机制的要求，创新和完善信用监管，强化信用监管的支撑保障，加强信用监管的组织实施，不断提升信用监管效能。"2021 年 3 月 19 发布的《国务院关于落实〈政府工作报告〉重点工作分工的意见》要求："加大失信惩处力度，以公正监管促进优胜劣汰。"我国通过信用监管改革，不断提高了质量和效率。

第四，在监管模式方面，完善"双随机、一公开"监管模式。除特殊重点领域外，实现"双随机、一公开"全覆盖，有效避免监管机构与市场主体之间的利益博弈，以确保监管模式的科学性。2017 年 1 月 12 日发布的《国务院关于印发"十三五"市场监管规划的通知》明确要求："全面推行'双随机、一公开'跨部门联合检查和监管全覆盖。"2019 年 1 月 27 日发布的《国务院关于在市场监管领域全面推行部门联合"双随机、一公开"监管的意见》要求："推进'双随机、一公开'监管法治化进程。加强干部队伍建设，强化监管执法业务培训，提升市场监管领域'双随机、一公开'监管能力和水平。鼓励各地结合实际大胆探索部门联合'双随机、一公开'监管的新模式，及时总结推广先进经验。加大宣传力度，提升'双随机、一公开'监管的社会影响力和公众知晓度，加快形成政府公正监管、企业诚信自律、社会公众监督的良好氛围。"随后，我国各职能部门相继在商务监管、交通运输、养老服务综合监管等各个领域全面推行"双随机、一公开"制度。❶ 2021 年发布的《中华人民共和国国民经济和社会发展第十四个五年规划和 2035 年远景目标纲要》，进一步突出：

---

❶ 如 2019 年 6 月 28 日发布的《交通运输部关于深化"双随机、一公开"监管工作的实施意见》要求：将"双随机、一公开"作为交通运输领域全部市场监管活动的基本手段和方式，原则上所有交通运输行政检查等行政执法工作都应通过双随机抽查方式进行。2020 年 4 月 1 日发布的《商务部关于应对疫情进一步改革开放做好稳外资工作的通知》要求：深入推进商务综合执法体制改革，完善公开透明的监管规则，推进跨部门"双随机、一公开"监管，推行"互联网＋监管"。2020 年 11 月 26 日发布的《国务院办公厅关于建立健全养老服务综合监管制度促进养老服务高质量发展的意见》要求在养老服务综合监管领域建立以"双随机、一公开"监管为基本手段、以重点监管为补充、以信用监管为基础的新型监管机制。

健全以"双随机、一公开"监管和"互联网＋监管"为基本手段、以重点监管为补充、以信用监管为基础的新型监管机制，推进线上线下一体化监管。

第五，在监管理念方面，践行包容审慎监管理念。对于互联网平台经济等新业态，应秉持包容审慎的态度为其留足发展空间，同时，也要合理设置监管底线，对于其中的违法行为及时进行查处，以体现监管理念的创新性。2017年1月12日发布的《国务院关于印发"十三五"市场监管规划的通知》提出："坚持审慎监管。适应新技术、新产业、新业态、新模式蓬勃发展的趋势，围绕鼓励创新、促进创业，探索科学高效的监管机制和方式方法，实行包容式监管，改革传统监管模式，推动创新经济繁荣发展。对潜在风险大、社会风险高的领域，要严格监管，消除风险隐患。"2019年10月发布的《优化营商环境条例》明确要求："政府及其有关部门应当按照鼓励创新的原则，对新技术、新产业、新业态、新模式等实行包容审慎监管，针对其性质、特点分类制定和实行相应的监管规则和标准，留足发展空间，同时确保质量和安全，不得简单化予以禁止或者不予监管。"该条例进一步明确对于新兴领域既要通过包容审慎监管促进其创新发展，又要严格监管，促进市场主体在规范中发展。

（四）切实增强政府透明度

政府透明度是指政府在政策制定和实施中公众可获得相关信息的程度，其可以通过公众可获得政府信息的广度和深度以及政府对公众要求公开政府信息的回应性这两个方面进行衡量。❶ 政府透明度的核心在于信息的公开透明，以此来防止相关利益者之间信息不对称现象的发生❷。政府信息如果仅对特定主体披露，将会造成特定企业在招标投标、政府采购等诸多领域违背竞争中立的要求，因此，我国未来可以从以下几个角度增强政府透明度。

第一，促进政务服务数据共享。通过建设全国一体化在线政务服务平台，对各类政务信息进行系统整合，使各类市场主体能够便捷获取政务服务信息。我国在2016年12月20日发布的《"互联网＋政务服务"技术体系建设指南》明确提出："针对网上政务服务平台不互通、数据不共享等问题，加强'互联

---

❶ 丁文轩. 政府透明度与政治信任：基于2011中国城市服务型政府调查的分析［J］. 中国行政管理，2013（02）：110 – 115.

❷ 邓剑伟，张琰. 如何提升政府的透明度：新加坡的做法和启示［J］. 东南亚研究，2016（02）：49 – 56.

网+政务服务'基础平台体系建设。围绕平台架构、数据交换和信息共享等方面,开展各地区各部门一体化政务服务平台建设,实现政务服务事项统一申请、统一受理、集中办理、统一反馈和全流程监督,避免线上线下政务服务平台'两张皮'、不同地区和部门现有平台无法交互等突出问题。"2018年7月25日,国务院发布《关于加快推进全国一体化在线政务服务平台建设的指导意见》,提出"发挥国家数据共享交换平台作为国家政务服务平台基础设施和数据交换通道的作用,对于各省(自治区、直辖市)和国务院有关部门提出的政务服务数据共享需求,由国家政务服务平台统一受理和提供服务,并通过国家数据共享交换平台交换数据。进一步加强政务信息系统整合共享,简化共享数据申请使用流程,满足各地区和国务院有关部门政务服务数据需求"。该指导意见从国家的层面提出通过国家数据共享交换平台交换数据,加快数据全国共享整合的进度。随后,江苏省、云南省、青海省、河北省、海南省、天津市、辽宁省、江西省、广东省、山东省等地方发布加快推进一体化在线政务服务平台建设实施方案,来推进本地区的一体化在线政务服务平台建设。2019年12月26日,国务院办公厅发布《关于全面推进基层政务公开标准化规范化工作的指导意见》,提出"推进基层政务公开平台规范化。基层政府要加强政府信息资源的标准化、信息化管理,充分发挥政府门户网站、政务新媒体、政务公开栏等平台作用,更多运用信息化手段做好政务公开工作。县级政府门户网站作为政务公开第一平台,要集中发布本级政府及部门、乡镇(街道)应当主动公开的政府信息,开设统一的互动交流入口和在线办事入口,便利企业和群众"。该指导意见从与各类市场主体接触最多的基层政府的角度出发,强调集中、统一发布政务信息,以便利企业和群众。

第二,加强宣传解读各类法律法规和政策措施。通过创新宣传方式,拓展宣传渠道,使各类市场主体能够准确理解法律法规和政策措施。2016年11月10日,国务院办公厅发布《〈关于全面推进政务公开工作的意见〉实施细则》,在该细则强化政策解读部分提出:"国务院部门是国务院政策解读的责任主体,要围绕国务院重大政策法规、规划方案和国务院常务会议议定事项等,通过参加国务院政策例行吹风会、新闻发布会、撰写解读文章、接受媒体采访和在线访谈等方式进行政策解读,全面深入介绍政策背景、主要内容、落实措施及工作进展,主动解疑释惑,积极引导国内舆论、影响国际舆论、管理社会预期。""各地区各部门要按照'谁起草、谁解读'的原则,做好政策解读工作。"2018 年 10 月 29 日，国务院办公厅发布的《关于聚焦企业关切进一步推动优化营商环境政策落实的通知》进一步明确规定："强化政策宣传解读和舆论引导。各地区、各部门要对已出台的优化营商环境政策措施及时跟进解读，准确传递权威信息和政策意图，并向企业精准推送各类优惠政策信息，提高政策可及性。对于市场主体关注的重点难点问题，要及时研究解决，回应社会关切，合理引导预期。要总结推广基层利企便民的创新典型做法，借鉴吸收国内外有益经验，进一步推动形成竞相优化营商环境的良好局面。"2019 年 7 月 9 日，国务院办公厅发布的《关于加快推进社会信用体系建设构建以信用为基础的新型监管机制的指导意见》要求："各地区各部门要通过各种渠道和形式，深入细致向市场主体做好政策宣传解读工作，让经营者充分理解并积极配合以信用为基础的新型监管措施。加强对基层和一线监管人员的指导和培训。组织新闻媒体广泛报道，积极宣传信用监管措施及其成效，营造良好社会氛围。"2019 年 12 月 26 日，国务院办公厅发布《关于全面推进基层政务公开标准化规范化工作的指导意见》，要求"规范政务公开工作流程。基层政府要构建发布、解读、回应有序衔接的政务公开工作格局，优化政府信息管理、信息发布、解读回应、依申请公开、公众参与、监督考核等工作流程，并建立完善相关制度"。该指导意见提出政府要构建起发布、解读、回应有序衔接的政务公开格局，将解读回应作为政务公开的重要一环进行健全。提出解读有关的材料与政策文件要同步组织，可以提高政策解读的效率，并要运用各种手段回应、解释疑惑，利于政策的落实。

第三，建立政企沟通机制。通过建立多种形式的沟通渠道，使各类市场主体的反映和诉求能够及时得到政府的反馈。2014 年 10 月 30 日，国务院办公厅发布的《关于促进国家级经济技术开发区转型升级创新发展的若干意见》提出："国家级经开区要健全政企沟通机制，以投资者满意度为中心，完善基础设施建设，着力打造法治化、国际化的营商环境。"2016 年 7 月 1 日，国务院办公厅发布的《关于进一步做好民间投资有关工作的通知》也提出，各省（区、市）人民政府、各有关部门要按照建立"亲""清"政商关系要求，完善政企沟通机制，充分听取民营企业意见建议，主动改进工作。凡对企业实事求是反映问题进行打击报复的，要依法依规处理，从严追究直接责任人和有关领导人员责任。2019 年 3 月 29 日，国务院发布的《关于落实〈政府工作报告〉重点工作部门分工的意见（2019）》要求："构建亲清新型政商关系，健全政企沟通机制，激发企业家精神，促进民营经济发展升级。"2019 年 10 月 22 日，国务院发布的《优化营商环境条例》第 48 条规定："政府及其有关部门应当按照构建亲清新型政商关系的要求，建立畅通有效的政企沟通机制，采取多种方式及时听取市场主体的反映和诉求，了解市场主体生产经营中遇到的困难和问题，并依法帮助其解决。"在该条例的指引下，重庆市、四川省、江苏省、陕西省、江西省、山东省、广西壮族自治区、上海市、北京市、山西省、辽宁省、吉林省、黑龙江省、广州市、深圳特区、湖北省等地方相继出台的地方优化营商条例中均提到了建立健全政企沟通机制。

第四，建立信息公开审查机制。对政府是否将应当公开的信息予以公开，以及政府公开的内容是否真实、是否符合规定进行审查。促使政府机关依法履行职权，在保障市场主体对政务服务信息的知情权的同时，加强对其商业秘密、个人隐私的保护。2019 年 4 月 3 日修订的《中华人民共和国政府信息公开条例》第 17 条规定："行政机关应当建立健全政府信息公开审查机制，明确审查的程序和责任。行政机关应当依照《中华人民共和国保守国家秘密法》以及其他法律、法规和国家有关规定对拟公开的政府信息进行审查。行政机关不能确定政府信息是否可以公开的，应当依照法律、法规和国家有关规定报有关主管部门或者保密行政管理部门确定。"第 46 条规定："各级人民政府应当建立健全政府信息公开工作考核制度、社会评议制度和责任追究制度，定期对政府信息公开工作进行考核、评议。"在我国，广东、福建、河北等省市均相继建立起信息公开审查机制。

（五）强化公平竞争审查

2015 年 3 月 13 日，《中共中央 国务院关于深化体制机制改革加快实施创新驱动发展战略的若干意见》首次提出我国将探索实施公平竞争审查制度。同年 6 月 11 日国务院发布《关于大力推进大众创业万众创新若干政策措施的意见》，提出"加快出台公平竞争审查制度，建立统一透明、有序规范的市场环境"。同年 10 月 12 日，《中共中央 国务院关于推进价格机制改革的若干意见》，明确"逐步确立竞争政策的基础性地位"，并强调"实施公平竞争审查制度，促进统一开放、竞争有序的市场体系建设"。

2016 年 4 月 18 日，中共中央全面深化改革领导小组第二十三次会议审议通过公平竞争审查制度，并明确指出："建立公平竞争审查制度，要从维护全国统一市场和公平竞争的角度，明确审查对象和方式，按照市场准入和退出标准、商品和要素自由流动标准、影响生产经营成本标准、影响生产经营行为标准等，对有关政策措施进行审查，从源头上防止排除和限制市场竞争。要建立健全公平竞争审查保障机制，把自我审查和外部监督结合起来，加强社会监督。对涉嫌违反公平竞争审查标准的，依法查实后要作出严肃处理。"

2016 年 6 月 1 日，国务院印发《关于在市场体系建设中建立公平竞争审查制度的意见》，要求从 2016 年 7 月 1 日起政策制定机关出台涉及市场经济活动的政策措施，必须进行公平竞争审查。文件指出："建立公平竞争审查制度，要按照加快建设统一开放、竞争有序市场体系的要求，确保政府相关行为符合公平竞争要求和相关法律法规，维护公平竞争秩序，保障各类市场主体平等使用生产要素、公平参与市场竞争、同等受到法律保护，激发市场活力，提高资源配置效率，推动大众创业、万众创新，促进实现创新驱动发展和经济持续健康发展。"我国的公平竞争审查制度正式确立。

2017 年 10 月 23 日，我国颁布《公平竞争审查制度实施细则（暂行）》，进一步增强了公平竞争审查制度的操作性。2019 年 2 月 12 日，国家市场监管总局发布《公平竞争审查第三方评估实施指南》，提出"为建立健全公平竞争审查第三方评估机制，鼓励支持政策制定机关在公平竞争审查工作中引入第三方评估，提高审查质量和效果，推动公平竞争审查制度深入实施"。指南为政策制定机关在公平竞争审查中引入第三方评估提供指引。2020 年 5 月 9 日，我国发布的《市场监管总局等四部门关于进一步推进公平竞争审查工作制度的通知》规定："鼓励各地区、各部门委托高等院校、科研院所、专业咨询机构等进行公平竞争审查，充分评估政策措施对市场竞争的影响。对于拟适用例外规定的、对社会公共利益影响重大的、部门意见存在较大分歧的，以及被多个单位或个人举报涉嫌违反公平竞争审查标准的政策措施，要优先考虑引入第三方评估，保障审查质量和效果。"2021 年 6 月 29 日，国家市场监管总局等五部门印发《公平竞争审查制度实施细则》，该细则加强与《反垄断法》《优化营商环境条例》等现行法律法规和国务院规定的衔接，通过完善审查机制和程序、细化审查标准等途径切实提升制度权威。与暂行实施细则相比，其统筹力度更大、审查标准更高、监督考核更严。

目前，公平竞争审查制度在全国已基本建立。我国自正式确立公平竞争审查制度以来，取得了显著成效。

第一，公平竞争审查制度全面推进。到 2017 年底，部际联席会议 28 个成员单位、所有省级政府、93% 市级政府、50% 县级政府已部署落实。❶ 截至 2018 年底，国务院各部门、所有省级政府、98% 市级政府、85% 县级政府已部署落实。市县落实比例与 2017 年底相比分别提高了 5 个百分点和 36 个百分点。其中，北京、天津、河北等 17 个省（区、市）实现省市县三级全覆盖。❷ 截至 2019 年 2 月底，国务院的各部门、各省级政府已全部落实公平竞争审查制度，并且各省级政府指导着市级县级政府逐步推进这项制度的部署落实，已有 98% 的市级政府、92% 的县级政府落实了该制度。据统计，有 18 个省在省市县三级实现了全覆盖。❸ 2019 年 9 月顺利实现国家、省、市、县四级政府全覆盖，为从源头规范政府行为提供了有力的制度保障。❹

第二，文件审查工作稳步推进。2017 年各地共审查文件 12.2 万份，其中有 2.1 万份省级政府及所属部门文件、3.5 万份市级政府及所属部门文件、6.6 万份县级政府及所属部门文件。❺ 2018 年各地区、各部门共对 31 万份增量文件进行了审查，比 2017 年增长 154%。❻ 2019 年 2 月底之前，全国共审查了新出台的文件 43 万份。❼ "十三五" 时期，全国共审查新出台政策措施 85.7 万件。❽

❶ 燕军. 全面落实公平竞争审查制度　助推经济高质量发展［J］. 中国价格监管与反垄断，2018（10）：7-9.

❷ 国家市场监督管理总局. 市场监管总局公布公平竞争审查制度 2018 年总体落实情况［EB/OL］.（2019-01-27）［2020-11-20］. http：//www. gov. cn/xinwen/2019-01/27/content_5361519. htm.

❸ 国家市场监督管理总局. 公平竞争审查制度实现全覆盖，将重点清理存量、严审增量、完善制度［EB/OL］.（2019-04-10）［2021-1-20］. http：//www. gov. cn/xinwen/2019-04/10/content_5381118. htm.

❹ 国家市场监督管理总局. 中国反垄断执法年度报告（2019）［EB/OL］.（2020-12-25）［2021-03-02］. http：//www. samr. gov. cn/xw/zj/202012/t20201224_324676. html.

❺ 燕军. 全面落实公平竞争审查制度　助推经济高质量发展［J］. 中国价格监管与反垄断，2018（10）：7-9.

❻ 国家市场监督管理总局. 市场监管总局公布公平竞争审查制度 2018 年总体落实情况［EB/OL］.（2019-01-27）［2020-11-20］. http：//www. gov. cn/xinwen/2019-01/27/content_5361519. htm.

❼ 国家市场监督管理总局. 公平竞争审查制度实现全覆盖，将重点清理存量、严审增量、完善制度［EB/OL］.（2019-04-10）［2021-1-20］. http：//www. gov. cn/xinwen/2019-04/10/content_5381118. htm.

❽ 国家市场监督管理总局. 中国反垄断执法年度报告（2019）［EB/OL］.（2020-12-25）［2021-03-02］. http：//www. samr. gov. cn/xw/zj/202012/t20201224_324676. html.

　　第三，排除或限制竞争效果的文件的清理工作成效显著。2017 年共修改涉及排除限制竞争问题的文件 24 份，各地区经审查共对 641 份涉嫌排除限制竞争的文件进行清理。❶ 2018 年，对 1700 余份文件进行了修改完善，比 2017 年增长 157%，梳理了 82 万份存量文件，清理 2 万余份含有地方保护、指定交易、市场壁垒内容的文件。❷ 截至 2019 年 2 月底，修改和完善了 2300 多份文件，清理了 82 万份已经出台的文件，废止或修订涉及地方保护、指定交易、市场壁垒的文件有 2 万多份。由此可见，公平竞争审查制度的开展有利于维护公平的竞争秩序，营造良好的市场环境，还对我国社会主义市场经济的发展起到了积极的作用。❸ "十三五"时期，全国清理各类政策措施文件 189 万件，修订、废止文件近 3 万件，纠正违反审查标准的政策措施 4100 余件，极大激发了创新活力。❹

　　我国公平竞争审查制度自 2016 年正式确立以来，取得了显著成效。但是，目前我国的公平竞争审查制度仍然存在三个突出问题。一是缺乏明确的上位法依据。公平竞争审查制度虽已在全国范围内普遍实施并取得了较好效果，但至今未得到法律层面的确认。二是审查效果难以保障。三是审查程序不够严格。为有效解决上述问题，我国应推动公平竞争审查制度向纵深发展，切实将公平竞争审查制度做实、做深、做细。第一，尽快将公平竞争审查制度引入《反垄断法》，以便为该制度的实施提供明确的上位法依据。具体而言，我国可在《反垄断法》第 1 章 "总则" 部分专设一则条文，对该制度进行宣示性规定，另外，在第 5 章 "滥用行政权力排除、限制竞争" 部分对其进行再次确认。第二，深入推进第三方竞争影响评估制度，切实增强审查效果。第三，强化公平竞争外部审查监督机制，增强对审查工作的有效监督。

---

　　❶ 燕军. 全面落实公平竞争审查制度 助推经济高质量发展 ［J］. 中国价格监管与反垄断，2018（10）：7 - 9.

　　❷ 国家市场监督管理总局. 市场监管总局公布公平竞争审查制度 2018 年总体落实情况 ［EB/OL］.（2019 - 01 - 27）［2020 - 11 - 20］. http：//www. gov. cn/xinwen/2019 - 01/27/content_5361519. htm.

　　❸ 国家市场监督管理总局. 公平竞争审查制度实现全覆盖，将重点清理存量、严审增量、完善制度 ［EB/OL］.（2019 - 04 - 10）［2021 - 1 - 20］. http：//www. gov. cn/xinwen/2019 - 04/10/content_5381118. htm.

　　❹ 国家市场监督管理总局. 中国反垄断执法年度报告（2019）［EB/OL］.（2020 - 12 - 25）［2021 - 03 - 02］. http：//www. samr. gov. cn/xw/zj/202012/t20201224_324676. html.

新时代中国特色社会主义财税法治建设

金香爱*

　　财税是国家治理的关键。财税改革是深化国家改革、全面建设社会主义现代化强国中的重要一环。自新中国成立以来，我国的财税改革始终与社会经济体制改革同步进行，从高度集中的计划经济时代的财政税收体制，到以市场占据决定性作用的社会主义市场经济背景下的财政税收体制，财政税收体制方面的改革在社会经济转型过程中发挥着基础性、保障性的作用。我国社会主义建设进入新时代后，财政税收体制方面的改革也随之进入新的历史阶段。我们要紧紧围绕完善以社会主义市场经济体制为背景的新时代任务和目标，加快深化财税体制改革步伐，完善财税体制机制，加强财税法治建设，更好地发挥财政税收制度在国家治理中的基础和重要支柱作用。

一、新时代中国特色社会主义财税法治建设历史沿革

（一）经济历次转型带动的财税改革

　　财税体制改革与社会经济的转型息息相关，因此可从社会经济发展的历

---

* 作者简介：金香爱，郑州大学法学院副教授，硕士生导师。

次转型角度来阐述税收体制改革。在 20 世纪 50 年代至 70 年代，国家实施高度集中的计划经济，因此与之相对应的是统收统支的财政体制。❶ 在 20 世纪 70 年代后期至 90 年代初期，国家处于市场经济体制的初期，相应的财税体制实行包干制财政体制；在 20 世纪 90 年代初期至 21 世纪初期市场经济建立并逐渐完善，这一时期我国的财税体制为分税制；自 21 世纪初期至今，我国正处于市场经济中，市场在资源配置中占据决定性作用，并逐渐实现国家治理体系和治理能力现代化，与之相对应的财税体制为建设新时代中国特色社会主义财税体制，促进财税体制在法治的轨道内运行。❷ 不同时期的经济体制蕴含了不同的财税体制，财税体制改革始终站在改革的前沿，对经济的改革与发展起着重要的保障和支撑作用。❸

（二）新时代中国特色社会主义财税法治建设的内涵

新时代中国特色社会主义财税法治体系建设是新时代中国特色社会主义经济社会建设的一个重要组成部分，是推动我国经济进入新的发展时期，抓住机遇，应对新的挑战，推进依法治国的一个必然需要，也是推动国家实现其治理能力现代化的重要途径。

我国已经进入新的历史发展时期，建设社会主义现代化强国是新时期的伟大目标，要实现这个伟大目标就要全面深化财政税制改革，建设与社会主义现代化强国相匹配的社会主义财税制度。为此，我们必须服从服务于党中央的战略目标，在目前世界处于纷繁复杂的艰难背景下，要实现全面建成小康社会，建设现代化的强国，应该让财政税收体制发挥其最大作用，优化资源配置、积极高效地进行宏观调控等。❹ 财税体制改革可以为供给侧结构性改革以及形成以国内大循环为主，国外和国内互动循环以达到共同发展的新格局提供最坚实的支撑，促进我国新冠肺炎疫情后经济的复苏与健康发展，让人们在经济发展中都能体会到社会主义的优越性，提高人们的生活质量和水

❶ 朱诗柱. 财税服务国家治理的新定位、新方向与新路径——兼析习近平关于新时代财税工作的重要论述 [J]. 安徽师范大学学报（人文社会科学版），2020（02）.

❷ 熊伟. 法治国家建设与现代财政改革 [J]. 中国法律评论，2018（06）.

❸ 陈晴. 我国新一轮税制改革的理念变迁与制度回应——以税收正义为视角 [J]. 法商研究，2015，32（03）.

❹ 刘剑文. 财税改革的政策演进及其内含之财税法理论——基于党的十八大以来中央重要政策文件的分析 [J]. 法学杂志，2016，37（07）.

平，为我国早日成为社会主义现代化强国奠定基础。❶

新时代下的财政税收体制改革与目前我国推进国家治理体系和治理能力现代化具有密切联系。一个国家要想发展经济，集中力量办大事，就要有资金的支持，而最能体现我国人民当家作主的经济制度是财政税收制度，因此建立公平、高效、公开透明、权责统一的现代化财政税收制度是目前亟须努力的方向。❷ 现代化的财政税收制度不仅能够有效地厘清和规范市场与政府、国家与社会、中央与地方的关系，更能够通过财政税收体制调动社会各个方面的积极性，将社会主义制度优势转化为真正的治理能力，进一步推动国家治理体系和治理能力现代化的实现。❸

新时代中国特色社会主义财税法治建设是深化财税改革成果的巩固拓展，我国已经进入新的历史发展时期，因此应建立与之相对应的财政税收制度，即能够最大程度实现资源的优化配置，促进和维护社会主义市场经济的发展，最大化地实现实质公平，最终达到维护国家长治久安的目标。❹ 预算是财政税收制度的重要环节，因此我们要大力增强预算资源的优化配置，最大程度提升其科学性和规范性，以调动中央和地方积极地履行其各自的职责，增强税收制度的高效运转，以实现建设高质量财政税收制度的目标，进而促进国家经济的健康发展，实现市场的统一与公平竞争，推动实现更高质量、更有效率、更加公平、更可持续、更为安全的发展。

（三）新时代中国特色社会主义财税法治建设的目标要求

中国特色社会主义建设进入新时代，财税改革全面步入法治化的轨道，十九大报告提出，"加快建立现代财政制度，建立权责清晰、财力协调、区域均衡的中央和地方财政关系。建立全面规范透明、标准科学、约束有力的预算制度，全面实施绩效管理。深化税收制度改革，健全地方税体系。"❺ 十九

---

❶ 刘剑文. 财税法治的破局与立势——一种以关系平衡为核心的治国之路 [J]. 清华法学，2013，7 (05).

❷ 许多奇，唐士亚. 财税法的衡平发展功能及其法治构造 [J]. 法学杂志，2018，39 (03).

❸ 王奋飞. 我国政府间财政事权与支出责任研究 [D]. 武汉：中南财经政法大学，2019.

❹ 许多奇. 论税法量能平等负担原则 [J]. 中国法学，2013 (05).

❺ 习近平. 决胜全面建成小康社会夺取新时代中国特色社会主义伟大胜利——在中国共产党第十九次全国代表大会上的报告 [EB/OL]. (2017 - 10 - 27) [2021 - 04 - 29]. http：//www. xinhuanet. com/2017 - 10/27/c_1121867529. htm.

届五中全会通过的《中共中央关于制定国民经济和社会发展第十四个五年规划和二〇三五年远景目标的建议》中进一步提出：深化预算管理制度改革，强化对预算编制的宏观指导。推进财政支出标准化，强化预算约束和绩效管理。明确中央和地方政府事权与支出责任，健全省以下财政体制，增强基层公共服务保障能力。完善现代税收制度，健全地方税、直接税体系，优化税制结构，适当提高直接税比重，深化税收征管制度改革。健全政府债务管理制度。❶

二、新时代中国特色社会主义财税法治建设的特色

（一）建立健全现代化财税体制

随着社会主义现代化的不断推进，全面深化改革逐渐进入深水区，财税体制建设也被赋予新的目标：由"公共财政体制"升级为"现代化财政体制"。党的十八届三中全会提出，财政是国家治理的基础和重要支柱，科学的财税体制是优化资源配置、维护市场统一、促进社会公平、实现国家长治久安的制度保障。必须完善立法、明确事权、改革税制、稳定税负、透明预算、提高效率，建立现代财政制度，发挥中央和地方两个积极性。要改进预算管理制度，完善税收制度，建立事权和支出责任相适应的制度。❷ 从这些部署中可以看出，国家对财税体制建设提出了更高的要求，要建设符合时代特征的财税体制。党的十九届五中全会通过的"十四五规划"以及"二〇三五年远景目标"中，明确指出我国已经进入发展的攻坚区，国内国外形势复杂多变，建设新时代财税体制才能有效应对新的发展与挑战。

（二）健全税收制度，切实发挥税收功能

国家实施宏观调控以及缩小贫富差距，完善第一次分配最主要的工具就

---

❶ 中共中央关于制定国民经济和社会发展第十四个五年规划和二〇三五年远景目标的建议［EB/OL］．（2020－11－03）［2021－04－29］．http：//www. xinhuanet. com/politics/2020－11/03/c_1126693293. htm.

❷ 中国共产党第十八届中央委员会第三次全体会议公报［EB/OL］．（2013－11－12）［2021－04－29］，http：//www. xinhuanet. com/politics/2013－11/12/c_118113455. htm.

是税收。我国目前刚实现全面建成小康社会目标，消灭绝对贫困人口的目标刚刚完成，为巩固发展成果，就必须完善一系列的税收制度，完善税收制度体系，建立健全税制结构，优化税收配置。新时代下的税收体制改革全面发力，多方面推进，税制改革朝着纵深方向推进，已经基本确立了现代化的财政体制框架。随着经济的发展，人们对精神生活质量提出了更高的要求，对于民主、法治等方面有了更高的期盼。与人们生活质量最密切相关的莫过于收入，进一步而言是税后收入。因此，税收是否公平、是否遵循税收法治以及是否遵守实质重于形式的原则在新时代中国特色社会主义财税法治建设中显得尤为重要。而新时代财税制度更具科学性、规范性，更能进一步发挥税收促进社会公平，缩小贫富差距的功能。❶ 其不仅有利于保障人们税后生活质量，更有利于维护社会稳定，促进社会更可持续、高效地运行。

（三）增强财税体制的法治化

我国进入中国特色社会主义建设的新时代后，财政税收体制方面的改革也随之进入新的历史阶段。我国财税体制改革也应顺应时代的发展潮流——推进国家财税体制法治化建设，促进我国财税体制的公平性、法治性，以适应和推进新的经济发展潮流，促进5G等数字化时代经济发展，并进一步引领全球化发展。在新时代中国特色社会主义财税法治建设下，首先应该使财税有法可依。经过财税体制的不断发展，我国已经形成了以"间接税为主，直接税为辅"的财税法治体系，但目前有些税种仍然有待完善，税收基本法和税收转移支付也仍然有待完善。税收取之于民，并造福于民。财税在推动城乡、区域均衡发展，进一步扶持"三农"方面发挥了极大的作用，因此应进一步完善财税法治建设，增强税收转移的透明性。建立健全法治化的财税体制，是建设社会主义现代化强国的重要保障。税收的原则是税负公平，将税收纳入法治化的运行轨道，通过税收体现我国的民主、法治、公平等理念和价值，并进一步彰显我国对基本人权的尊重和保障。

---

❶ 刘剑文. 收入分配改革与财税法制创新［J］. 中国法学，2011（05）.

三、新时代中国特色社会主义财税法治建设的实施成就

（一）税收法定原则的推进与落实

在推进国家治理体系和治理能力现代化过程中，各个方面、每个环节都应该依法推进，按照法定程序，依照法律规定推进改革，建设社会主义现代化强国，财税体制更是如此。开宗明义，定义先行，"税收法定"有两层含义。一是财税体制首先应有法可循，加强立法，提高立法水平和立法质量，税收是关乎国民经济运行的重要因素，应更多地体现民主、公平，反映人们的普遍意志。❶ 新时期以来，中国特色社会主义财税法治建设取得了瞩目的成就。我国现行征收的 18 个税种中，已经有企业所得税、个人所得税、车船税、环境保护税、船舶吨税、烟叶税、车辆购置税、耕地占用税和资源税、契税、城市维护建设税共 11 个税种实现了法定，我国税收立法的目标已经基本实现。我国正在朝着全面落实税收法定原则的目标快速前进，未来将继续推进增值税、消费税、印花税、土地增值税等税种的立法工作。党中央在十八届三中全会上决定将"税收法定"纳入党的文件，这也表明财税方面的立法将提速，使每个税种都有法可依。二是税收征管机关应依法办事，遵循法定程序征税。对税务机关的违法征税行为，规定严格责任，并赋予纳税人相应的救济程序，以监督税务机关依法办事。

（二）优化税收征管体系，促进国家治理体系和治理能力现代化

随着我国全面深化改革步伐的加快，税收体制改革也在不断深化，税收征管方式也应该与时俱进。优化税收征管方式，对于建设新时代特色社会主义财税具有重要意义。税收征管方式逐渐变得规范化，即更加标准化、法治化，更符合税负公平原则。❷ 因此，要积极构建并进一步优化税收征管体系，就要从简政放权开始。在实践中，税务机关不断简化企业开办和注销的相关

---

❶ 王桦宇. 论现代财政制度的法治逻辑——以面向社会公平的分配正义为中心［J］. 法学论坛，2014，29（03）.

❷ 刘剑文，侯卓. 财税法在国家治理现代化中的担当［J］. 法学，2014（02）.

手续，减少审核事项，简化相应的流程和不必要的材料，不断落实各项减税政策，为市场经济发展注入新的活力源泉。在简化税务征收手续，进一步提高税务机关办事效率过程中，一大亮点即税务注销的简化，不仅如此，取消外出经营税收管理证明、压缩发票申领时限、全面清理办税资料、全面改进税收备案管理、全面清理涉税证明事项等一系列税收征管创新举措落地生根，让纳税人更有获得感。近些年来，我国一直在强调税收透明化和规范化，税务机关的执法活动也被纳入人民群众的监督之下，进一步压缩税务机关自由裁量权，为税务机关进行税务活动营造公平税收的环境。我国国税地税合并后加快构建优化、高效、统一的税收征管体系的步伐，助力国家治理体系和治理能力现代化进程的实现。

（三）新预算法律法规的实施，促进现代化财政制度发展

我国财政被称为国家的"钱袋子"，国家在深化改革，推动社会主义建设，全面建成小康社会过程中均应严格遵循国家财政制度安排。❶ 为落实修订后的《预算法》，新的《预算法实施条例》的出台可以让财政管理更加精细化和科学化。新的《预算法实施条例》对预算的编制、执行和决算，以及法律责任方面都做了详细且严格的规定。各级财政部门和预算单位都应该遵循《预算法》及其实施条例的规定。各级预算和财政单位都应依法组织财政收入，科学谨慎地编制预算报告，依法安排财政支出。在财政支出和收入方面，应更加全面地落实全口径预算管理原则，增强财政收支的公开透明度，依法接受法律、其他机关以及社会大众的监督，真正做到有法可依。❷ 新的《预算法实施条例》的颁行也应该真正得到落实，同时，应完善相关配套设施的建设，如税收转移支付、政府债务管理、财税监管等；还需完善相关的法律规定，并且进一步细化新预算法实施条例相关制度的操作要求与规定。

（四）维护社会稳定，促进经济发展

财税法律制度在 2020 年国家应对重大突发公共事件时发挥了关键性作用，是国家处理突发公共事件的重要基础。国家通过依法调集财政资金、扩

---

❶ 蒋悟真. 中国预算法实施的现实路径［J］. 中国社会科学, 2014（09）.
❷ 孟庆瑜. 绩效预算法律问题研究［J］. 现代法学, 2013, 35（01）.

大财政支出、提供税收减免优惠等方式维护经济平稳运行。同时，税收是促进经济发展的重要因素。税收处于再分配环节，属于社会的第一次分配，对经济发展起着重要的杠杆作用，对社会经济发展有重要的反作用。国家可以通过税收调节国民经济中的供需问题，通过税收优化产业政策，促进生产力的优化布局，因此税收能够促进经济的可持续、稳定、健康的运转。另外，国家财政收入由国家统一调配，有利于国家集中力量办大事。❶ 在 2020 年的新冠肺炎疫情攻坚战中，国家先后出台四次支持疫情防控与疫情后复产复工的税收优惠政策，通过税收优惠刺激疫情后的经济复苏，调节产业结构，增加了企业的信心，有力地稳住了外贸基本盘。

四、新时代中国特色社会主义财税法治建设中存在的问题

（一）央地事权与支出责任不匹配

第一是权责分配方面。中央与省级政府之间事权与支出责任的问题主要有两个层面，一是将本属于中央的事务分给地方处理，或者本应由地方负责的事务更多由中央承担；二是多级政府间事权划分不明确，不同层级的政府在纵向职能、职责和机构设置上高度统一，学界称之为"职责同构"问题。❷省级以下权责不匹配问题更严重。一是分税制改革在事权划分方面只对中央与省级地方政府事权做了原则划分，并未对省级以下事权进行划分，此后诸权责改革也未进行进一步调整，从根本上导致了省级以下财政权责划分不清的问题。二是行政管理体制改革的滞后，造成了省级以下各级政府职能定位不够清晰、职责同构、政府机构设置不合理等一系列问题。三是社会运行治理过程中出现了许多新增事权，而这些事权的责任大部分会落在基层政府的头上。

央地事权与支出责任的划分缺乏权威、详细的法律规范。我国现在事权划分的主要依据是《中华人民共和国地方各级人民代表大会和地方各级人民政府组织法》《关于实行分税制财政管理体制的决定》《国务院关于推进中央

---

❶ 高培勇. 论国家治理现代化框架下的财政基础理论建设［J］. 中国社会科学，2014（12）.
❷ 朱光磊，张志红. "职责同构"批判［J］. 北京大学学报（哲学社会科学版），2005（01）.

与地方财政事权和支出责任划分改革的指导意见》，以及2018年以后国务院在基本公共服务、教育、交通、医疗卫生、科技、环境保护、公共文化等细分领域出台的一系列改革方案。这其中法律效力最高的是《中华人民共和国地方各级人民代表大会和地方各级人民政府组织法》，其他的划分依据分别属于国务院的行政法规和财政部等部门的规章制度，从法律角度来讲属于下位法。统一、权威的法律缺失造成了我国政府间纵向事权划分不稳定等问题。而且《中华人民共和国地方各级人民代表大会和地方各级人民政府组织法》对地方政府事权划分不够详细，表现在对县以上三级地方政府划分事权时没有区分层级，乡镇政府的事权则仅仅是在县以上的事权列表中删除三项有关领导和人事相关的事权后照搬而来，这就造成了地方政府事权交叉重叠的现象。❶

第二是财力配置方面。（1）中央财政收入集中度不够，在政府财政收入中所占比重较低。虽然在实行分税制财政体制之后，中央一般公共预算收入比重迅速从改革前的约20%提高到约55%，但分税制设定的60%的改革目标还未达到（这不符合恩格斯所说的"国家集权为本、分权为辅"的实质和世界范围内绝大多数国家中央财收集权比例多在60%以上的比例的合理设置）。（2）税制不完善。营业税改增值税加剧了地方财政困难，实行"营改增"后，地方主体税种缺位，地方政府财力下降，支出责任过多导致地方事权与财力不匹配，引发了地方政府债务过多等问题。

（二）预算法律制度存在的问题

近年来，我国的预算制度不断得到完善，但总体来说，我国当前的预算制度在很大程度上还存在着凯顿所说的"前预算时代"的特征，比如：人大预算审批权虚置，预算监督和问责机制不健全，预算绩效和政策落实执行不力等。

第一，人大预算审批权虚置。一是，人大在审批预算时采取整体审批的方式，即相关机构审核预算草案时，审核的结果只有"通过"或"不通过"，而一般情况下都会选择通过。因为基于立法成本，从法经济学角度来看通过

---

❶ 胡骁马. 政府间权责安排、财力配置与体制均衡——以事权与支出责任的划分为切入点［J］. 东北财经大学学报，2020（05）.

预算比否决预算所付出的成本更低，更利于节约立法成本，但这种惯例又会弱化人大关于预算的审批权。另外，人大只有审批权，并没有实质参与编制，因此并不能有效解决预算中的相关实质问题。二是，法律只是规定了人大的审查权，并没有赋予其相应的修正权及惩罚机制，造成了实质上的权责不统一，使得人大的这项权力处于弱化状态。

第二，预算绩效管理不完善。一是缺少法律支撑。绩效管理的工作由政府自发进行，政府对绩效的评价没有进行统一规划，不能全面推行，部门之间协调合作难度大。二是观念树立不牢固。部分部门领导认为只要资金使用过程合法合规就可以，而在资金有限的条件下却不考虑如何高效利用的问题。三是绩效管理工作制度体系不健全。对评价结果没有实现充分利用，仅仅是将其充当为反映情况、发现问题的方式，并没有真正利用结果去提升绩效目标制定的科学性和预算编制的准确性。❶

（三）税收法律制度中存在的问题

税收是社会主义市场经济的重要组成部分，对社会主义市场经济体制的形成、发展和完善也起到了极为重要的作用。改革开放以来，我国的税收法律制度在社会主义市场经济体制下逐步建立和完善，在习近平新时代中国特色社会主义思想的指导下，中国逐步形成了一套新时代中国特色社会主义税收法律制度，但目前税收法律制度仍有不足，税制改革亟须加快深化。

税收立法仍然滞后，税收法定原则落实仍不到位。我国的 18 个税种，尚未全部以法律形式存在，多个税种的规定仅以行政法规或部门规章的形式存在。依法治国的理念未能全面贯彻，离中央提出的"国家治理体系和治理能力现代化"的目标要求还有较远的距离。因此，要加快其他税种的立法工作，使各项税收工作在法律规定的范围内运行，减少政府对税收的干涉。

地方税体系建设滞后，影响地方财政。地方税体系的健全和完善是增强地方政府财力、维持地方公共服务的重要保障。营业税作为地方税体系中的重要组成部分，对组织地方政府的财政收入发挥着巨大的作用。但在"营改增"后，地方税体系就缺失了这份中坚力量，失去了组织财政收入的重要支柱。除此之外，国税地税的合并虽然提高了政府效率，但是培育地方税体系

---

❶ 沈显荣. 财政预算绩效管理中存在的问题和对策 [J]. 财会学习，2020（01）.

的任务仍然存在。伴随着经济结构升级、产业转型的巨大压力，严重依靠房地产的地方政府靠卖地吃"土地财政"饭的日子将一去不复返；还有一些地方政府税收过度依赖资源开发，导致环境被严重破坏，这种发展模式也注定迎来终结。一旦没有了当前短视的"杀鸡取卵""竭泽而渔"积累起来的财政的支撑，在地方税体系没有建立起来的情况下，地方政府想发展，就会出现心有余而力不足的情况。❶

税收征管相关法律有待完善。目前的税收法律及税收征管制度主要是针对传统经营环境下征收管理而制定的，但是随着互联网大数据的发展、线上经济和线下经济的融合、新兴行业的不断发展，现行的税收征管制度已难以适应新兴互联网产业下交易数量呈几何式增长的现实情况，传统的征管方式也不能满足庞大的数据处理要求。随着线上交易的发展，大量的交易更具有隐蔽性，由于税收征管法律制度的不完善，造成大量的税源流失，税收征管出现真空地带。❷法律的出台往往具有滞后性，当市场经济环境发生变化后，必须尽快出台适应新的征管环境的法律法规。

（四）政府债务管理中存在的问题

我国已经进入社会主义市场经济发展的历史新阶段，为促进经济发展，我们应全面深化改革。政府债务管理影响着社会经济的发展和政府的威信，在新的历史发展阶段，政府债务管理中仍然存在着阻碍社会经济发展的因素。

在政府债务管理中最大的问题是，政府债务的边界不清楚，因此并没有全面反映债务的具体数额。在实践中，地方在向财政部上报具体债务时，往往会隐瞒一些数额，因此，财政部反映的地方政府债务并没有真正反映地方政府债务。有一部分政府债务资金实际上在监管体系外，并未纳入财政部的政府债务数据。由于监管体制不到位，地方政府融资途径也多种多样，政府往往从多个平台进行融资，但由于管理体制不健全，地方政府举债的数额不断增大，导致其财政压力也在不断增大，而政府对债务危机的预警不足，导致政府对于债务规模的判断并不是特别准确。综上所述，政府债务管理不到位，不仅会阻碍政府的管理服务，更不利于社会经济健康有序地发展。❸

---

❶ 邹猛. 税制改革：宏观环境、现实症结、实施路径［J］. 北方经贸，2020（11）.
❷ 孙开，沈昱池. 大数据——构建现代税收征管体系的推进器［J］. 税务研究，2015（01）.
❸ 晏春红. 新时代背景下政府债务管理问题与措施［J］. 现代营销（信息版），2019（12）.

由于政府在举债途径方面监管不到位，导致多途径举债，且地方政府在上报财政部门时往往有所隐瞒，因此政府举借债务的偿还机制并不健全，且存在违反规定的融资行为，由此造成政府在一些公共工程中拖欠公款现象时有发生，产生的负社会效用导致政府的社会威望下降。而且违反规定融资，且不能及时还清债务，不仅给政府带来负面社会效应，也会给社会和人民带来不可忽略的不利影响。

五、新时代中国特色社会主义财税法治建设的完善

（一）央地事权与支出责任相匹配

1. 权责分配方面

理顺央地财政关系应从财政事权入手，通过有限列举的方式，明确中央事权和地方事权，具体可采取明确中央事权，其余事权归地方的方式，从制度安排上避免中央与地方权责错配。❶ 合理增加中央政府的支出责任，如公共卫生领域应由中央承担相应的支出责任；减少、规范央地共同事权，在事权上明确界定地方和中央的界限。地方政府的事权和收支的界定，原则上参照适用中央与省级的划分方式，首先将事权划分明确，再明确支出责任。为保证事权的可行性，不仅要对政府事权进行划分，对政府间的支出责任也应该作出明确划分。凡属省级政府负责的财政支出事项，省级政府应当积极筹措资金，不得以任何形式转嫁给下级政府。省级政府在安排下级政府事项时，应拨付相应的资金，不得要求下级政府支付。属于共同事务的，应根据各部门受益程度和财政承受能力合理分配支出责任。

在全面依法治国的今天，应尽快制定明确划分央地事权与支出责任的法律，用法律形式加以规范，克服央地事权与支出责任关系的随意性。同时，在立法中还应明确对事权与支出责任进行调整的程序方法，更好地实现央地事权与支出责任相匹配。

---

❶ 王奋飞. 我国政府间财政事权与支出责任研究［D］. 武汉：中南财经政法大学，2019.

2. 财力配置方面

第一，适度提高中央财政集中度，增强中央政府的宏观调控能力，加大政府的支出责任，推进基本公共服务均等化。第二，完善地方税收体系。我国幅员辽阔，区域发展不平衡，当前中央政府通过转移支付来消除地方差距，但是，转移支付只能从短期内表面上解决地方财政差距问题，从根本上讲还应完善地方税收体系。完善地方税收体系最主要的是要培育地方税种，学界普遍共识是将财产税作为地方的主体税种。首先，房地产税符合地方主体税种的理论与实际要求，应以房地产税为切入点开征财产税。❶ 其次，将契税、土地增值税等与房地产相关的税收整合为房地产税。第三，扩大地方税收立法权，充分发挥地方政府的积极性。❷ 一方面，可以减少全国人大的立法负担，使其做好其他工作；另一方面，可以调动地方政府的积极性，使政府积极提供更优质的公共产品和服务。

（二）预算法律制度改革

引入分项审批机制。引入分项审批机制的原因在于提高预算的准确性和权威性。避免了以前的"打包式"处理方式，更能够增强各级人大对预算的审批权。结合我国实际，实施分项审批机制并不能一概而论，应根据具体情况具体操作。因此在中央层面，应采用综合审批和分项审批相结合的方式。即便实施综合审批，也应根据不同时期具体操作，比如在中后期若需要对预算采取分项审批，仍应该采取分项审批。在地方层面，一般采取分项审批制。❸

建立预算信息沟通机制。各个部门之间应互通有无，实施信息共享，进行及时、有效的信息沟通，不仅能使具体预算编制部门在编制预算报告时提高效率，而且人大的提前介入也可以及时对预算编制提出适当的建议，提高预算编制的质量，进而避免前述所说的人大在审批地方预算报告时对预算行

---

❶ 张平，侯一麟. 解读中国现代财政体制改革研究中的三个重要问题［J］. 公共管理与政策评论，2019，8（02）.

❷ 杨默如. 中国税制改革70年：回顾与展望［J］. 税务研究，2019（10）.

❸ 唐成，周保根，陈龙. 优化我国预算权力结构的逻辑、框架与要点［J］. 地方财政研究，2017（01）.

使否决权的尴尬境地。

建立以人大为核心的问责机制。要想落实人大的预算审批权力，必须建立以人大为核心的问责机制，对违反预算规定的行为进行纠正和责任追究，以此强化人大的监督。预算问责的重点，主要体现在三个方面。其一，预算编制的问责。要清晰规定预算草案被否决后，其相应的法律责任，并且责令相关主体进行补救，以此增强相关部门的责任感。其二，预算调整的问责。进一步增强人大审批的权威性，需要进一步对预算的调整权进行严格限制，以达到事项的优化配置，对违反规定或者不合理的预算事项进行及时调整。其三，预算执行的问责。法律的生命在于实施，应对预算执行中不合理的行为及时进行规制，因此必须明确规定相关行为的后果，做到权力和责任相配套，权责统一，提高相关部门的执行效率。

完善预算绩效管理制度。首先，完善法律制度，为预算绩效管理提供法律支撑，为政府绩效管理工作提供刚性规范，对绩效评价进行统一规划，全面推行，各部门协调合作。其次，强化树立预算绩效管理观念。最后，对财政预算绩效目标进行合理规划，健全相应的财政预算绩效管理目标体系。缺乏科学、合理的评价标准，就无法保证评价结果的客观性。政府支出范围既多样又广泛，因此，若要使得财政税收发挥其应有的经济效益和社会价值，就需要建立财政预算绩效管理科学合理的评价指标体系，不能用市场化的指标体系去衡量。

（三）税收法律制度改革

新的历史时期下，我国的目标任务也随之发生变化，建立健全社会主义财政税收制度是目前全面深化改革以及社会主义市场经济发展的重要一环。

加快制定税收相关法律，落实税收法定原则。完善税收法律制度，关键在于落实"一税一法"。要落实"一税一法"就需要对应征税的事项进行充分的调研和论证，并且需在法律依据明确、避免行政干预的条件下，切实做到科学立法。税收法律出台后，还需要严格执法、公正司法等配套措施相配合，以达到全民守法的状态。

健全地方税体系，培育地方税源。第一，应从共享税收入分配机制入手，从两方面调动起中央和地方政府的积极性。其一，在增值税方面，应继续遵循央地五五分成的分配机制，并在此基础上将地方收入分配的依据由生产地原则逐步向消费地原则与均衡化原则相结合转化。其二，在所得税方面，将目前按照所得税税额分享调整为按照所得税税率分享，并允许地方向中央备案后，在自享税率范围内调整税率。第二，应培育地方独享税税基。培育地方独享税是健全地方税体系中的重中之重，在培育过程中要注重灵活性，独享税种的设置应充分体现地方特色，做到因地制宜。一是改革消费税制度，调整消费税的征收环节，将消费税税目设置在批发或零售环节，并将相关收入划归地方。适当扩大消费税的征收范围，从地方实际出发设立具有地方特色的消费税税目。二是适当扩大资源税的征收范围，将各种自然资源纳入资源税征收范围。三是结合各地发展的实际情况，将房地产税培育成为地方主体税种之一。

优化税收征管，更好地适应创新发展要求。优化数字经济税收征管，一是要有序推进关于数字经济的税收征管。数字经济作为新兴动能，税务征管的介入必不可少，但同时应注重保护其发展的积极性。税收征管需要在"税制中性"和"税收公平"的前提下，加强对数字经济领域创新和发展的引导。二是将数字化技术广泛应用于税收征管，提高辨别纳税人身份和涉税行为的效率。三是合理划分税收管辖权。中央和地方政府之间的税收管辖权应妥善划分、合理分配。❶

（四）政府债务管理机制改革

政府债务管理制度是新时代下财政税收体制的重要内容。因此"十四五"时期，应进一步深化对政府债务管理机制的改革，健全政府债务管理机制不仅能够使政府通过正当途径举债，而且能够保障政府的债务资金，防范政府债务风险，增强债务的可持续性。

完善政府债务管理体制机制。在实践中，针对有些地方政府的盲目举债问题，若不及时采取强有力的措施，将会阻碍经济的可持续发展，因此需要完善政府债务的相关体制机制，这就要对地方举债明确具体的操作要求和规范，要做到科学化管理，举债的规模要适度，符合市场运作规律，做到公开透明，权责统一，发挥政府举债的最大效益。

一方面对政府举债进行合理的规定，制定规范化的要求。另一方面，仍

---

❶ 闫少譔. 关于加快构建适应高质量发展的现代税收制度研究［J］. 税务研究, 2020（03）.

然要将政府举债这一运行过程置于监督之下，既要规避和防范有可能发生的风险，又不能简单地一概而论。针对西部一些发展较为缓慢的地区，应作出合理的举债措施，以促进西部地区经济发展和基础设施建设。❶

　　建立科学有效的偿债机制，确保到期债务的按期偿还。一是债务主体应当将偿债资金列入财务收支计划，专账核算、专款核算、专款专用。二是制定应急处置预案，建立责任追究机制。三是建立债务资金使用绩效管理制度。监督、评价债务资金是否合规、高效使用等考核指标，应力求科学、完整，确保能准确反映债务资金在使用过程中出现的低效、无效和长期沉淀等各种情况，从而通过严格监管，促使政府债务资金使用效率最大化。❷

---

❶ 刘昆. 建立健全有利于高质量发展的现代财税体制［J］. 预算管理与会计，2021（06）.
❷ 戴晓璐. 浅析地方政府债务管理存在的问题及解决措施［J］. 行政事业资产与财务，2020（14）.

新时代中国特色社会主义保障
农民工工资支付法治机制建设

曹明睿　白兰兰*

中国特色社会主义进入新时代，迎来了中华民族从站起来、富起来到强起来的伟大飞跃，中国特色社会主义道路、理论、制度和文化的优越性得到进一步彰显。在新的发展背景下，我国已经全面建成小康社会，开启了建设社会主义现代化国家的新征程，中华民族伟大复兴的中国梦正在一步步实现。人民作为国家的主人、历史的创造者，是决定党和国家前途命运的根本力量，"以人民为中心"的发展思想是习近平新时代中国特色社会主义思想的价值基础与核心内容，也是党初心使命的根本体现。聚焦民生，解决人民最关切的问题是党治国理政的基本要求，也是保障和改善民生的应有之义。拖欠农民工工资问题作为重要的民生问题，一直是党和国家高度重视的问题。随着《保障农民工工资支付条例》（以下简称《支付条例》）的出台，农民工工资发放将实现全过程管控。《支付条例》以行政法规的形式从源头预防、过程监管、事后惩戒等方面对拖欠农民工工资现象进行规制，同时设置专章对欠薪重灾区的工程建设领域进行治理，确保农民工工资按时按量发放。虽然《支付条例》在法律层面上为各级政府治理欠薪提供了有力保障，但解决农民工

　　* 作者简介：曹明睿，男，法学博士，郑州大学法学院副教授，硕士生导师，研究方向：劳动与社会保障法、经济法；白兰兰，女，郑州大学法学院硕士，研究方向：经济法、劳动与社会保障法。

工资拖欠问题仅有法律条文的支撑是不够的，需要在制度层面上建立一套保障农民工工资支付的法治机制，从立法、执法、司法、守法等方面对拖欠农民工工资现象进行科学系统的治理，以使之得到根本解决，从而实现党为人民谋利益的初心和根本宗旨。

一、我国保障农民工工资支付的立法沿革

自新中国成立以来，中国劳动力市场分为两个发展阶段。第一个阶段是从新中国成立到改革开放前（1949—1978 年），当时全国实施计划经济体制，农村以集体经济为主，城镇以国营经济为主，城乡发展相对隔离，这种城乡二元的经济体制禁锢了劳动力的自由流动，导致当时中国并不存在实际的劳动力市场。改革开放后，我国劳动力市场步入第二个发展阶段，农村实行的家庭联产承包责任制使农民成为自营劳动者，大量劳动力因此得到释放。❶ 社会结构发生了巨大变化，人们不再固守原有的城乡二元经济结构，农村剩余劳动力开始进城务工，"农民工"孕育而生，慢慢成为国家现代化建设的主要力量，为国家经济建设作出了巨大贡献。❷ 但由于农民工是介于城市与农村之间的一类特殊群体，他们的劳动权益时常会受到侵犯，属于社会中的弱势群体。保障和改善民生是党全心全意为人民服务的重要体现，是党治国理政的着眼点，农民工工资支付问题作为最重要的民生问题之一，事关广大农民工切身利益，事关党和国家的长治久安，为此党和国家先后出台了一系列政策措施来治理欠薪问题。

治理欠薪最早的立法是 1994 年颁布的《工资支付暂行规定》，主要用于规范用人单位的工资支付行为，维护劳动者依法获得劳动报酬的权利。农民工群体经历了从改革开放之初的"离土不离乡、就地进工厂"，到 20 世纪 90 年代的"离土又离乡，进城进工厂"，再到 21 世纪农村富余劳动力跨省转移的三个发展阶段。这一过程中，农民进城务工问题一直是党中央、国务院的关注重点。国务院在 2003 年发布了《国务院办公厅关于做好农民进城务工就业管理和服务工作的通知》，对拖欠和克扣农民工工资、乱收费等严重现象进

❶ 吴要武. 70 年来中国的劳动力市场 [J]. 中国经济史研究，2020（4）：30 – 48.
❷ 邓保国，傅晓. 农民工的法律界定 [J]. 中国农村经济，2006（3）：70 – 72，80.

行规制，要求用人单位不得以任何名目拖欠和克扣农民工工资，必须以法定货币形式支付农民工工资，同时加强劳动监察部门对用人单位工资支付情况的监督检查，建立农民工工资支付监控制度，从多个角度对保障农民工工资支付进行规范，加强了对农民进城务工就业的管理和服务。❶

建设领域一直是农民工工资拖欠的重灾区，解决建设领域拖欠工程款和农民工工资问题，关系人民群众的切身利益，关系国民经济的健康发展和社会稳定。为此国务院于 2003 年颁布了《国务院办公厅关于切实解决建设领域拖欠工程款问题的通知》。该通知提出用 3 年时间基本解决建设领域拖欠工程款以及拖欠农民工工资问题，保障建筑业企业和职工的合法权益，促进建筑市场健康发展。要求各地政府全面清理建设领域拖欠工程款的现象，严格项目审批和市场监管，做到清理与防范并重，同时培育信用体系，健全法规制度，规范市场主体行为，从源头上防止发生新的拖欠。❷ 该通知下发后，经过各地区、各部门的清理工作，拖欠工程款和农民工工资的现象得到了极大改善，但是实现清欠预定目标还需要进一步加强治理。2004 年《国务院办公厅转发建设部等部门关于进一步解决建设领域拖欠工程款问题意见的通知》发布，该通知中强调"突出重点，加大清理拖欠工程款的力度"，进一步明确解决政府投资项目拖欠工程款的责任，分类解决中央本级预算拨款项目的拖欠工程款等。同时，提出优先解决拖欠农民工工资问题，完善欠薪举报投诉制度，严格实施劳动用工制度，与劳动者签订劳动合同。为了使农民工依法获得劳动报酬，同时规范建筑业企业工资支付行为，2004 年劳社部颁布了《建设领域农民工工资支付管理暂行办法》，对预防和解决建筑行业拖欠和克扣农民工工资问题起到了重要的推进作用。❸ 2006 年《国务院关于解决农民工问题的若干意见》中提出要抓紧解决农民工工资偏低和拖欠问题，其主要从"建立农民工工资支付保障制度"和"合理确定和提高农民工工资水平"两方面入手解决农民工面临的工资问题。具体包括：规范用人单位的支付行为、建立工资支付监控制度和保障

---

❶ 国务院办公厅. 国务院办公厅关于做好农民进城务工就业管理和服务工作的通知［EB/OL］. （2005 – 08 – 12）［2021 – 03 – 08］. http：//www. gov. cn/zwgk/2005 – 08/12/content_21839. htm.

❷ 国务院办公厅. 国务院办公厅关于切实解决建设领域拖欠工程款问题的通知［EB/OL］. （2003 – 11 – 22）［2021 – 03 – 08］. http：//www. gov. cn/xxgk/pub/govpublic/mrlm/200803/t20080328_32340. htm.

❸ 建设部，劳社部. 建设领域农民工工资支付管理暂行办法［EB/OL］. （2004 – 09 – 10）［2021 – 03 – 08］. https：//baike. so. com/doc/6775846 – 6991339. html.

金制度、加强劳动监察部门的监督职责、规范农民工工资管理、严格执行最低工资制度、建立企业工资集体协商制度等。❶

党的十八大以来，以习近平总书记为核心的党中央高度重视民生问题，针对久治难禁的欠薪问题，习总书记做了重要批示，国务院也针对欠薪问题出台了相关政策文件。2016 年 1 月，国务院办公厅印发了《关于全面治理拖欠农民工工资问题的意见》，该意见提出了 2020 年实现我国农民工工资基本无拖欠的治理目标，进一步明确了全面治理拖欠农民工工资的总体要求，从全面规划企业工资支付行为、健全工资支付监控和保障制度、推进企业工资支付诚信体系建设、依法处置拖欠工资案件、改进建设领域工程款支付管理和用工方式、加强组织领导等方面对治理拖欠农民工工资提出了治理意见。2017 年 9 月，人社部印发了《拖欠农民工工资"黑名单"管理暂行办法》，将拖欠农民工工资的失信企业及其法定代表人、其他责任人纳入"黑名单"，由相关部门依据法律法规在各自职责范围内对其进行联合惩戒。此举有力地打击了失信企业，有效整治了拖欠农民工工资的行为，使农民工群体的合法利益得到了更好的保障，治欠保支也取得了显著的成效。为了实现 2020 年基本无拖欠的治理目标，2017 年 12 月，国务院办公厅又印发了《保障农民工工资支付工作考核办法》，将治理欠薪的结果纳入省级政府考核范围，为治欠保支工作指明了努力方向，提出了更高的要求。2019 年，习近平总书记对拖欠农民工工资问题再次做了重要批示，李克强总理在政府工作报告中对拖欠农民工工资问题又做了具体部署，提出制定专门的行政法规来解决欠薪问题。2019 年 12 月 30 日《支付条例》正式颁布，将近些年治理欠薪的成功经验总结升华，以制度化的形式呈现出来，不仅为相关部门根治欠薪提供了政策指导和法律依据，也开启了我国依法治欠的新篇章。

二、新时代中国特色社会主义保障农民工工资支付法治机制的特色

党和国家一直高度重视农民工问题，根据现实中拖欠农民工工资现象突

---

❶ 国务院. 国务院关于解决农民工问题的若干意见［EB/OL］.（2006 – 03 – 27）［2021 – 03 – 08］. http：//www. gov. cn/jrzg/2006 – 03/27/content_237644. htm.

出问题亦出台了一系列政策法规来予以规制。从目前治理现状来看，构建新时代中国特色社会主义保障农民工工资支付的法治机制是解决农民工工资拖欠的根本举措，是贯彻"以人为本"发展理念的内在要求，也是我国全面推进依法治国、建设社会主义法治国家的必然内容。这一法治机制具有如下特色：

（一）保障农民工工资支付的法治机制以建设社会主义法治国家为目标

保障农民工工资支付的法治机制建设是社会主义法治国家建设的重要体现，也是实现依法治国的重要内容。"建设中国特色社会主义法治体系，建设社会主义法治国家"是全面推进依法治国的总目标。实现这个总目标需要在党的领导下坚持中国特色社会主义法治理论，形成科学完备的中国特色社会主义法治体系。针对实践中拖欠农民工工资的严重现象，构建具有中国特色的保障农民工工资支付的法治机制，不仅是完善我国法律法规的重要措施，也是建设中国特色社会主义法治体系的重要手段。作为法治建设的目标，法治国家应当是民主的国家，应当明确人民的主体地位，坚持法治建设为了人民、法治建设依靠人民、法治建设造福人民、法治建设保护人民，将体现人民意志、反映人民愿望的法律规范落实到依法治国的全过程，保证人民依法享有广泛的权利和自由，承担应尽的职责和义务。构建保障农民工工资支付制度的法治机制，能够在最大限度上保护农民工的利益，增加人民的福祉，增进人民的获得感和幸福感，进而为建设社会主义法治国家助力添彩。

（二）保障农民工工资支付的法治机制以解决民生问题为导向

民生系着民心所向，是党依法治国、依法执政的重要目的，是人民幸福安康的重要保障，是社会和谐稳定的本质要求，是国家最大的政治。新时代保障和改善民生不仅要实现幼有所育、学有所教、劳有所得等主要任务，而且要实现全体人民在共建共享发展中享有更多的获得感，促进人的全面发展、实现全体人民共同富裕的基本目标。❶ 农民工问题作为最大的民生问题，需要党和国家花大力气解决。在劳有所得方面，农民工依法获得劳动报酬的权利

---

❶ 李纪恒. 新时代保障和改善民生的理论创新与实践指引——学习《习近平谈治国理政》第三卷关于保障和改善民生的重要论述［J］. 求是，2020（16）：35 – 39.

一直是法律规制的重点，但是根治欠薪不仅需要具体法律条文作为支撑，而且需要行之有效的法治保障机制。因此，构建保障农民工工资支付的法治机制，一方面，可以从法律体制机制层面对欠薪问题进行针对性规制，尤其是缓解农民工与建设企业之间的矛盾，形成一个良好的用工氛围；另一方面，建立保障农民工工资支付的法治机制契合了新时代民生保障的要求，是增加人民幸福感的重要途径和方式，是党执法为民的重要体现，是实现社会稳定的重要保障。

（三）保障农民工工资支付的法治机制为市场经济的有序运行保驾护航

构建保障农民工工资支付的法治机制是法治建设回应市场经济建设中的制度需求，从制度层面推动了市场经济体制的转型，也是以法律的形式肯定我国经济体制改革取得的成就。农民工不仅是我国劳动力市场中的主要成员，而且是我国社会主义市场经济建设中的生力军。农民工与建设企业之间的交换关系、利益关系必须用法律进行规范才能使各自的职责权利明晰化、行为规范化，才能进一步保证工程建设的顺利进行。因此，构建保障农民工工资支付的法治机制，就是以法律手段维护农民工的合法权益，保障我国社会主义市场经济的健康运行。同时，构建保障农民工工资支付的法治机制，可以对建设工程领域的用工主体形成制约，使建筑企业规范利用建设资金，形成企业间的良性竞争，从而保障经济的持续繁荣。可以说，保障农民工工资支付的法治机制将进一步推进我国社会主义市场经济法治建设的步伐。

（四）保障农民工工资支付的法治机制促进法治观念、法治环境的提升与优化

党的十九大报告明确指出，人民日益增长的美好生活需要和不平衡不充分的发展之间的矛盾已成为我国社会的主要矛盾。人民对美好生活的向往和需要除涉及物质生活方面外，还涉及民主、法治、公平、正义等方面。其中法治建设作为人民日益增长的美好生活需要，不仅要求党和国家要科学立法、严格执法、公正司法，而且需要全社会各族人民形成守法意识，培养法治观念。满足人民对法治建设的需求，必须要创造一个良好的法治环境，形成全民守法的社会氛围。党的十八大以来，我国加快了在民生重点领域的立法，立法质量进一步得到提升，不仅出台了一批新的法律，而且对不符合社会发

展规律的法律条文进行了必要修改，为构建良好的法治环境提供了坚实的基础。在现有法律体系的基础上，构建保障农民工工资支付的法治机制，不仅可以提升劳动人民对保护自身合法权益的积极性，增强其维权意识，而且无形中强化了人民群众对中国特色社会主义法治体系的认同感，促使全社会形成良好的法治氛围。

三、我国保障农民工工资支付法治机制的运行绩效

近年来，依据党中央、国务院关于解决拖欠农民工工资问题的决策部署，各级人力资源社会保障部门劳动保障监察机构查办的欠薪案件数、涉及人数和金额，多年来持续下降，各地在全面治理拖欠农民工工资问题上取得了明显的成效。据统计，2016 年人社部门通过日常劳动保障监察等方式，共查处工资类违法案件 23.3 万件，同比下降了 14.8%，共为 372.2 万名劳动者追讨工资等待遇 350.6 亿元。同时，通过各种专项行动，从 2016 年 11 月 15 日至 2017 年 1 月 15 日，各地已为 76.65 万农民工追讨欠薪 92.04 亿元。❶ 时任人力资源社会保障部副部长邱小平在回答记者提问时介绍，2018 年全年查处欠薪违法案件 8.6 万件，为 168.9 万名劳动者追讨工资等待遇 160.4 亿元。查处案件数、涉及的人数和追讨的工资待遇同比分别下降了 39.4%、45.3% 和 35.8%，为 100.9 万名农民工追讨工资待遇 116.5 亿元。❷

中央为了大力治理农民工欠薪问题，在 2019 年底颁布了《支付条例》。但 2020 年受新冠肺炎疫情影响，各省中小企业普遍存在生产经营困难的情形，治理欠薪的任务也随之变得艰巨。各省为了确保实现国家治理欠薪的工作总目标，积极组织相关部门对《支付条例》进行学习，制定具体的实施细则。贵州省通过"送法进企业、送法进工地、送法进乡村（社区）"等方式大力宣传《支付条例》。同时为了明确省内欠薪事件的基本情况，贵州省在各地展开排查工作，建立欠薪台账，指导各地进行治理工作。贵州省运用现代

---

❶ 徐博，周蕊，李劲峰. 就业稳中有忧、医保整合顺利、欠薪治理成效明显——人社部回应社会焦点关切 [EB/OL]. (2017 - 01 - 23) [2021 - 12 - 22]. http://economy.jschina.com.cn/gdxw/201701/t20170123_11709.shtml.

❷ 李沫，贾先锋. 多措并举治理欠薪成效显著 [EB/OL]. (2019 - 01 - 19) [2020 - 12 - 22]. http://www.scio.gov.cn/32344/32345/39620/39701/zy39705/document/1646698/1646698.htm.

网络技术建立劳动用工大数据综合服务平台，推进劳动用工实名制管理，形成线上、线下综合监管。为了畅通农民工的维权渠道，贵州省在农民工遭遇欠薪问题时允许农民工向其所在地人社局劳动监察大队投诉举报或者拨打12333进行投诉举报。❶ 四川省组织全省21个市（州）开启《支付条例》宣传周活动，各地结合自己的实际情况，组织一线执法人员深入学习《支付条例》内容，创新宣传形式，广泛宣传提升群众知晓度，多点发力确保《支付条例》落实。❷ 吉林省根治拖欠农民工工资领导小组办公室集中组织了系列宣传活动，形成了手机短信全覆盖、交通枢纽全覆盖、有线电视全覆盖、施工现场全覆盖等"四个全覆盖"，为有效治理欠薪打下坚实的宣传舆论基础，全省各地学习效果佳。❸ 山东青岛市成立速裁法庭专门受理拖欠农民工工资纠纷案件，为农民工讨薪提供便利条件。重庆市建立"农民工工资专用账户制"，把建设单位的工程款与农民工的工资分开发放，解决了长久以来农民工的工资和建设项目工程款不分的矛盾。❹

除了各省积极响应党中央、国务院的号召，坚决整治欠薪外，司法机关也积极对欠薪案件进行打击，及时审判涉嫌构成拒不支付劳动报酬罪的企业及其主要责任人，以此警告和教育欠薪单位依法按时足额发放农民工的工资。在人力资源和社会保障部公布的2019年十大涉嫌恶意欠薪犯罪案件中，人民法院依法对"安徽省查处亳州市鑫元建筑劳务有限公司拖欠劳动报酬"一案中，拒不支付农民工劳动报酬的鑫元建筑劳务有限公司法定代表人田纪福以"拒不支付劳动报酬罪"定罪处罚。在此案中，司法机关通过执行程序将案件涉及的农民工工资全部支付给农民工，用司法手段保障了农民工的合法权益。"浙江省查处平湖市林埭镇严佳服装修整厂拖欠劳动报酬"一案中，平湖市人民法院及时对相关负责人严玉玲进行定罪处罚，并在当地政府部门启用欠薪

---

❶ 覃淋. 全力治理欠薪难题——省人社厅相关负责人谈贯彻落实《保障农民工工资支付条例》[J]. 当代贵州，2020（25）：50－51.

❷ 蔡子玥. 全省掀起宣贯《保障农民工工资支付条例》热潮 [J]. 四川劳动保障，202（5）：11－14.

❸ 吉林省人社厅劳动监察处. 吉林省"四个全覆盖"确保《保障农民工工资支付条例》宣传无死角 [J]. 劳动保障世界，2020（13）：5.

❹ 邱海峰，方紫薇. 绝不让薪酬变成"薪愁"——中国首部保障农民工工资权益的专门性法规5月起施行 [J]. 劳动保障世界，2020（16）：2.

应急周转金垫付部分劳动报酬后，积极对剩余的涉案农民工工资进行强制执行。❶ 针对类似情况，司法机关处理相关案件时通过追究案件相关责任人的法律责任，形成社会威慑力，让有欠薪隐患的企业及其负责人对欠薪带来的严重后果重视起来，积极进行内部整改，避免欠薪带来的负面影响。

从目前我国治理欠薪的现状看，欠薪问题总体得到遏制，治理形势不断好转。但不可否认，由于种种因素的影响，"讨薪"现象仍然存在，农民工工资拖欠问题依然未从根本上得到解决。针对拖欠农民工工资问题，我们必须要深入问题内部，将欠薪现象中复杂、隐蔽的问题找到，对其进行系统科学的治理，以期根治农民工欠薪问题。

四、新时代中国特色社会主义保障农民工工资支付法治机制的现存问题

欠薪问题涉及范围广、影响因素多，它不仅是小范围内的债权债务问题，而且涉及政治、经济、文化、社会等领域的建设和发展问题。根据复杂的国情特点和行业特性，需要综合运用多种手段根治欠薪。目前动态式治理可以解决部分显性欠薪问题，但是仍然不能从根本上遏制欠薪事件的发生。现行保障农民工工资支付法治机制存在的主要问题如下。

（一）保障农民工工资支付法治机制设计的基础理论支撑不扎实

《支付条例》是我国目前依法治欠的重要成果，它不仅总结了近年来治理欠薪的工作经验，而且回应了社会各界对治理农民工工资拖欠问题的期盼。《支付条例》将实践中行之有效的措施上升为法律制度条文对欠薪问题进行整治，但是在理论层面缺乏对保障农民工劳动报酬的准确深入理解，导致治理欠薪仍未能形成科学系统的法治机制保障体系。我们需要对导致欠薪的基础理论问题进行梳理，找出理论上的缺失，进而为构建和完善保障农民工工资支付的法治机制奠定出发点和支撑点。

首先，要保障农民工的权益就需要准确定义"农民工"。《支付条例》

---

❶ 王子铭，王优玲. 人力资源和社会保障部公布 2019 年涉嫌恶意欠薪犯罪十大案件［EB/OL］.（2019 - 10 - 30）［2020 - 10 - 05］. http：//www. xinhuanet. com/2019 - 10/30/c_1125173379. htm.

第2条对农民工进行了界定，将农民工的范围限缩在为企业提供劳动的"农村居民"。依照传统城乡二元经济结构，以户籍性质作为"农民工"的判断因素具有一定可行性，但是随着社会的发展，城乡二元经济结构被打破，新生代农民工成长起来，开始成为主要的劳动力，他们一般都接受过教育，在城市生活的时间较长，户籍划分意识模糊。不仅如此，实践中还时常出现拖欠城镇居民工资的现象，如果仅以户籍性质来界定农民工的范围诚然不符合社会现状。❶ 所以需要对第 2 条中的"农村居民"做扩大解释，不能因为《支付条例》的目的是解决农民工欠薪问题而限制其适用范围，在出现欠薪问题时，原则上都可以适用《支付条例》进行追责，让那些拥有城镇户口但却从事底层建筑等行业的劳动者受到同样的法律保护。

其次，要建立体系化的法治保障机制，就必须准确把握影响欠薪的因素。从目前的治理经验中看，欠薪现象出现的一个关键因素就是劳动合同的缺失。用人单位与劳动者之间是否建立了劳动关系，其主要依据为是否签订了劳动合同，只有签订了劳动合同，双方才能够明确建立起有效的劳动关系。依据合法有效的劳动合同，用人单位可以要求劳动者履行工作义务、承担工作责任，劳动者可以要求用人单位支付其劳动报酬、提供工作条件等，可以说签订劳动合同对企业和劳动者都非常重要。《支付条例》第 28 条中明确要求施工总承包单位或者分包单位要与劳动者签订劳动合同，未与施工总承包单位或者分包单位签订劳动合同的劳动者不能进入项目的施工现场。由此可见，签订劳动合同是农民工进入施工现场的敲门砖。合法有效的劳动合同是建设单位与农民工产生劳动纠纷时保护农民工合法权益的一项重要措施，作为弱势群体的农民工应该了解"怎样签订劳动合同""在签订合同时需要注意什么"等一些基本且重要的问题。同时，施工单位在与农民工签劳动合同时，"应尽到什么义务""对不诚信的农民工应该怎样处理"也是需要面对的问题。工程建设领域是欠薪事件多发地，一方面，由于工程项目的特殊性，在工程质量、进度以及价款方面容易产生纠纷，很难保障农民工的工资按月结算，工资结算一旦处于较长周期就容易造成拖欠问题；另一方面，农民工群体自身具有流动性大、经济基础薄弱、缺乏法律知识等特点，使得多数农民

---

❶ 万露.《保障农民工工资支付条例》实施 我市农民工群体反响热烈［N］. 张家界日报，2020 - 06 - 09（4）.

工为了躲避缴纳社保,选择不与施工单位签订正规的劳动合同而是进行口头约定,在双方出现工资拖欠纠纷时农民工往往会面临举证困境,再加上农民工的依法维权意识不强,缺少有效的法律援助,导致农民工维权的时间成本和经济成本较高。面对重重困境,一些农民工在无奈之下会选择极端的维权方式,若处理不当极有可能对社会造成不良影响。要想根治拖欠农民工工资问题,劳动合同的签订是至关重要的影响因素,必须重视劳动合同的签订,提高农民工与用人单位签订劳动合同的意识和积极性,同时需要注意强制签署劳动合同后给用人单位带来的用人成本增加问题,例如社保缴费、加班费等,也需要兼顾用人单位的利益考量。

再次,改革建筑行业传统的用工制度,稳定建筑产业工人队伍是根治欠薪的关键。建筑行业"层层分离"的用工模式,造成大量违法分包、违法转包的现象,一些不具备施工资质的用人单位增加了工程不能按期完成的风险,也埋下了拖欠农民工工资的隐患。改革用工制度,稳定建设产业工人队伍是整治工程建设领域违法现象的关键一环。层层分离的用工模式是建筑业内部原因造成的,解决这个问题不能仅依靠国家法律的规制,最有效的措施是打造建筑产业内部的工人队伍,为实现建筑业的高质量发展提供可靠的人力资源保障。一方面,应支持大型企业将一部分优秀的农民工吸收到企业内部,使其成为企业的正式员工;在企业内部创设农民工的专属管理部门,完善企业的用工管理机制,加强对农民工群体的职业培训力度,推进农民工群体向专业的产业工人队伍转变,促进企业转型升级;同时,针对不能被大型企业吸收的农民工,可以允许他们加入专业的劳务企业,解决其身份定性问题。另一方面,国家应做好引导工作,建立健全用工制度改革的奖惩机制,鼓励建筑行业改革用工模式,推进产业工人队伍建设;❶应该说这一点也与我国的国体政体性质存在着极为密切的关联。

最后,造成农民工工资拖欠的根源是诚信的缺失,主要涉及政府、企业、农民工个人等方面,具体包括以下几点。一是政府监管方式滞后,不能及时、全面了解企业的诚信状况,导致欠薪现象不止。在目前的体制下,政府大多情况下只能被动地处理已经发生的欠薪事件,事后监管色彩浓重,缺乏对欠

---

❶ 宋健. 全力保障农民工合法权益 打造建筑业高质量发展新支点——由《保障农民工工资支付条例》正式施行谈起 [N]. 中国建设报, 2020 – 06 – 19(7).

薪的事前预警和风险提示意识。不仅如此，部分政府部门的协同监管意识淡薄，不能形成监管合力，只是简单地认为治理欠薪是人力资源社会保障部门和司法部门的责任，没有意识到多部门联动、共享信用信息对根治欠薪的巨大作用。二是失信违法成本过低，导致企业不重视保障农民工权益。据统计，建筑业是拖欠工资比重最高的行业，一些开发商和业主在明知资金不足的情况下依然启动建设项目，不考虑资金的现实状况，用口头形式承诺农民工的劳动报酬。在人工费用定期拨付与工程款节点支付产生矛盾时，施工单位往往因为没有足够的资金进行调剂而导致欠薪事件频发。同时，由于拖欠农民工工资问题对企业在参与招投标、市场准入、融资贷款等方面影响不大，没有受到"一处拖欠，处处受限"的约束，所以企业不重视所作出的承诺，经常逾期发放，甚至欠发农民工工资。三是农民工甄别失信企业能力较弱，导致劳动付出得不到相应的回报。一方面因为农民工没有通过"信用中国"网站、国家企业信用信息公示系统等平台查询用人单位的信用信息状况的意识；另一方面是因为大量农民工尚未形成与用人单位签订劳动合同的习惯，这使农民工群体不能系统、直接地了解雇主或用人单位的具体信息，也就无从了解企业的信用情况，无法甄别企业是否为曾经发生过拖欠工资的失信企业，更不能依据劳动合同维护自己的合法权益，从而造成大量欠薪问题的出现。❶

形成科学系统的法治保障机制不仅要健全基本理论支撑，还要狠抓执行和落实，从法律、政府、社会等方面对法治建设保驾护航。这就需要我们除了要从理论层面认识到导致拖欠农民工工资支付的基础原因外，还要立足实践中拖欠农民工工资的难点问题，抓住重点，有针对性地对欠薪问题进行科学系统治理。

（二）保障农民工工资支付法治机制存在实践难题

从我国目前治理现状来看，建筑行业因其复杂性和主体的多元化，大量农民工不能按时领到相应的劳动报酬，导致工程建设领域沦为农民工欠薪的"重灾区"。因此，我们要坚持问题导向，重点聚焦工程建设领域存在的突出问题。

---

❶ 章政，祝丽丽，周雨. 农民工权益保障的信用治理模式研究：以农民工工资拖欠问题为例[J]. 中国人力资源开发，2020（8）96－106.

1. 建筑行业运行不规范，资金源问题较为严重

一方面，不规范的劳务用工管理方式为拖欠农民工工资留下了极大的衍生空间。《支付条例》中规定施工总承包单位或者分包单位要与农民工签订劳动合同，但是实践中工程建设领域的用人单位往往不与农民工直接签订劳动合同，在项目层层分包或转包后多采取"以包代管"的方式，由最终施工单位或包工头代管代发工资。层层分包和转包后造成支付环节增多、利润分配次数增多，整个资金支付过程不透明，农民工的劳动报酬在层层分包、转包中不断被榨取，导致工程建设领域成为欠薪的多发地。

另一方面，企业资金紧张，建设资金落实不到位为拖欠农民工工资埋下了巨大隐患。一是立项审批不严格。地方政府为了推动项目快速运转，未批先建，事后补办相关手续，对项目的审批缺乏严谨态度，也无有效的监管手段，出现投资方投资失败或资金链断裂等情况时，直接导致拖欠工程款，无力支付农民工工资。[1] 二是带资施工现象普遍存在。各级政府虽然严禁政府投资项目施工方带资建设，但是地方政府为了发展需要，部分工程项目依然采用施工方带资施工方式。此外由于没有禁止民间投资的工程项目带资施工，所以这些建设单位通常带资施工，加大了拖欠农民工工资的风险波及面。三是招投标的不规范也为及时发放农民工工资带来隐患。工程建设项目采取最低价中标的做法极大地压缩了施工单位的利润空间和抗风险能力，容易造成工程失败。同时，部分地区在招投标过程中普遍存在围标、串标、陪标等情形，导致资金实力较差、不具备施工主体资质的企业甚至个人挂靠施工的情形，由此带来违规发包、分包等行为，拉长了工程建设的资金链，增加了欠薪风险。[2]

2. 法律政策不配套导致工程建设领域用工风险显著增加

《支付条例》的实施，虽然规范了工程建设领域的用工制度，但同时增加了工程建设领域中发包单位、总承包单位以及分包单位的责任，缺乏相应的

---

[1] 王亚柯，谭中和. 农民工工资拖欠问题为何"久治不愈"[J]. 决策探索（下），2019（1）：22–25.

[2] 黄刚. 工程建设领域拖欠农民工工资成因分析及解决对策[J]. 劳动保障世界，2019（12）：35–42.

法律配套措施使得他们的用工风险显著增加。

首先，施工总承包单位垫资后追偿风险增大。《支付条例》第30条规定，施工总承包单位应当先行清偿分包单位拖欠农民工的工资，施工总承包单位在清偿农民工工资后可以向分包单位进行追偿；工程建设项目因转包造成拖欠农民工工资的，应当由施工总承包单位先行清偿，然后施工总承包单位依法可以向有关单位进行追偿。《支付条例》第30条并没有排除施工总承包单位不欠分包单位工程款的情形，所以不论施工总承包单位是否拖欠分包单位工程款，只要出现分包单位拖欠农民工工资的情形，施工总承包单位都需要先行支付农民工的工资，这是《支付条例》对施工总承包单位规定的义务，施工总承包单位必须履行。但在实践中，因为分包单位抗风险能力低、缺乏资金，施工总承包单位向其追偿困难重重，导致施工总承包单位的用工风险显著增加。工程建设项目转包导致施工总承包单位先行垫付资金的，也同样增加了施工总承包单位的用工风险。

其次，落实劳动合同制与工资实名制后，用人单位缴纳农民工社保及个税的费用会增加，企业的用工成本也会随之增加。《支付条例》第28条规定，施工总承包单位或者分包单位应当与所聘用的农民工签订劳动合同，并对其进行实名登记、管理。这一规定对保护农民工的劳动权益十分有益，但工资实名制步入正轨，用人单位就必须为农民工缴纳社保。根据现行社保政策，企业承担的社保费几乎占用工成本的三分之一左右，这无疑增加了用人单位的用工成本。而对大多数农民工而言，其关心的只有实际拿到手的工资数额，对是否缴纳社保并不热心和关注。劳动合同与工资实名制实施后用工成本会显著增加，如果没有相关的配套措施与之相协调，总承包单位或者分包单位将会规避劳动合同的签订、架空工资实名制的实行。

最后，《支付条例》中"工程款与人工费分账""总包代发制度"的规定增加了工程建设企业的资金周转压力。一方面，工程款与人工费用实行分账管理，增加了施工单位的资金周转压力。《支付条例》规定，建设单位需要按月向施工单位支付人工费用，没有特殊原因不得拒绝支付人工费用。人工费分账管理、按时发放在一定程度上减轻了施工单位的垫资压力，但是所发放的人工费只能划拨至农民工的工资专用账户，施工单位想要使用专用账户中的资金必须要满足：工程完工且未拖欠农民工工资，在公告满30日后施工单位才可申请注销专用账户，自由使用账户里的剩余资金。由此可见，施工单位只是名义上占有人工费用，在施工过程中无法使用人工费用，无形中加重了施工单位的资金周转压力。另一方面"总包代发制度"表面似乎减轻了分包单位的资金支付压力，但考虑到原先分包单位每月支付给农民工多系生活费，金额远低于正常的工资水平，故很可能在施工总承包单位代扣代发农民工工资后，分包单位在短期内可用于材料采购、设备租赁及现场管理的可用款项反而减少，势必增加分包单位的资金压力，同时增加了分包单位对农民工的管理难度。

3. 农民工维权意识不强导致事后讨薪难度大

其一，农民工自身科学文化素质不高，绝大部分农民工缺乏对法律法规的了解，利用法律维权的意识不强，导致一些利益受损的农民工不知道如何维权。背井离乡是大部分农民工的特点，他们远离家乡在一个陌生的城市打工，在这个城市里他们没有相应的社会人脉，合法权益受到侵害时救济途径有限，只能被动维权，不能主动出击，维权难度较大。其二，许多农民工没有认识到劳动合同的重要性，缺乏签订劳动合同的意识和积极性。出现恶意欠薪或权益受损时，难以及时收集证据材料，增加了通过仲裁、诉讼或调解讨薪的难度。❶ 其三，维权门槛高使少部分具有法律知识的农民工维权之路受阻。农民工维权问题涉及的层面多，使得部分地方性的维权机构提高了维权门槛。同时，有些地方政府的法律援助机构或社会维权机构，为了提高自身政绩或者利益收入，在解决农民工维权问题上会相互推脱，导致农民工多边跑现象频发。不仅如此，有些部门在给农民工维权的过程中，以一种敷衍和力不从心的状态进行处理，使农民工对政府机关失去信心，主动维权意识下降。

五、新时代中国特色社会主义保障农民工工资支付法治机制建设的完善建议

习近平总书记指出，保障和改善民生没有终点，只有连续不断的新起点。

---

❶ 黄良盛. 恶意欠薪的主要成因及法律规制［J］. 武汉公安干部学院学报，2020（2）：45 - 50.

进入新时代，我国社会主要矛盾发生了转变，对保障和改善民生工作也提出了更高的要求。我们要采取更有针对性、更广泛、更有效的措施，帮助人民群众解决实际困难问题，让人民群众共享国家发展的福利。关注民生问题，是中国特色社会主义制度完善和发展的必然要求。保障农民工的劳动权益是党和国家"以人民为中心"建设中国特色社会主义制度的应有之义。在深化依法治国的过程中，我国的法治建设不断健全，科学立法、严格执法、公正司法、全民守法的法治格局已基本形成。针对实践中农民工"讨薪难"现象，各级政府加强治理力度，取得了阶段性成果。但是我们必须认识到仅依靠法律条文并不能从源头上解决欠薪问题，根治欠薪必须建立起高效严明、科学系统的法治体制机制，从立法、执法、司法、守法等方面形成有效合力以更好地实现农民工工资支付保障。

（一）建立保障农民工工资支付的法律长效机制

1. 化解资金风险，健全工资支付和清偿制度

化解资金风险，健全工资支付和清偿制度需要法律为其保驾护航。一是明确政府投资的项目不得由施工单位垫资；严格把控建设单位的建设资金，对资金不到位的建设单位，不允许其对项目开发建设，如果因资金不到位开发建设导致拖欠农民工工资的，对相关单位和负责人进行相应的行政处罚，造成他人损失的相关责任人将承担民商事责任。二是规范招投标行为，改革创新建筑业的中标方式，杜绝围标、串标、陪标现象的出现，对违规操作者进行严厉法律制裁。出台招投标风控措施，避免企业间的恶性竞争。对参加招投标的建设单位和施工单位进行严格的资质审查，杜绝无资质企业中标现象。招投标机构要选用科学合理的中标方案，给施工单位创造最大的利润空间。三是完善农民工工资保证金制度和支付担保制度。《支付条例》规定了工资保证金制度，要求施工总承包单位按照规定存储工资保证金，在承包工程出现拖欠农民工工资的情况下，将工资保证金用于清偿农民工的工资报酬。同时，《支付条例》规定了建设单位必须向施工总承包单位提供工程款支付担保，否则导致拖欠农民工工资的，将被限制新建项目，并记入征信系统。四是构建建设工程应急周转金制度。应急周转金由各级财政负责，主要针对工资保障金和支付担保不能覆盖的欠薪事件进行垫付。应急周转金的拨付需对应

群体性欠薪事件，垫付农民工部分工资或基本生活费，解决突发紧急的群体性讨薪事件。应急周转金的追偿应由各级政府负责，对不配合的欠薪企业可以进行必要的行政处罚。❶ 五是建设单位必须及时足额支付人工费用和工程建设费用，因未及时支付相关费用造成拖欠农民工工资的，建设单位以未结清的工程款为限先行垫付农民工的工资。因建设单位存在违法转包、违法分包以及违法违规建设等现象拖欠农民工工资的，建设单位应先行清偿被拖欠的工资，然后再向相关企业进行追偿。❷

2. 防范管理风险，建立规范的用工管理制度

规范用工管理制度是保障农民工工资支付的重要措施，《支付条例》对此做了回应，从法律层面对建设领域的用工制度进行规制。首先《支付条例》要求进入施工现场的农民工必须与施工总承包单位或者分包单位签订劳动合同，施工单位对农民工进行实名登记管理，如果施工单位未与农民工签订劳动合同，也未对农民工实行实名登记管理，那么该农民工就不能进入施工现场。其次，《支付条例》明确规定分包单位直接对农民工实名制管理和工资支付负责，这一规定加强了分包单位的责任，从基层管控用工风险，更有利于规范用工制度。再次，施工总承包单位一方面应加强对分包单位的劳务用工管理，在项目部配备劳资专员，及时启动对劳资专员的培训，以应对相应的管理、监督等工作；另一方面，施工总承包单位要加强劳资专员对分包单位劳动用工的监督管理，掌握施工现场的基本情况，审核分包单位编制的农民工工资支付表。最后，《支付条例》规定施工总承包单位和分包单位要建立劳动用工的管理台账，将用工管理台账保存至项目完工，并且至少要保存到工程所涉及的农民工工资全部结清后的三年。

（二）加强组织领导，做好政府工作

1. 落实各方责任，严肃考核政府工作

治理欠薪需要政府强化责任、细化落实，让保障农民工工资支付的制度

---

❶ 王超. 依法根治拖欠农民工工资问题——写在《保障农民工工资支付条例》实施之际［N］. 中国人口报，2020 - 05 - 01（3）.

❷ 周海涛，郭培义. 从源头上解决农民工工资问题［J］. 施工企业管理，2020（5）：45 - 48.

篱笆越扎越紧，压缩实践中恶意欠薪的空间。从源头上防止欠薪事件的发生，需要政府落实好日常监管责任。一是要健全责任清单。一方面要明确地方政府的责任，规定县级以上地方人民政府负责处理本行政区域内的欠薪治理工作，加强对欠薪事件的排查和调处工作，防范和化解潜在的欠薪矛盾，建立保障农民工工资支付的协调机制，及时解决因欠薪引发的矛盾纠纷；另一方面，明确政府部门的职责，对人社、住建、交通运输等相关行业工程建设主管部门必须履行的监管职责进行全面梳理，对行政主体不作为的行为进行重点处理。二是要建立治理欠薪工作的问题清单。梳理近年来出现的"责任主体落实不到位""行业监管秩序不规范""项目资金不到位""用工管理制度不完善""纠纷解决不及时"等问题，将这些问题的出现原因、表现形式、处理方法进行动态分析，及时向相关部门反馈，并向社会公示。三是将保障农民工工资支付的治理成果纳入各级政府考核指标。对于政府投资建设的项目，如果建设单位出现违法违规拖欠农民工工资的现象，政府相关部门在依法承担责任时还要约谈建设单位的主要责任人，并将政府有关部门监管不到位的责任作为其业绩考核、评优评先、职务晋升的重要依据。❶

2. 加强监督管理，联合惩戒失信行为

首先，以县级政府为单位建立农民工工资支付监控预警平台，从审批建设项目、落实建设资金、获得施工许可、组织劳动用工、支付工资报酬等方面实现多部门对建设项目的信息共享。人力资源社会保障行政部门、相关行业工程建设主管部门和其他有关部门应当依照各自的职责加强对建设项目的监督检查，预防和减少拖欠农民工工资的行为发生。其次，加强建筑行业的信用监管。各级人社部门要建立和完善建设领域用人单位及其主要责任人的诚信档案，将相关企业支付农民工工资的情况作为评价他们诚信的重要依据，通过建立诚信等级评价制度，梳理出欠薪"黑名单"，定期向社会公开。利用互联网技术推进工资支付信用信息互联互通，将企业和个人诚信情况纳入政府公共信用信息服务平台，实现建筑行业欠薪诚信信息共享。最后，加强对失信企业及个人的惩戒。针对失信行为建立协同监管和联合惩戒制度，将欠

❶ 王超. 依法根治拖欠农民工工资问题——写在《保障农民工工资支付条例》实施之际［N］. 中国人口报，2020－05－01（3）.

·72·

薪企业和主要责任人列入失信联合惩戒名单，由有关部门对其在政府资金支持、政府采购、招投标、融资贷款等方面依法依规予以限制，并在全国范围内执行，提高其失信违法成本。

（三）提高工作效率，完善司法救济途径

司法救济在保障农民工工资支付方面有重大的保障作用。首先，为了提高工作效率，劳动人事争议仲裁机构可以开通"绿色通道"，对拖欠农民工工资的案件优先受理，在程序方面可以先于其他劳动争议案件优先开庭。法官对拖欠农民工工资案件要及时裁决，在短时间内查清事实快速结案，保障农民工及时拿到劳动报酬。仲裁机构对实践中出现的集体欠薪案件或者涉案金额较大的欠薪案件，要进行挂牌督办，及时处理农民工工资拖欠纠纷。通过"绿色通道"打造便捷途径，提高司法机关的工作效率，及时保障农民工的劳动权益。其次，进一步扩大法律援助范围。农民工的劳动权益包括方方面面，想要从根本上解决欠薪问题，需要扩大农民工的法律援助范围，不仅要涉及农民工请求支付劳动报酬的案件，而且要包括农民工请求工伤赔偿、社会保险待遇等案件，通过扩大法律援助范围，切实解决农民工所面临的维权难点问题。同时，司法机关和法律援助机构要加强异地协作机制，对一些跨区域维权事件，相关部门之间要做好协调工作，降低农民工异地维权的成本。最后，司法机关要严厉查处欠薪行为，加大对拖欠农民工工资案件的举报投诉受理和查处力度。针对拖欠农民工工资涉嫌犯罪的，及时追究相关责任人的刑事责任，通过对相关责任人进行定罪处罚来打击和威慑恶意欠薪和恶意逃匿等违法犯罪行为。

（四）提高维权意识，拓宽社会保障渠道

1. 注重宣传教育，提高农民工的维权意识

农民工作为一个庞大的群体，他们的维权行为与社会各方的关联性高，需要依靠多方力量共同促成农民工依法进行维权活动。首先要加强政府在农民工维权宣传教育上的引导作用，将普法宣传贯彻到依法执政的全过程，提高农民工的维权意识。其次，社会各界要积极参与政府的宣传教育活动，将保障农民工合法权益的法律法规同企业的规章制度融合起来，加强企业对农

民工维权行为的重视。通过社会各行业的参与，不仅可以扩大维权教育宣传的范围，而且可以使企业自身将保障农民工劳动报酬的权益落实到实际行动上。最后，农民工个人要提高依法维权意识，主动学习相关法律知识，在合法权益受到侵犯时，积极运用法律武器维护自身的合法权益。通过提高农民工依法维权意识，可以减少农民工盲目维权、聚众闹事现象的发生。❶

2. 建立便民服务，畅通投诉、举报渠道

首先，各省可以利用网络便利在法律服务网站上开通"绿色通道"，作为农民工讨薪求助专用通道，将收集拖欠农民工工资的线索、解答农民工的留言咨询、办理农民工法律援助案件等作为"绿色通道"的服务范围，帮助农民工维权。各级政府可以成立农民工服务中心，加强各服务中心之间的联系、协调，不同地区的服务中心可以根据自身状况调整服务方式，为农民工提供高效、便捷的投诉、举报服务。其次，政府的法治部门、人社部门可以在施工现场设立维权信息告示牌，明示法律援助申请渠道及公共法律服务热线等信息，为农民工维权提供便捷服务。❷ 最后，加强舆论的监督和引导，通过媒体的报道将拒不支付农民工劳动报酬的企业和用人单位曝光在大众面前，用正确的舆论武器帮助农民工维护其合法权益。

结　语

党始终不渝的奋斗目标就是带领人民创造美好的生活，解决人民最关心、最直接、最现实的利益问题。党的十九大与时俱进，站在新的历史起点上明确提出推进依法行政、建设法治政府，对全面推进依法治国作出了新的战略部署。针对目前农民工最关心的工资拖欠问题，构建和完善新时代中国特色社会主义保障农民工工资支付的法治机制，不仅是回应全面推进依法治国的制度措施，更是践行以人民为中心的发展思想的具体体现。构建和完善新时代中国特色社会主义保障农民工工资支付法治机制需要各方共同发力、协同治理。政府应通过落实各方责任、严肃考核工作、加强监督管理、惩戒失信

❶ 张丽. 农民工维权法律援助实践中存在的问题［J］. 法制博览，2020（6）200 – 201.
❷ 董法. 司法部加强农民工法律援助破解"讨薪难"［N］. 中国商报，2020 – 05 – 14（2）.

行为等对根治欠薪做好保障；司法机关应加快完善司法救济措施，为农民工维权提供便捷的司法保障；社会各界应通过规范用工管理、加强行业过程性监管、健全工资支付和清偿制度，为根治欠薪问题身体力行、保驾护航；农民工个人应主动提高维权意识，自觉运用法律手段保障自己的合法权益。有了各方工作的积极协同配合和有效系统衔接，新时代中国特色社会主义保障农民工工资支付法治机制建设一定会日益完善，最终根治拖欠农民工工资的痼疾。

新时代中国特色市场经济资本市场法治建设

张　彬[*]

　　在市场经济体制中,市场可以根据其交易的标的不同被区分为:商品市场、资本市场与劳动力市场。其中,资本市场是指有资本的需求方与供给方所形成的市场。资本与资金是一组有关联却有区分的概念。资金的需求方,可以为了短期消费,也可以为了从事社会再生产。如果是为了社会再生产,那么资金的使用时间一般而言较为长期。因此,资本市场又指代的是长期资金市场,包括证券融资和经营一年以上的资金借贷和证券。只有长期资金市场,才能够为资本形成利润提供充分的时间。

　　金融市场与资本市场是有关系又有区别的一组概念。金融市场的范围比资本市场更为广阔,指一切资金融通市场。资金融通时间长短的差别,意味着资金是否直接参与了社会组织与生产,并产生了利润。根据融通时间,金融市场便可以继续分化为货币市场与资本市场。货币市场是融通短期(一年以内)资金的市场,资本市场是融通长期(一年以上)资金的市场。货币市场包括金融同业拆借市场、回购协议市场、商业票据市场、银行承兑汇票市场、短期政府债券市场、大面额可转让存单市场等;资本市场包括中长期信贷市场和证券市场。中长期信贷市场是金融机构与工商企业之间的贷款市场;

---

　　* 作者简介:张彬,法学博士,郑州大学法学院讲师。

证券市场是通过证券的发行与交易进行融资的市场。

本章节便围绕上述资本市场的界定，对新时代中国特色市场经济资本市场进行阐述。

一、新时代中国特色市场经济资本市场历史沿革

自改革开放以来，我国资本市场经历了从无到有的过程，可以时间为轴，区分为以下三个阶段。

（一）资本市场法治化探索阶段

第一个阶段是 1990 年至 1999 年。该阶段，我国资本市场的发展极为不成熟，但无论是市场参与者还是监管者，都在努力实现资本市场的规范化。在这一阶段，我国产生了一些具有规范指导意义的资本市场法律规范。其中，1993 年出台了《股票发行与交易管理暂行条例》，该部条例在《证券法》出台前，一直是规范我国股票交易最重要的规范，并且为《证券法》的出台奠定了良好的基础。1993 年 12 月，我国颁布《公司法》，作为与《证券法》具有紧密关联的一部法律，《公司法》为我国当时公司股票的发行与转让，尤其是股份有限公司的相关制度，对发展资本市场提供了基础框架。在 1998 年《证券法》通过之前，由地方政府或者中央企业主管部门在自己管辖范围内，对申请上市的公司进行实质性审核，合格后报中国证监会批准。证券发行的审批制在中国资本市场的发行早期，起到了初步的投资者保护的作用，但更为明显的缺点在于政府与市场之间权利边界不清晰，没有确立市场作为资本市场资源配置的核心地位。

1998 年 12 月，我国第一部《证券法》颁布后，资本市场迎来了发展的重大机遇。证券发行制度从原来的审批制改革为核准制。所谓的核准制，是由证券中介机构，即保荐人，取代原来地方政府与中央企业主管部门，根据拟上市企业的经济效益与投资价值，提交给中国证监会核准。但总体而言，我国资本市场在这个阶段并不成熟，并出现了以"8·10 风波"，"3·27 国债风波"为代表的重大事件。

（二）资本市场法治化的发展阶段

第二阶段是从 2000 年至 2016 年。在该阶段，通过施行《证券法》，我国资本市场的股票发行制度从上一阶段的审批制转化为核准制。这一阶段，拟上市公司需要接受证券公司的辅导，并向证券监督管理机构提交材料供其审核，以获得发行上市的资格。核准制，让市场取代了政府权力，打破了我国证券市场中政府权力取代市场监督的局面，成为配置资本市场资源的主要力量。2001 年，香港证监会副主席史美伦担任中国证监会副主席，加强了对证券市场的监督，并在该年 4 月份，处罚亿安科技股票操纵行为，对其处以罚金 4.49 亿元。

在该阶段，还发生了一件对中国资本市场具有深远影响的事情——2005 年的股权分置改革。在 2005 年之前，中国上市公司股票分为流通股和非流通股。非流通股一般是由国家或者法人持有，不允许自由流通。同一公司发行的股票被人为区分为两类，形成了同股不同价的局面。这种扭曲的定价机制，会严重干扰资本市场的资源配置效率。因此，在 2005 年，通过股权分置改革，我国证券市场上的股票实现了全流通，极大地提升了资本市场效率。

这一阶段，资本市场的另一大重要制度建设是多层次资本市场的建立。所谓多层次资本市场，是根据融资企业的规模、风险、盈利能力等特点在不同市场上融资的市场经济体系。这样不仅可以避免风险在整个资本市场中的扩散，也能够满足融资者在企业生命周期的不同阶段的融资需求。2009 年，我国开设创业板；2010 年，开设股指期货；2013 年开设新三板。通过这些举措的实施，虽然某些投资板块存在流动性不足的弊端，但仍初步建立了我国的多层次资本市场。

（三）资本市场法治化的规范阶段

第三阶段是 2017 年至今。在该阶段，我国资本市场进一步走向国际化、市场化。其中最重要的事件是：我国开始在上海证券市场交易所开设科创板，并从科创板开始实施注册制，揭开了我国资本市场证券发行制度从核准制到注册制改革的大幕。这次改革的目的是：真正实现让市场成为资本市场资源配置的最重要因素。随后，我国又尝试进行创业板注册制试点，为全面推行注册制改革"攻城略地"。

除此之外，在党的十九大报告中明确提出深化金融体制改革，增强金融服务实体的能力，提高直接融资比例，促进多层次资本市场健康发展。该报告指明了未来我国资本市场改革发展的方向，也让市场参与者对中国资本市场的未来有了更为坚定的信心。市场也迅速对党的十九大报告进行了回应。我国新三板的改革是在原有的内部分层：普通层、创新层之上又设立了精选层，完善了我国的多层次资本市场建设。通过允许企业转板、上市，加快了企业在不同资本市场之间融资模式的转换效率。

纵观我国资本市场三十年的发展改革历史，能够看到一个清晰的轮廓，即我国的资本市场已经在借鉴西方发达资本市场经验的基础上，结合我国的特殊国情与特殊历史发展阶段，闯出一条符合我国发展路径的资本市场建设道路。尽管它依然存在着若干不足，但是，任何事物的发展总是要经历从不足到完善，再从完善到发现新的不足的螺旋式上升路径。我国特色市场经济资本市场必然在我党的领导下，步步前进。

二、新时代中国特色市场经济资本市场的特色

资本市场的主要功能是组织资本对实体经济的发展提供金融支持，加速实体经济的发展。中国特色市场经济的资本市场，尽管存在与世界其他资本市场相似的共性，但也有一些我国独有的特点，可以为世界资本市场的法治化发展提供一定的借鉴。

（一）以实现公共利益为目的的国家干预

在这些发展阶段中，我国逐渐形成了以《公司法》《证券法》为核心，同时配合大量部门规章所形成的资本市场规制法律体系。基于我国社会主义特色，我国的资本市场规制与西方发达国家的发展有较大不同。我国资本市场是由政府在改革开放过程中不断通过主动的制度构建所形成，而西方资本主义国家往往是通过商事主体基于私人意思发展出各类交易，政府机构对交易所产生的各项负外部性进行监管。资本市场的本质属性与发展路径，形成了我国与其他国家的资本市场法律规范之间存在根本上的一致性，却又存在表现形式与规制模式上的差异性。

资本市场本身是围绕资本形成的交易市场，具有自发性。但资金需求方

与资金提供方之间存在显著的信息不对称，导致资本市场无法充分发挥市场竞争所带来的效率，反而可能导致市场失灵，从而影响资源配置最优化的实现。因此，在资本市场发展的过程中，必须强调资本市场作为社会经济的一项公共产品的公共利益属性。在国家层面上，应当采取充分的法律手段来解决信息不对称所导致的市场失灵。同时，由于政府在监管过程中，监管俘获等原因也会导致政府失灵，所以在国家层面上需要制定专门的资本市场规制法律规范，解决市场失灵与政府失灵的问题，从而实现市场机制与政府机制的共同作用，实现资本市场的资源优化配置。

（二）融资主体与投资主体的双重保护

具体而言，优良的资本市场法治环境主要能够实现两个目的：资金需求方的融资需要与资金提供方的投资需要。对于需求方而言，好的法治环境能够便于其低成本、高效率地获取组织生产经营所需要的资金；对于提供方而言，好的法治环境能够通过保护其合法权益，吸引更多投资者进入资本市场进行交易。资本市场法治建设的上述两个目的是具有辩证统一关系的。如果没有充分的投资者保护，投资者将逐渐退出资本市场，从而导致流入该市场的资金量变小，进而损害资金需求方高效获取资金的能力。

然而，由于我国资本市场建立的路径是依靠国家强制力所实施的主动型制度变迁，因此需要我国资本市场法治建设一直围绕着两条主线进行。一条是资本市场本身的设立，即为资本交易创设场所，提供交易可能。围绕这条主线，我国资本市场法治建设主要形成了证券发行与交易的相关制度，该条主线主要围绕着提升资本市场本身的交易效率而进行。另一条便是参与资本市场的投资者保护，这也是传统资本市场规制法律制度中的重点。围绕该主线，形成了以强制性信息披露为核心，投资者适当性制度、融资融券杠杆规制、证券欺诈民事及刑事责任为辅助的制度群。

（三）事前干预重于事后执法

资本市场的发展非常迅速，而其中又充满了基于个人利益驱动的金融创新。如果对私人资本交易不进行严格监管，那么在资本市场发展的过程中，系统性风险会以隐蔽的方式急剧增长，金融泡沫一旦破裂，必将给社会各群体带来深重的金融灾难。域外以资本自由为理念的资本市场发展过程中，经常周期性地出现金融危机，并最终由国家以纳税人的资金对失败的资本组织方进行兜底性保护。这样的方式固然能够挽救一个国家的金融体系，但利用纳税人资金解决私人资本交易者的经济困境存在合法性质疑以及分配不公的诟病。更为重要的是，事后救济往往是在资本市场已经产生巨大损失之后才开始启动，造成了大量社会资金的浪费与社会效率的损失。

我国充分发挥社会主义特色，以国家事前干预为核心，对资本市场的法律体系进行革新。其中最为重要的便是我国针对不同的金融机构设置了较高的准入门槛，同时在资本市场交易者之间设置了详细而实质性的交易规则，随时对可能出现金融风险的交易环节进行微观层面的调整，通过对法律行为的有效/无效的认定，引导资本市场参与者的交易方式。同时，我国采用实质大于形式的理念，对资本市场法律规范进行改造，避免通过采用合同对违法交易路径进行变造以规避资本市场监管的行为发生。

事前干预相较于事后的执法行为，能够提前对可能出现的金融风险进行防范，能够节约纳税人的资金，同时不会由于事后救济对违法资本市场交易者的行为造成负向激励。因此，我国资本市场发展几十年来，尽管出现过一些局部的金融违约事件，但从未像资本主义国家那样，出现大规模扩散的金融危机。

上述是我国在发展资本市场的过程中，通过不断地尝试而探索出来的资本市场法治化特色。从这些特色运行的实效看，我国资本市场的法治化，展现出较强的稳健性与安全性，在促进资本市场交易的同时，坚守住了资本市场安全的底线。

三、新时代中国特色市场经济资本市场的实施成效

通过三十年左右的市场建设，中国特色市场经济资本市场已经初步建立，提升了我国资本市场的效率，对实体经济起到了较好的支撑作用，同时能够使得我国广大人民群众通过投资资本市场分享改革开放的经济利益。在资本市场的结构上，我国通过建立较为良好的证券市场，通过直接融资方式解决了国有资本与民间资本的融资需求，释放了通过间接融资手段带来的银行金融体系的资金压力与风险。具体而言，中国特色市场经济资本市场已经取得如下成效。

（一）资本市场基本交易规则的完成

资本市场若要发展，必须由国家就资本市场的全交易流程架设基本交易规则。其中最为重要的交易流程为：证券发行、融资融券交易、证券二级市场交易。其中，证券发行是发行人自己或者通过证券中介将证券向投资者进行销售的行为。证券发行为资本市场提供了可供交易的金融工具，是资本市场交易的流程起点。融资融券交易提供了资本市场做空与做多的双向交易路径，发挥了平衡资本市场多方力量的作用。二级市场交易为投资者提供了证券的流动性，对发展一国资本市场具有基础性价值。

在证券发行方面，我国已经开始启动证券发行的注册制改革，即市场监管者将不再对证券投资价值进行实质性判断，而是将上述权利转交市场主体予以行使。将核准制向注册制改革的理由如下：注册制能够充分发挥市场的作用，通过市场的力量对证券投资价值进行"价值发现"，避免了核准制将证券投资价值的发现功能交给市场监管者所引发的信息不对称。注册制能够强化投资者责任自负的投资理念，避免核准制下由于政府审核带来的"背书"对投资者产生的不适当引导；注册制下能够帮助企业更加快速地获取上市融资机会，避免核准制下旷日持久的核准过程引发的上市"堰塞湖"。注册制改革下的证券发行，并非不再由机构对证券本身的投资价值进行实质性审核，而是审核人的角色发生变更。在注册制下，原有的证券交易所将会承担更多的审核职能，对拟上市交易的公司信息进行审查，并对存有疑点的领域通过问询函等方式进行核查。

在融资融券方面。我国在 2005 年修订《证券法》，为监管融资融券交易提供了基本法律依据。为落实相关《证券法》规定，国务院于 2008 年 4 月 25 日发布了《证券公司监督管理条例》和《证券公司风险处置条例》。证监会于 2006 年 1 月发布了《证券公司风险控制指标管理办法》，7 月出台了《证券公司融资融券业务试点管理办法》，制定了我国融资融券业务制度。两大证券交易所于 2006 年 8 月也发布《融资融券试点实施细则》。同年 9 月中国证券业协会公布《融资融券合同必备条款》和《融资融券交易风险揭示必备条款》，中国证券登记结算有限责任公司出台了《融资融券试点登记结算业务实施细则》。为配合融资融券业务试点正式运行，证监会于 2010 年 1 月 22 日发布了《关于开展证券公司融资融券业务试点工作的指导意见》，2015 年 6 月 3 日发布了《证券公司融资融券业务管理办法》。由此，我国已形成以《证券法》为龙头，以国务院和证监会发布的行政法规、部门规章为主干，以证券交易所和证券业协会的自律性规范以及中国证券登记结算有限责任公司的业务规则为补充的融资融券监管法律制度体系。

融资融券交易的规制重点在于控制融资融券的杠杆率，避免交易者由于过分风险暴露，在交易亏损时引发资本市场上的连锁反应。具体杠杆率比例由证券交易所根据对业务数据的掌握自行把握。如《上海证券交易所融资融券交易实施细则》第 36 条，投资者融资买入证券时，融资保证金比例不得低于 50%。融资保证金比例是指投资者融资买入时交付的保证金与融资交易金额的比例，计算公式为：融资保证金比例 = 保证金/（融资买入证券数量×买入价格）×100%。第 37 条，投资者融券卖出时，融券保证金比例不得低于 50%。融券保证金比例是指投资者融券卖出时交付的保证金与融券交易金额的比例，计算公式为：融券保证金比例 = 保证金/（融券卖出证券数量×卖出价格）×100%。

在二级市场交易方面，我国制定了较为完善的交易机制，在促进交易效率的同时，避免风险。其中较为重要的是涨跌幅制度。我国证券市场发展的历史较短，为了避免市场剧烈波动，我国设置了证券交易每日最大的涨跌幅。同时，根据证券交易场所不同，涨跌幅的幅度又有所不同。简而言之，风险越高的市场，涨跌幅设置越宽松。目前，上海证券交易所与深圳证券交易所的涨跌幅限制为 10%，科创板的涨跌幅设置为 20%。涨跌幅的设置也有例外。当符合以下情况时，首个交易日的证券交易价格不设置涨跌幅限制：首次公开发行并上市的股票和封闭式基金，增发上市的股票，暂停上市后恢复上市的股票，退市后重新上市的股票，证券交易所认定的其他情况。

（二）资本市场基础设施建设完毕

基础设施是指为金融机构之间或金融机构与其自身之间的证券及其他金融交易管理或者运营转让、结算、清算之多边系统的主体。任何资本市场的建设都离不开健全的金融基础设施。资本市场最为重要的一类金融基础设施是证券交易所。根据交易物的不同，可以将交易场所区分为场内与场外，也就相应产生了场内交易与场外交易。传统的场内与场外交易主要是从交易场所是否有形、是否撮合交易、是否提供报价为区分标准。然而随着技术的进步，传统的区分标准已经丧失意义，即使是私人交易撮合者，也能凭借低廉的信息成本，架构出交易所必需的基础通讯与信息系统。因此，现在对场内与场外进行区分的主要标准是交易的标的物是否标准化。

如果交易场所的标的物是标准化的股票、债券等金融工具，那么便可以被定为场内交易场所；如果交易场所的标的物是未被标准化的公司股份、债权，那么便可以被认定为场外交易场所。按照这个标准，我国已经建设成了具有场内与场外多层次的资本市场，其中具体包括如下五个层次：主板与中小板、科创板与创业板、新三板、区域性股权交易所与众筹股权。

能够充当资本市场基础设施的机构除了证券交易所，还包括证券登记结算系统。具体而言我国的证券登记结算系统包括：中国证券登记结算有限责任公司、中央国债登记结算有限责任公司、中国金融期货交易所股份有限公司、银行间市场清算所股份有限公司。

（三）投资者保护制度的健全发展

资本市场法治建设的核心是信息披露制度。根据信息不对称理论，由于投资者与融资者之间存在严重的信息不对称，资本市场竞争本身不会产生有效率的资源配置，而是会逆向淘汰。我国的P2P市场与美国1930年之前的资本市场均已经证明了信息不对称为资本市场带来的恶果。为了实现资本市场的资源有效配置，必须充分向市场披露信息。以法玛（Eugene Fama）为代表，其在1970年的论文《有效资本市场：对理论和实证工作的评价》中，对"有效市场理论"进行了全面阐述，并提出了一个被普遍接受的有效市场定义：在一个证券市场中，如果证券价格完全反映了所有可获得的相关信息，每一种证券的价格和其内在投资价值相一致，并能够根据新的信息进行完全和迅速的调整，那么就称这样的市场为有效市场（或者说该市场达到了有效性）。

可以说，世界各国资本市场法治建设的目的之一都是通过强化市场信息披露以达到有效市场。通过被披露的信息，资本市场上的投资者可以理性决定投资标的。

但由于信息披露本身存在成本，如信息搜集、处理、发布，信息披露还需要遵循重大性原则，允许融资者仅将影响投资收益的信息向市场公布。信息披露内容过细过密，不仅会导致企业负担过重，还容易导致企业由于疏忽大意使其所披露的信息细节出现错误，从而承担相应的信息披露不实的责任。同时，为了能够规范信息披露行为，各国资本市场都为信息披露义务人提供了大量的信息披露模板，以供投资者快速地比较与分析被披露公司的信息。

我国资本市场也建立了一套定期信息披露与临时信息披露制度以供信息披露义务人填写，并在证券法中明确规定了需要披露的、具有重大性意义的信息类别，进一步明确了信息披露义务人的义务范围，降低了法律不确定的风险。同时，我国还建设了具有中国特色的问询函制度。融资者在进行信息披露时，证券交易所会根据对信息披露义务人提交信息的审查，就其中信息不充分或者可疑部分，要求义务人提供进一步的信息，向证券交易所及公众进行说明。尽管我国还没有法律明文规定企业拒绝向证券交易所问询函提供答复所要承担的法律责任，但投资者本身会根据企业答复问询函的情况来评估投资风险。未能及时、准确、合理解释问询函疑点的企业会受到市场的否定性评价，甚至直接取消相关的投融资计划。因此，以问询函为特色的信息披露制度完全可以通过市场化的惩戒方式发挥其威慑力。

此外，资本市场上的不同投资金融工具本身的风险模式不同，意味着不能采用同一套信息披露范围规制所有类型的融资方。根据我国证券法，目前我国主要的投资金融工具包括：股票、公司债券、政府债券、资产管理产品、资产支持证券等。这些不同类型的资本工具所存在的风险是不同的。因此，需要围绕不同的金融工具构建不同的信息披露制度。如我国《全国银行间债券市场金融债券发行管理办法》、《公开发行证券的公司信息披露内容与格式准则第 39 号——公司债券半年度报告的内容与格式》、《关于公开发行公司债券的上市公司半年度报告披露的补充规定》、中国人民银行公告〔2005〕第 14 号《资产支持证券信息披露规则》等规则，分别根据上述几类金融工具的特点，对信息披露的内容进行了具体规定。我国资本市场参与者需要严格遵循上述规则进行信息披露，投资者也可以从上述被披露信息中获取投资某标的金融产品的充分信息。

（四）资本市场违法行为追责体系的完成

没有责任的法律规则是没有牙齿的老虎。资本市场为了能够保障上述相关制度充分发挥作用，还需要建立起一整套反欺诈措施，对违反相关法律规则的法律主体进行行政处罚、民事诉讼，乃至刑事诉讼。我国目前已经对资本市场违法行为建立了完善的追责体系。

我国全面借鉴了域外资本市场在规制市场欺诈行为方面的立法经验，并在我国证券法及相关的部门规章中对上述几类行为的认定与追责方面进行了规定。我国《证券法》第53条规定，证券交易内幕信息的知情人和非法获取内幕信息的人，在内幕信息公开前，不得买卖该公司的证券，或者泄露该信息，或者建议他人买卖该证券。持有或者通过协议、其他安排与他人共同持有公司百分之五以上股份的自然人、法人、非法人组织收购上市公司的股份，本法另有规定的，适用其规定。内幕交易行为给投资者造成损失的，应当依法承担赔偿责任。第93条规定，发行人因欺诈发行、虚假陈述或者其他重大违法行为给投资者造成损失的，发行人的控股股东、实际控制人、相关的证券公司可以委托投资者保护机构，就赔偿事宜与受到损失的投资者达成协议，予以先行赔付。先行赔付后，可以依法向发行人以及其他连带责任人追偿。第55条规定："禁止任何人以下列手段操纵证券市场，影响或者意图影响证券交易价格或者证券交易量：（一）单独或者通过合谋，集中资金优势、持股优势或者利用信息优势联合或者连续买卖；（二）与他人串通，以事先约定的时间、价格和方式相互进行证券交易；（三）在自己实际控制的账户之间进行证券交易；（四）不以成交为目的，频繁或者大量申报并撤销申报；（五）利用虚假或者不确定的重大信息，诱导投资者进行证券交易；（六）对证券、发行人公开作出评价、预测或者投资建议，并进行反向证券交易；（七）利用在其他相关市场的活动操纵证券市场；（八）操纵证券市场的其他手段。操纵证券市场行为给投资者造成损失的，应当依法承担赔偿责任。"上述立法对我国证券监督管理机构处理三大欺诈行为提供了执法依据。

四、新时代中国特色市场经济资本市场存在的问题

尽管我国已经初步建成了较为完善的资本市场，但通过近些年来的市场实践表明，从制度建设的大略方针到具体的规则构建，我国资本市场的法治建设依然存在着如下缺陷。

（一）法律规则制定的科学性不足

我国在2016年，为了治理证券市场股价的大幅波动，引入了美国证券市

场的"熔断"制度，并于 2016 年 1 月 4 日开始实施。所谓熔断制度是指在市场满足特定条件时，个股或全市场停止交易，投资者既无法提交报单也无法达成交易。熔断制度能够在证券市场交易出现异常时，暂停交易，通过给予投资者冷静期来保障资本市场的信息通畅。我国在 2015 年设置的熔断制度，将熔断基准设置为沪深 300 指数，采用 5% 和 7% 两档阈值。一旦沪深 300 指数上涨或者下跌幅度超过 5%，便会触发一级熔断，交易暂停 15 分钟后恢复交易，待指数上涨或者下跌幅度超过 7% 时，便会触发二级熔断，将停止交易至收市。我国在实施该项制度后，连续四个交易日证券市场熔断，我国监管层当机立断暂停了熔断机制。为时四天的熔断交易制度在导致了证券投资者的大量损失后告一段落。其实，学术界认为，熔断制度可能导致市场出现磁吸效应，即市场接近熔断阈值时，投资者向相同方向使股价进一步上涨或下跌，加速市场触及熔断阈值的效应。然而在立法的过程中，却没有充分对我国资本市场产生磁吸效应的可能性进行预判，从而导致熔断制度成为我国资本市场上最为短命的制度，同时导致了大量投资者的损失。

熔断制度是我国资本市场法治建设所遭遇的最直观的挫折之一。除此之外，还有一些制度尽管没有在市场上造成如此"戏剧化"的结果，但由于制度设计不够科学，导致相应制度没有充分发挥本应有的功能。比如我国在设计新三板时，是希望新三板能够成为一个合格投资者的市场，吸纳能够承受高风险的投资者对初创公司进行资本支持。因此，对于新三板的投资者设置了较高的投资门槛。目前新三板的投资者门槛为 500 万元，导致投资者数量稀少，流动性不足。而对于公司股票价值而言，流动性不足会带来股票的流动性折扣，损害投资者利益，从而导致在新三板挂牌的公司出现流失现象。❶

从以上述两个例子可以看出，我国资本市场的法治建设缺乏科学的立法过程。资本市场法治建设与其他部门法不同，资本市场具有自身的强大规律，如果监管者不能够顺应资本市场本身的规律，那么其立法无法实现立法目的，反而会损害市场本身的效率。

（二）资本市场法律规范的基本概念缺乏抽象性

法律概念是法律规范构成的起点，也是法律推理与论证的基本单元。资

---

❶ 肖玉航. 新三板流动性缺陷须重视［J］. 理财，2019（10）：39.

本市场法律规范也概莫能外，然而资本市场本身的复杂性、多样性，导致资本市场的立法概念抽象性不足，从而导致了其在法律适用中的不足。

例如我国《证券法》中，并未有任何概念对于何为证券进行定义，取而代之的是列举各类证券类型。这种立法方式不能涵盖资本市场上各种类型的资本交易创新。比如我国在 2015 年前后，通过互联网金融蓬勃发展起来却又由于欺诈横行而衰亡的 P2P 理财，本质上便是资金需求方向市场中不特定的多数主体募集资金的行为，本质上已构成证券。但我国的证券法排斥该领域中对于证券法的适用，导致"证券"的发行人没有被我国的证券法所制约，引起了严重的信息不对称，并最终导致市场退化。可以想到，随着我国居民人均收入的增加，投资需求将更加迫切，如果不能以更为抽象的证券概念涵盖市场上的各种融资行为，便可能导致法律适用不具有普遍性和统一性。

理财产品同样也是一个抽象性不足的概念。我国各类金融机构，如银行、保险公司、证券公司、信托公司、基金公司均对外发行有各种理财产品，但由于我国的分业监管情况，不同类型的金融机构适用不同类型的法律规范体系。理财产品是我国各类金融机构竞相争夺的市场，虽然从形式上看，不同机构发行的理财产品名称、参与主体、合同内容均存在差异，然而其最核心的法律关系仍是信托。信托是源起于英美衡平法的一项制度，对于它的概念甚至至今未形成一致的看法，但通过梳理、比较依旧可以勾勒出信托的本质特征。❶ 但由于不同行业的法律规范不同，这就给不同的资本市场竞争者带来了不公平的问题。例如，信托公司在发行集合资金信托计划时，除合格投资者以外的投资者的投资门槛被定为 100 万人民币，而商业银行销售理财产品的最低要求却仅为 5 万元；信托公司还被禁止对其发行的信托计划进行公开的营销宣传，而商业银行则无此限制，且因其自身具备资金托管的资质而无需另行聘任并受制于托管人。❷ 规范无法统一适用会为监管留下套利空间，从而进一步损害投资者的利益。

随着金融交易技术的进步，私主体之间的金融交易同样会不断突破现有的法律概念，为资本市场带来不安定的因素。比如我国在 2015 年的证券市场波动中，由于交易者采用了伞形信托的结构从事交易，致使我国现有关于融

---

❶ 季奎明. 论金融理财产品法律规范的统一适用 [J]. 环球法律评论, 2016 (3): 100.
❷ 季奎明. 论金融理财产品法律规范的统一适用 [J]. 环球法律评论, 2016 (3): 100.

资融券交易的法律规范无法直接适用。交易者并不是通过接入证券公司账户取得资金，而是通过私人系统直接获取借款进行股票交易。而原来我国的融资融券交易仅仅是指以证券公司为对手方的融资融券交易行为。仅仅转换了主体，我国相关法律规范便无法得到适用，这显示出我国资本市场上的基本法律概念有待进一步的抽象化。

（三）资本市场中介角色不清

资本市场上的中介组织，具有重要的"看门人"责任，它们通过专业知识，帮助投资者对资本市场上流动的信息进行解读。市场化水平越高，资本市场中介组织的专业水平与重要性就越强。然而，我国资本市场上长期缺乏对中介组织责任认定的法律规则，容易在放纵中介组织失职与过重处罚之间游走，反而不利于资本市场中介组织行为的规范化。

2020 年底，杭州中级人民法院就五洋建设公司债券违约案作出一审判决。五洋公司 2015 年两次分别发行债券 8 亿元和 5.6 亿元，2017 年五洋公司宣布无法履行到期支付义务。由于五洋公司在发行债券的时候存在虚假陈述，因此五洋公司应当对投资者进行赔偿。除此之外，本案最具有影响力的是，不仅是实施虚假陈述的债券发行人需要承担责任，为债券发行提供服务的承销商德邦证券公司、锦天城律师事务所、大公国际评级公司以及审计公司 2012—2014 年三年年报的大信会计师事务所，均被判决承担连带责任。其中，证券公司、会计师事务所对投资者损失承担 100% 的连带责任；评级公司与律师事务所分别承担 10% 与 5% 的连带责任。由于五洋公司已经进入破产程序，共计 7.4 亿元的赔偿款最终将会由证券公司、会计师事务所、律师事务所、评级公司承担。

过重的民事赔偿责任，虽然能够对由于虚假陈述遭受损失的投资者起到一定的补偿作用，但更为深远的影响将是影响到资本市场中介在承接中介业务时的风险分配。首先，中介组织必然将过重的潜在责任通过提高中介收费予以分配，而高额的中介收费必然需要通过发行人提高证券发行的价格予以补偿。最终，提高的风险责任将会落在不特定的投资者身上。其次，中介组织为了避免高额的赔偿责任，将会采用更为严格的审查标准对证券发行人提供的资料进行审查，从而导致证券发行人更加难以获取资本市场的支持。最后，高风险与低收益可能会"逼迫"诚实信用的中介机构最终放弃市场，只剩下市场上通过高风险来博取收益的低信用中介组织。

（四）信息披露质量有待提高

资本市场法治建设的核心要素是尽可能消灭在资金需求方与资金提供方之间的信息不对称，而解决这一问题的核心制度便是信息披露制度。然而，域内外的实践都揭示出在如今的信息时代，随着金融技术的增强，资本市场上的信息也呈现出信息爆炸的局面，从信息披露不足发展到信息庞杂却无法识别的情况。信息的条文化、格式化以及冗余和超载往往使投资者在进行信息处理时不堪重负。❶

除此之外，信息披露制度根据不同的证券交易方式也存在不同的披露要求。我国目前针对交易所竞价收购过程中的信息披露要求较为完善，但对于上市公司协议收购的信息披露要求却依然存在不足，导致上市公司收购人在通过协议收购方式收购上市公司的信息披露时可能无法满足及时性、完整性与真实性的要求。协议收购的信息披露的主体与形式更加复杂，其目标是在维持协议收购高效廉价的相对优势的同时，保护中小投资者的合法权益。但现行立法采取了与要约收购基本一致的信息披露要求，除了披露收购协议、持股"拟达到"5%需披露权益变动之外，协议收购与要约收购均要求披露简式与详式权益变动报告书、上市公司收购报告书，在披露主体、条件等方面均未有区别对待。❷

除此之外，在资本市场还存在一类在美国金融危机中广受瞩目的证券，即资产支持证券。所谓的资产支持证券，是指资产持有人通过转让资产，由资产受让人以资产能够取得的收益为支撑所发行的证券。资产支持证券与上市公司发行的证券相比，最大的特点在于以资产信用取代了主体信用。传统的证券信息披露围绕着证券发行人整体经营状况和资产状况的信息披露，而资产支撑证券信息披露制度着重于特定资产状况和现金流分配状况的信息披露。传统证券信息披露法律制度对资产证券信息披露所包含的特殊法律关系有着较大局限性。❸

❶ 甘培忠，夏爽.信息披露制度构建中的矛盾与平衡——基于监管机构、上市公司与投资者的视角［J］.法律适用，2017（17）：39.
❷ 李有星，柯达.上市公司协议收购信息披露制度的不足与完善［J］.法律适用，2017（17）：31.
❸ 黄勇.资产证券化信息披露"纵主横辅"特性之研究［J］.时代法学，2006（1）：38.

五、新时代中国特色市场经济资本市场的完善

（一）加强资本市场立法的程序保障

资本市场立法特别强调资本市场本身的规律性，因此在立法环节，便需要尤其注重立法本身的科学性与民主性，充分考虑法律规范对资本市场的实际影响。由于资本市场法律规范主要强调的是经济领域的成本与收益，与存在对人身权利进行处分的民事法律与刑事法律不同，无需对在位阶上高于经济权利的人身权利进行利益衡量，故在资本市场立法领域尤其适合引入域外较为成熟的成本收益分析法。

成本收益分析，是经济学特别是微观经济学常用的一种基本分析方法，其主要作用在于衡量同一投资项目中不同方案的预期效益能否与其投入成本相适应，并从中选取最优方案。而立法上的成本收益分析则是指应用卡尔多—希克斯效率意义上的财富最大化及效率来对立法的成本和收益进行计算，用货币化换算后的总收益减去货币化总成本，并对净收益进行论证，最终作出是否立法、如何立法的最优选择。❶

在资本市场立法层面，若要完善程序性保障，便需要运用成本收益分析法，对影响资本市场的立法进行经济影响测算，充分考虑立法所影响的不同利益群体以及影响的数量水平，从而判断某项立法是否能够有效地推动资本市场资源配置的效率。

尤其值得注意的是，网络时代的法律极容易受到投资者的情绪影响，被资本市场的热点新闻激化投资情绪。此时，立法程序性保障就尤为重要，能够避免资本市场立法成为市场情绪的晴雨表，而使其关注法律规范内在的规律与逻辑。

（二）抽象资本市场法律的基本概念

为了能够发挥法律概念统摄法律规范，资本市场法治建设需要在实践中逐渐深化资本市场的各种现象，从中抽象出用以构建法律规范的基本概念。

---

❶ 周全，曾刚. 立法成本收益分析的中国语境与适用路径 [J]. 行政与法，2019（12）：109 – 110.

具体而言可以从以下方面入手。

1. 加强资本市场监管与资本市场司法的互动

司法权的行使是法律概念提炼的必要条件，但却并不是充分条件。一切从实质主义对法律行为的特征进行提炼的过程都可以成为法律概念确立的过程。司法权的形式能够在两种力量博弈中梳理与提炼出核心的法律概念，但是并非只有法院才能够从事此类的工作。在针对证券融资的监管过程中，美国监管当局美联储以实质主义视角制定 U 规则，认定所有实质性构成证券融资的行为都属于 U 规则的监管对象。这一规则成功控制了美国的证券融资行为。❶

法律概念的梳理与提炼可以是司法过程中的行为，也可以是法律研究者与法律实践之间的互动。行政部门如果能够在具体监管中不断提炼法律概念，比如美联储对证券融资中的概念提炼，也能够将法律概念不断提炼。目前在我国，根据美国的司法与监管实践，对我国法院系统进行适应性改造，显然由于过高的成本而无法成为一条可行的道路。如果我们的目的仅仅是在具体的法律实践中获得对金融业务中具体行为的把握，行政部门、学术部门均可以对此加大工作力度，从而不断获得更好的执行法律的概念工具。

但是监管部门自身动力不足，需要法院不断对监管部门的规则进行审查与运用。司法不断地向行政监管的力量退让自己的权利地带。司法与监管的失衡，使得监管机构在进行规则制定和具体执法时，都可以按照自己的监管目标而"任性"。在失去了自己潜在"敌人"的同时，监管者也就不会费心对规则进行提炼与总结。毕竟，从监管者角度而言，不断地发布监管命令，同时回避更有抽象性的规则提炼，有利于监管的灵活性。但监管的灵活性与任性却是孪生兄弟。没有司法审查的监管行动，就不会有充分的动力对现有规则加以提炼和总结。

2. 私人力量的培育与参与

仅仅寄希望于行政部门的自我完善过于浪漫。没有利益和压力驱使，难以对行政部门目前的行为方式进行扭转。如果尝试将司法权的概念予以外延，将其扩展到仲裁等准司法行为，那么会发现即使在现有的监管体制内，也可

❶ 张彬. 论场外配资的监管——以美国 U 规则为借鉴［J］. 金融法苑，2016（92）：84－86.

以创设由多家机构和专家系统构成的仲裁系统。在这样的仲裁系统中，可以降低民事主体对资本市场纠纷发起仲裁的门槛，降低费用，从而使得民间团体可以不断给金融监管层带来对业务前沿的最新认识。

私人力量的培育可以为整个资本市场法律体系注入一股全新而活跃的力量，从而与监管部门形成两种力量平衡，并进一步引起法院的司法行动。私人力量的参与可以让整个金融市场内形成对于概念总结与提炼、法律关系冲突与协调的良性互动。这些对于推动我国资本市场法律的不断完善具有根本性的意义。具体而言，可以不断地降低法院对于接受资本市场纠纷的受理门槛，支持和完善私人投资者形成自我保护的组织和机构，并由这些组织与机构代表投资者去进行纠纷解决。私人力量的兴起可以不断地增强金融机构、投资者与监管机构之间的博弈能力，从而为问题最终走上法院提供基础。

从法律权利的配置上，也可以将具有抽象性的法律权利赋予民事主体，比如金融机构对于投资者负有的信义义务。对于该信义义务的不断解释过程，可以成为我国法院系统不断界定金融机构各种具体行为合法性的过程，从而在适用该法律概念的同时，将我国金融法律的灵活性注入司法过程中。

（三）加强投资者保护

加强投资者保护是我国未来资本市场发展的一大重点。我国在构建资本市场的过程中，强调资源的优化配置，同时肩负的一项历史使命是促使我国金融体系从间接金融向直接金融转化，以达到风险分散、市场改革的目的。但若对投资者的保护不足，便会在这个过程中损害到投资者的利益，从而导致投资者逐渐退出资本市场，反而损害了企业的融资能力。因此，提高市场交易效率与维护投资者利益，保障公平，是彼此互为犄角的法律目的。

投资者保护领域可以区分为基础层面与具体制度层面。在基础层面，可以加强资本市场的信息披露制度，转换现有的信息披露思路，加强面向投资者的信息披露模式。同时，充分考虑我国资本市场发展的多样化，认真总结不同证券产品的属性，发展出与之相适应的各类信息披露制度。在具体制度层面，完善现有的债券受托人制度，夯实债券受托人面对投资者所负有的信义义务，解决集体行动的困境，保障债券投资者的权利；充分激活投资者的适当性义务，让金融机构成为保护投资者利益的第一道防线。合理配置市场中介责任，促进资本市场中介的权利、义务与责任的相互匹配，让证券市场发行人、证券中介、证券监管者、投资者形成合力，发展出良好的资本市场。

　　随着资本市场法治的逐渐完善，我国终将建成具有中国特色的资本市场法律体系，推动金融的不断发展，为实体经济建设发挥良好的资金融通的造血功能。

专题五

新时代中国特色区域协调
发展法治保障机制建设

杨妮娜[*]

改革开放以来，我国经济发展取得了举世瞩目的巨大成就，国内生产总值由 1978 年的 3678.7 亿元上升到 2020 年的 101.6 万亿元，成为仅次于美国的世界第二大经济体。近年来我国经济总量持续增长，数字经济发展态势迅猛，经济增长速度和增长质量领跑于世界。但是不可忽视的是，由于不同地域在自然条件、地理环境、历史因素、区位限制及国家战略等方面存在较大差异，我国区域经济发展呈现出显著不平衡的现象。诚然一定程度的区域经济发展差异能够调动区域经济发展的积极性，促使地方政府积极作为，以积极的态度助推本地区经济发展。但是区域经济发展失衡一旦达到一定的程度，就可能造成收入差距扩大、地区失衡心理滋生，严重者还可能造成地区对立思想，损害地区与地区之间、中央与地方之间以及不同民族区域之间的团结关系，影响我国社会主义制度的优越性。因此党和国家长期以来重视区域经济的协调发展，党的十六届三中全会提出了统筹区域发展的政策方针，党的十六届五中全会审议通过了《中共中央关于制定国民经济和社会发展第十一个五年规划的建议》，明确提出要"落实区域发展总体战略，形成东中西优势

---

* 作者简介：杨妮娜，法学博士，郑州大学法学院讲师，硕士生导师。

互补、良性互动的区域协调发展机制"，党的十六届六中全会作出了《中共中央关于构建社会主义和谐社会若干重大问题的决定》，明确将"落实区域发展总体战略，促进区域协调发展"作为和谐社会建设的重要环节。党的十八大以来，以习近平总书记为核心的党中央对促进我国区域经济协调发展作出了新的战略部署，并提出缩小区域发展差距必须实施区域协调发展战略。当前，区域协调发展战略已成为新时代国家重大战略之一，关系到我国经济社会的长期发展和国家的长治久安，在当前形成以国内大循环为主体、国内国际双循环相互促进的新发展格局以及引领和促进全国经济高质量发展具有十分重要的战略意义。

一、中国特色区域协调发展机制的历史沿革

作为一个区域发展不平衡客观存在的发展中大国，如何实现区域间的协调发展是党和政府历来关注的重大问题，党中央从我国经济发展的实际情况出发，结合各地区客观地理区位、历史传统、文化风俗、资源优势等因素，对我国区域协调发展进行了长期的探索和有益的创新。整体来看，自新中国成立以来，我国区域发展总体上经历了均衡、不均衡、再均衡、协调发展四大阶段。❶

（一）计划经济体制下的指令性战略均衡阶段（1949—1978）

1949 年新中国成立初期，由于多年战争和通货膨胀等原因，新中国的经济呈现出生产力低下且分布极不合理的现实状况，少量的工业企业多集中在外国势力容易控制、对外贸易便利的东北地区和东南沿海地区，而资源丰富、面积广阔的内陆地区和边疆地区基本没有具备规模的工业，经济的地理分布上呈现出工业生产与资源分布地区的不匹配。同时，在这一时期，世界大环境形成了资本主义和社会主义两大阵营相互对立的局势，西方资本主义国家对新中国采取敌对态度，通过封锁和孤立政策压制我国经济社会的发展，特别是 1950 年朝鲜战争的爆发，中国的国家安全遭受严重的威胁。在这样的时代背景下，我国区域协调发展的重点工作落在了如何使经济布局和工业生产

---

❶ 郭兰峰. 新中国成立以来促进区域协调发展的成效与经验 ［J］. 中国经贸导刊, 2019（19）.

服务于巩固国防和促进国民经济复苏上来，这一阶段区域协调发展机制呈现出"以内陆地区为重点，各地区重点发展工业"❶的特征。"一五"计划编制时，将基于原料区和巩固国防考量的平衡工业布局作为有计划地发展国民经济的重要任务，"一五"期间我国主要的工业项目布局在东北地区、中部地区和西部地区。及至"一五"后期，过度重视内陆建设而忽略沿海地区的发展战略使得沿海地区经济增长疲软，此时党和国家领导人逐渐重视沿海地区发展的问题，开始着力处理沿海和内地的关系❷，中共八大通过的《关于发展国民经济的第二个五年计划（1958—1962）》提出合理布局生产力，将内地工业作为战略重点，允许沿海工业有一定程度的发展以保障战略重点的建设。"大跃进"时期，全国被划分为东北、华北、华东、华南、华中、西南和西北这七大协作区，要求各个区域"形成若干个具有比较完整的工业体系的经济区域"❸，这一时期的区域发展政策实际上造成了各地区产业结构趋同、生产布局分散的状况。1961年中共八届九中全会提出"调整、巩固、充实、提高"的方针要求，实际上叫停了"大跃进"时期地方独立工业体系的建设，开始对国民经济进行全面调整，20世纪60年代党中央开始实施"三线建设"，将全国分为一线、二线、三线地区，以积极备战的态度加快三线地区发展，改变工业布局，国家投资建设的重点区域集中在西南地区。自新中国成立一直到"五五"计划期间，全国各地以中央指令为指导，着力发展重工业，平衡各地生产力的发展，这种计划经济指令控制下的战略均衡机制对于我国内陆地区的发展、民族团结、国家工业化建设和经济复苏起到了不可忽视的积极作用，大批大型项目的建设也带动了内陆地区区域经济发展，内陆地区的工业水平得到了显著的提升，长期以来我国生产力不均衡的状态得到了一定程度的改善；但是以抑制东部地区发展为代价的支持内陆地区经济发展政策也造成了客观上的效率减损，全国各个地区之间、企业之间、工业部门之间难以形成有效的经济联系，全国统一大市场难以形成也导致全国范围内规模经济发展的落后，中国与发达国家之间的差距也越来越大。

---

❶ 仲伟周，益炜. 区域协调发展：历史演进、机制设计与对策建议［J］. 东岳论丛，2016（9）.
❷ 毛泽东文集，第7卷［M］. 北京：人民出版社，1999：25－26.
❸ 建国以来重要文献选编，第11册［M］. 北京：中央文献出版社，1995：344.

（二）先发推动的不均衡发展阶段（1978—1995）

1978 年 12 月，十一届三中全会召开，邓小平同志发表了题为《解放思想，实事求是，团结一致向前看》的重要讲话，提出要允许和鼓励部分先富、先富带动后富、逐步实现共同富裕的重要观点，成为我国改革开放初期区域协调发展的重要指导思想，自此我国开始进入东部沿海地区优先发展的区域经济非均衡发展阶段。"六五"计划指出要充分发挥沿海地区的特长，带动内地经济发展；"七五"计划则明确将全国划分为东部、中部、西部三个经济带，并提出加速东部发展，将能源、原材料建设重点放到中部，并做好进一步开发西部的准备；❶ 党的十二大确立了以"重点发展""优先发展"和"带动发展"相协调的区域发展战略。在这样的战略思想指导下，根据"六五"计划和"七五"计划的战略部署，国家开始启动东部地区的优先发展工程。具体而言，首先，在政策上优先向东部沿海地区倾斜，充分发挥东部沿海地区的区位优势，以广东省等东部沿海省、市的重点支持为试点，实现其率先发展，并在发展过程中发挥示范效应和辐射带动作用，通过产业转移等方式进一步带动内地经济的发展；其次，借助改革开放基本国策的支持，开放沿海经济特区和沿海港口城市，并加强对这些地区的工业、港口、机场及城市建设，通过优惠的税收政策、积极的财政政策和便利的投资条件等吸引外资促进当地经济发展和本地区的市场化进程；最后，逐渐扩大对外开放的规模和水平，1979 年，从最初的示范性省市到自南至北的沿海港口城市，再到珠江三角洲、长江三角洲、闽南漳泉厦三角地区及山东半岛、辽东半岛等沿海经济开放区，逐渐形成了贯穿南北、辐射全国的沿海对外开放带。借助东南沿海地区优先发展的国家战略，我国沿海地区经济得到了快速发展，生产力水平迅速提高，中国经济发展取得巨大成就，国民生产总值自 1978 年的 3678.7 亿元到 1986 年就突破了 1 万亿元。但是这一不均衡发展战略的实施，也使得东部地区国民生产总值占全国国民生产总值的比重逐年升高，东部、中部、西部区域间发展差距日趋增大，同时不同区域产业政策和竞争政策的差异也使得地区之间存在经济封锁，使得全国统一大市场的形成和发展更加

---

❶ 段娟. 从均衡到协调：新中国区域经济发展战略演进的历史考察［J］. 兰州商学院学报，2010（6）.

受限。此外，过分追求经济效益快速增长的现实需求也使得企业忽略其应尽的社会责任，造成生态环境的损害和资源的过度开发。因此党和国家基于区域经济发展不均衡、不协调的事实，自 20 世纪 90 年代初开始先后出台了若干政策以促进区域经济协调发展，并在"八五"计划期间明确提出"促进地区经济朝着合理分工、各展其长、优势互补、协调发展的方向前进"，开始朝着新的区域发展战略方向探索。

（三）以缩小地区差距为目标的协调发展阶段（1995—2012）

20 世纪 90 年代中后期以来，区域发展的不平衡性日益加剧，地区发展差距成为影响我国经济社会协调发展的重要因素。党的十四大报告开始确立统筹规划和共同发展的区域协调发展战略，开始在强调东部沿海地区发展的同时兼顾发达地区对中西部地区的带动作用，并开始重视对少数民族地区、老革命根据地、边疆地区和贫困地区的支持，同时更加关注区域经济发展的相互协调。[1] 此后中共十四届二中全会通过的《中共中央关于调整"八五"计划若干指标的建议》明确指出"充分发挥各地优势，促进地区经济合理布局和协调发展"，将区域经济协调发展的基本战略和策略明确提出。1995 年9 月，中共十四届五中全会通过的《中共中央关于制定国民经济和社会发展"九五"计划和 2010 年远景目标的建议》明确将"坚持区域经济协调发展，逐步缩小地区发展差距"作为我国今后十五年经济和社会发展必须贯彻的九条重要方针[2]之一，开始着重处理好全国各个地区之间发展不均衡的问题。20世纪末到 21 世纪初，我国区域协调发展战略开始全面实施：1999 年，中共中央十五届四中全会正式提出了西部大开发战略，国务院于 2000 年颁布了《关于西部大开发若干政策措施的通知》，从整体上对西部开发的重点问题和目标方向进行了明确；2002 年党的十六大报告首次将东北振兴提升到国家战略层

---

[1] 吴昕春. 党的十二大以来区域协调发展战略的历史演进［J］. 党的文献，2009（2）.

[2] 《中共中央关于制定国民经济和社会发展"九五"计划和 2010 年远景目标的建议》中提出今后十五年经济和社会发展必须贯彻的九条重要方针：一、保持国民经济持续、快速、健康发展；二、积极推进经济增长方式转变，把提高经济效益作为经济工作的中心；三、实施科教兴国战略，促进科技、教育与经济紧密结合；四、把加强农业放在发展国民经济的首位；五、把国有企业改革作为经济体制改革的中心环节；六、坚定不移地实行对外开放；七、实现市场机制和宏观调控的有机结合，把各方面的积极性引导好、保护好、发挥好；八、坚持区域经济协调发展，逐步缩小地区发展差距；九、坚持物质文明和精神文明共同进步，经济和社会协调发展。

面，并于 2003 年由中共中央、国务院联合发布《关于实施东北地区等老工业基地振兴战略的若干意见》，国务院于 2007 年正式批复了《东北地区振兴计划》，国家着力对东北老工业基地进行振兴式发展；2004 年国务院总理温家宝在政府工作报告中首次提出"中部地区崛起"，2006 年中共中央、国务院发布《关于促进中部地区崛起的若干意见》，次年国务院办公厅下发《关于中部六省比照实施振兴东北地区等老工业基地和西部大开发有关政策范围的通知》。至此，我国区域协调发展战略的实施初步形成以东部率先发展为动力，以西部、中部、东北等地板块式发展为联动的整体发展格局。2007 年，国务院办公厅下发《国务院关于编制全国主体功能区规划的意见》，根据不同区域的资源环境承载能力、现有开发密度和发展潜力等将我国的国土划分为优化开发、重点开发、限制开发和禁止开发四类，以可持续发展的理念统筹全国区域协调发展。党的十七大报告中对区域发展总体战略进一步作出了强调，此后截至 2010 年我国陆续批复了 13 个区域发展规划，规划区域涉及长三角、珠三角、北部湾、环渤海、海峡西岸、黄三角、东北三省、中部和西部等，逐渐形成了新的区域经济发展版图。在此期间，时任国家主席胡锦涛于 2009 在联合国气候变化峰会开幕式上提出了"低碳经济"的理念，在这一理念指导下，我国开始注重发展生态经济、循环经济，在经济发展中更加注重对环境、资源的保护，逐渐形成低碳时代的区域战略模式。党的十七大报告确立了科学发展观的深刻内涵，区域协调发展成为党在新时期实现全面建设小康社会奋斗目标的新要求，并提出了在遵循市场经济规律的基础上的区域协调发展战略部署。在这一阶段，党和国家逐渐认识到区域协调发展不仅仅是经济的协调发展，更包括基本公共服务、社会生活各领域以及环境资源保护与生态持续发展之间的协调，区域协调发展的外延范围逐渐从省级协调扩展至经济圈和经济带之间的协调，并在具体的协调发展过程中强调市场机制的重要作用。

（四）区域协调一体化联动发展新阶段（党的十八大以来）

党的十八大以来，以习近平总书记为核心的党中央着眼于新时代国内国际经济社会形势的新变化，针对我国当前区域经济发展存在的收入差距较大、资源过度集中、环境问题突出等现实问题，提出了一系列区域协调发展的重大战略部署，推动建立更为有效的区域协调发展机制。习近平总书记指出

"要继续深入实施区域发展总体战略，完善并创新区域政策，缩小政策单元，重视跨区域、次区域规划，提高区域政策精准性"❶，对我国东、中、西和东北四大板块战略的发展方向和发展重点作出了进一步的优化调整，建立起更为有效的区域协调发展新机制。针对我国各区域之间发展缺乏跨区域联动的问题，习近平总书记提出要打破行政区划的壁垒，创造性地提出了一系列突破行政区划，甚至突破国界的跨区域发展战略，强化地区与地区之间的联动效应。在 2014 年中央经济工作会议上，习近平总书记提出"要重点实施'一带一路'、京津冀协同发展、长江经济带三大战略"，并指出这三大战略的共同特点均为跨越行政区划、促进区域协调发展。❷ 此后，习近平总书记亲自谋划、亲自部署、亲自推动了粤港澳大湾区建设战略，着力将粤港澳大湾区打造成为充满活力的世界级城市群，同时充分发挥粤港澳科技研发与产业创新优势，破除影响创新要素自由流动的瓶颈和制约，进一步激发各类创新主体活力，建成全球科技创新高地和新兴产业重要策源地，并将其打造成为"一带一路"建设的重要支撑和内地与港澳深度合作的示范区。在习近平总书记的整体布局和推动下，我国现已初步形成了贯穿南北、纵横东西的跨区域发展战略部署，在每一区域内部的更小范围内，还进一步构建了国际级新区、自由贸易试验区及国家生态文明试验区等重大功能性平台，协力推进我国新时代区域协调发展战略的实施。此外，以习近平总书记为核心的党中央在全面深化改革开放的过程中，还将革命老区、民族地区、边疆地区、贫困地区的发展放在重要位置，提出了"六个精准"、"五个一批"、"四个切实"、❸ 扶贫同扶志扶智相结合等扶贫思想，部署打赢了精准脱贫攻坚战，着力解决特殊困难群体的跨越式发展。

二、中国特色区域协调发展法治保障机制的特色

自新中国成立以来党和国家领导人对区域协调发展机制作出了积极的探

---

❶ 武英涛，刘艳苹. 习近平新时代区域经济协调发展思想研究 [J]. 上海经济研究，2019（9）.

❷ 习近平. 习近平谈治国理政（第 2 卷）[M]. 北京：外文出版社，2017：236.

❸ "六个精准"是指扶贫对象精准、项目安排精准、资金使用精准、措施到户精准、因村派人精准和脱贫成效精准；"五个一批"是指发展生产脱贫一批、易地搬迁脱贫一批、生态补偿脱贫一批、发展教育脱贫一批、社会保障兜底一批；"四个切实"是指切实落实领导责任、切实做到精准扶贫、切实强化社会合力、切实加强基层组织。

索和理论的创新，在我国区域协调发展战略的不断演进过程中可以看出，我国区域协调发展战略的实施依赖于党和国家发布的一系列政策、措施、纲要，几乎没有以固定的成文法律的形式予以明确的内容，透过我国区域协调发展的历史沿革，从每一阶段的发展历程和政策扶持倾向入手，结合经济法治保障体系的主要内容，可以总结出我国区域协调发展法治保障机制具有如下特色：

（一）政府在区域协调发展中的作用至关重要

在经济法理论体系中，政府与市场的关系是一个历久弥新的话题，政府在经济生活中的职能在最初的自由放任主义思潮下，对经济运行持自由、放任的态度，不对经济生活进行干预，而在计划经济或指令经济模式下，政府则对国民经济事项实施严格的约束和控制。我国经济体制的发展经历了从计划经济体制到社会主义市场经济体制的转变过程，政府在区域协调发展中的地位和作用也发生了重要的变化：在计划经济时代，区域协调发展的方向和重点依赖于政府的行政指令，几乎全部的经济建设项目均由政府主导，是在政府积极的推动甚至是直接包办的情形下进行的，市场在这一过程中的作用微乎其微；而随着我国社会主义市场经济体制的建立，政府逐渐完成其角色转换，不再是市场的"大家长"，而是作为社会公共利益的代表者和维护者，❶ 不再以明确的"计划""指令"形式干预区域协调发展，而是以"规划""建议"的形式为区域发展提供战略导向和政策方向，借以优惠的市场主体激励制度，引导市场主体积极开展具体的投资和建设项目。区域发展的不平衡正是因为市场机制调节的局限性，因此，无论是中央政府还是地方政府，其在区域协调发展中的作用在一定程度上均是为了解决市场失灵问题。在我国区域协调发展法治保障机制的建设过程中，政府的作用主要体现在通过成立专门的组织管理机构，确保区域协调发展战略的良好实施。无论是在计划经济时代还是在社会主义市场经济时代，我们国家在区域协调发展战略的实施过程中均设立了各具特色的组织管理机构：从新中国成立初期成立的六大行政区管理局，到改革开放后成立的国务院特区办、三线建设调整改造办、

---

❶ 孙晋，钟原. 我国区域协调发展战略的理论逻辑与法治保障——基于政府和市场的二元视角 [J]. 江西社会科学，2019（4）.

山西能源基地建设协调办、东北地区建设协调办等国务院直属地区管理机构以及国家发展和改革委员会内部设立的地区经济协作局、地区经济司等，再到部级"国务院西部开发领导小组办公室""国务院振兴东北地区等老工业基地领导小组办公室"以及近年来设立的国务院推进"一带一路"建设领导小组办公室、粤港澳大湾区建设领导小组等。这些管理机构的设立极大地保障了区域协调发展政策推行的长效性和可行性，为特定区域发展和区域间协调发展提供了有力的助益。

（二）中央统筹与地方合作共同推进

区域协调发展能够最大限度地实现优势互补，实现资源利用效率和资源配置的优化，从而为国家经济效益的最大化和各地区自身利益的持续提升提供有效帮助。纵观我国区域协调发展的历史脉络，呈现出来的另一重要特色就是不断强调中央统筹与地方合作的共同推进效应。一方面，我国区域协调发展离不开中央层面的战略支持和战略指导，国家往往从特定时期国家整体战略需求出发，统筹全国经济社会发展大局，提出符合特定时期经济社会发展的最优区域协调规划方案，从顶层设计的角度加强中央对区域协调发展机制的创新。中央层面统筹的另一个重要任务则在于建立合理的区域利益协调机制，鼓励各地区发挥自身所长追求经济利益的同时，合理构建区际发展联动机制，逐渐打破资源、市场、产业之间的条块分割状况，将各大经济区域板块统一到全国统一大市场中来，构建地区间共同发展的新型区域协调发展结构。同时，构建全国性的区域互助帮扶机制，借助公共财政体系，通过财政转移支付等手段，扶持欠发达地区的经济发展。另一方面，区域之间利益的分立与对抗使得区域之间的竞争往往多于合作，从这个意义上看，以邻为壑、抢夺式发展、无序竞争的现象也屡见不鲜，在我国区域协调发展战略的实施过程中，一个很明显的特征就在于建立了许多超越原行政区划的管理机构，通过区域性管理机构的整体管理和综合协调，借助中央区域协调发展战略的指导和地方区域性管理机构的协调，平衡各地区之间的利益，根据各个分属区域自身经济发展状况、资源水平、生态环境等因素再行制定更为具体的发展目标，以实现区域间具体产业分工与资源利用等方面的合作，保证跨区域的各个地方政府之间的长效合作和良性竞争。

（三）以区域协调发展政策助力区域协调发展

从新中国成立至今，我们国家的区域协调发展战略的实施均秉持着"一区一策"的发展策略，针对特定区域的优势条件合理制定发展方向和发展重点，因地制宜采取不同的模式，走科学的区域发展之路，借助专项资金、政策基金等形式对区域间经济结构进行调整，对生产力布局进行合理引导，对重点产业发展予以优先支持。同时在执行区域政策的过程中，政府负责区域政策进展情况的推进和监督工作，避免重复建设和无效建设。同时在区域协调发展中着力助推落后地区发展，面对落后地区基础设施条件滞后、积贫积弱的现实情况，政府通过政策指导强化落后地区公共品的供应，加大落后地区基础设施建设。同时采取贫困地区特色化产业扶持机制，结合当地自然环境、民族文化等优势，借助财政补贴、税收优惠、创业补贴等手段扶持落后地区特色产业发展，助推落后地区经济社会一体化协调发展。

（四）区域协调发展机制的价值取向不断丰富

纵观我国区域发展的历史脉络不难看出，每一阶段区域协调发展机制的价值取向都是与其所在的社会环境和现实需求密切相关的。新中国成立之初至改革开放，区域协调发展的主要价值取向在于巩固国防和促进国民经济复苏，该时期所有区域协调政策、指令的发布均以这一价值取向为依归。而随着国际形势的变化和我国国内经济的艰难探索，至改革开放时期，党和国家领导人逐渐认识到经济发展的重要性，此时所有区域协调政策的实施均服务于经济发展这一目标追求，"允许先富、先富带动后富"成为全国经济大发展的口号之一。此后，随着我国经济的飞速发展，与之相伴而来的还有贫富差距的扩大、地区之间发展的不均衡性以及生态环境的恶化，在这样的时代背景下，我国区域协调发展机制的要求也从传统的唯 GDP 论转为更加注重多元价值。党的十六届三中全会提出了"科学发展观"重要思想，强调促进经济社会可持续发展和人的全面发展，党的十七大提出要加强社会主义和谐社会建设，十八大提出要加强社会主义生态文明建设，在这样的时代背景下，我国区域经济协调发展机制则更加注重区际之间的公平，将生态环境保护纳入区域经济协调发展机制的整体规划中来，将绿色发展理念融入区域经济协调发展的基本原则中，习近平总书记更多次强调"绿水青山就是金山银山"，提出要探索生态优先、绿色发展之路，在这样的现实背景和时代需求下，我国区域协调发展机制的内涵也在不断进行丰富，其价值取向涵盖经济总量、经济质量等多个层面。

三、中国特色区域协调法治保障机制的实施成效

经过 70 余年的发展，我国逐渐探索出一套行之有效的科学化区域协调发展战略，我国经济整体呈现出增长较快、布局改善、结构优化的良好发展态势，在习近平新时代区域经济协调发展思想的指导下，促进区域发展，引导产业、要素、资源的合理优化布局成为提高我国经济发展质量的重要途径。近年来，区域协调发展法治保障机制的实施，极大地促进了我国整体经济的发展，"一带一路"建设、京津冀协同发展、长江经济带及粤港澳大湾区建设取得阶段性成果，东部地区率先发展、西部开发、中部崛起、东北振兴等进入新的发展阶段，我国区域协调发展的新格局正在逐步形成。具体而言，其实施成效表现在以下几个方面。

（一）重大国家战略实施进展情况良好

第一，"一带一路"建设进度和建设成果远超预期，截至 2020 年底，中方已与 138 个国家、31 个国际组织签署了 203 份共建"一带一路"合作文件，战略对接成效显著。（1）"一带一路"沿线国际经济合作取得重大进展。作为"一带一路"沿线重要的物流通道，截至 2019 年 10 月，中欧班列累计开行超过 11000 列，运行线路达 60 多条，2020 年全年开行更是达到了 1.24 万列，借助便利的铁路运输，"一带一路"沿线国家经济合作关系更趋密切。（2）"一带一路"沿线产能合作和人文交流显著发展。土耳其码头工程、沙特延布炼厂、哈萨克斯坦苏克石油天然气公司、中缅天然气管道项目等一系列大型国际产能项目持续落地，"一带一路"产能合作开启新篇章，同时"丝路书香出版工程"项目、"丝绸之路"生态文化万里行项目、白俄罗斯中白工业园项目等涉及文化影视、中医药、旅游及生态交流的合作项目丰富多彩，极大地促进了"一带一路"倡议的持续实施和整体建设。

第二，京津冀协同发展取得良好进展。北京的政治中心地位进一步强化，基础设施等项目持续推进，京津保核心区 1 小时通勤圈初步形成，以环保联

防联控联治为手段的环境治理成效明显。同时，地区产业合理布局和产业承接发展态势良好，北京淘汰大批一般制造企业，加快建设天津滨海—中关村科技园等一批产业合作平台，实施专业技术人员职称互认政策，大力推进要素市场和公共服务的一体化建设，逐步形成京津冀协同一体化发展新态势。

第三，长江经济带建设取得积极成效。近年来，长江经济带建设积极启动沿江化工污染整治专项行动，严抓长江黄金水道污染防控治理，严格控制工业污染向长江中上游转移，组织开展长江经济带突出问题专项检查，严格清理环保违法违规建设项目，关停一批违法违规企业，长江整体生态环境有了显著改善，生态经济发展逐步成为长江经济带发展的核心要义。同时启动贵州草海、云南大理洱海源头等重要湿地保护修复及湖北、重庆等省市 10 个湿地保护工程，强化长江经济带的源头保护。此外通过建设多个国家自主创新示范区推进创新驱动产业的转型升级，引导长江经济带形成合理有效的产业分工，整个长江经济带协作发展、地区共赢的格局逐渐形成。

第四，西部大开发战略开启新篇章。近年来，国家对西部内陆地区的开发开放力度加大，通过设立贵州内陆开放型经济试验区和广西凭祥、黑龙江绥芬河—东宁重点开发开放试验区，在重庆、四川、陕西新设自贸试验区，在重庆、成都等城市设立跨境电子商务综合试验区等有力措施，大力推进西部地区经济快速发展。在促进西部地区经济发展的同时，加强对西部地区的生态保护建设，继续实施退耕还林还草，重点防护林、天然林资源保护工程，石漠化综合治理，京津风沙源治理工程，三江源生态保护和建设工程等重大生态保护工程，大力改善西部地区生态环境，实现绿色发展、生态发展、可持续发展。

第五，新一轮东北振兴战略全面实施，中部崛起战略向纵深发展。一方面，针对东北老工业基地，国家通过完善的东北经济稳定发展措施推进东北地区改革开放，对东北地区国有企业进行市场化改革，建立现代企业制度，并借助东北的区位优势开展中俄远东区域经贸合作和文化交流，同时重点关注东北地区老工业城市和资源型城市的产业转型，对采煤沉陷区开展综合治理，为东北可持续发展提供支持。另一方面，着力推进中部崛起战略，我国中部地区城市群建设呈现加速发展的良好态势，逐步提升中部省会城市的要素集聚、科技创新和服务水平，并积极引导和支持中部地区承接东部地区产业转移，持续推动中部地区经济社会的快速、健康发展。

（二）区域发展短板显著改善

长期以来，"老、少、边、穷"地区❶经济发展落后，成为我国经济社会发展的重要难点，也是我国全面建成小康社会的突出短板。2013年习近平总书记首次提出"精准扶贫"的概念，2015年中央提出"五个一批"扶贫措施，当年中央财政民族地区转移支付规模达到582亿元，大力推进了贫困地区的脱贫与经济发展。党的十八大以来，中国采取一系列超常规政策举措，经过多年的努力，脱贫攻坚取得了全面胜利，现行标准下9899万农村贫困人口全部脱贫，832个贫困县全部摘帽，12.8万个贫困村全部出列，区域性整体贫困问题基本得到解决。在具体指标上，脱贫地区农村居民人均可支配收入从2013年的6079元增长到2020年的12588元，年均增长11.6%。同时，贫困地区义务教育阶段辍学问题实现动态清零，并且脱贫人口全部纳入基本医疗保险、大病保险和医疗救助，有效解决了贫困地区长期存在的"看病难、看病贵"问题。此外，贫困地区基础设施建设突飞猛进，经济实力不断增强，社会事业长足进步，整体面貌发生历史性巨变，长期困扰贫困地区的行路难、吃水难、用电难、通信难等问题得到解决。脱贫攻坚战取得全面胜利，极大释放了贫困地区的经济潜力，贫困地区产业结构显著改善，特色优势产业不断发展，电子商务、光伏、旅游等新业态、新经济、新产业蓬勃兴起，有力推动了贫困地区经济多元化发展，扩大了市场有效供给，厚植了我国经济发展基础，有效解决了我国区域协调发展中长期存在的城乡差距、地区差距等问题。

（三）区域协调发展财税支持政策创新性发展

我国最早在2000年《中央对地方专项拨款管理办法》中就明确了支援不发达地区支出这一专项资金，2002年我国出台了《财政部关于一般性转移支付办法》，一般性转移支付往往被认为是为了缓解财政困难地区在应对地方经济社会发展中的突出矛盾而作出的一种支付方式。此后，我国陆续出台了一

---

❶ 主要指革命老区、少数民族自治地区、陆地边境地区和欠发达地区。

系列的财政专门规定❶用以促进特定区域、特定产业的发展，例如针对革命老区，专门规定了专项转移支付资金的用途，仅限于革命老区专门事务和民生事务❷。另外，税收优惠制度作为一项重要的激励措施在区域协调发展中被广泛使用，最早在 20 世纪 80 年代改革开放初期，我国对东部沿海地区实施了优惠的税收政策。例如在《国务院关于经济特区和沿海十四港口城市减征、免征企业所得税和工商统一税的暂行规定》中就对外国和港澳地区公司、企业和个人在沿海十四港口城市投资中外合资企业、中外合作经营企业及外商投资企业给予税收减征、免征的优惠。自西部大开发战略实施以来，我国发布了多个文件明确对国家鼓励产业企业所得税减征的优惠政策，并提出针对民族自治地方的内资企业，可以定期减征或免征所得税，同时对西部新办的交通、电力、水利、邮政、广播电视等企业，若其上述项目的收入占其企业总收入的 70% 以上可享有企业所得税的优惠，还创造性地提出对西部大开发过程中基于生态保护、退耕还林等行为的特定收入 10 年内免征农业特产税，以促进西部地区生态环境保护和绿色发展。此外，我国针对东北振兴战略和中部崛起战略也设置了各具特色的税收优惠制度，用以促进区域协调发展。

四、中国特色区域协调法治保障机制存在的问题

我国区域协调发展战略取得了重大的成就，也在多年的实践中形成了习近平新时代区域经济协调发展思想，在国家重大战略实施的过程中，区域协调发展各项工作有序推进，区域协调发展成效卓著。但与我国区域协调发展态势喜人不相适应的是，我国区域协调法治保障机制还存在许多问题，长久来看，必将影响全国一体化发展。

---

❶ 例如，《中央财政现代农业生产发展资金管理办法》《财政扶贫资金管理办法（试行）》《边境草原森林防火隔离带补助费管理规定》《中央财政飞播种草补助费管理暂行办法》《测土配方施肥试点补贴资金管理暂行办法》《农业科技推广示范项目资金管理办法》等。

❷ 革命老区专门事务包括革命遗址保护、革命纪念场馆的建设和改造、烈士陵园的维护和改造、老红军及军烈属活动场所的建设和维护等，革命老区民生事务指的是改善革命老区人民群众生产生活条件的有关事务，包括教育、文化、卫生等社会公益事业方面的事项和乡村公路、饮水安全等设施的建设维护。项波，孟春阳. 区域经济协调发展的经济法保障研究［M］. 北京：知识产权出版社，2019：100.

（一）区域协调发展法律保障体系的缺失

区域协调发展依赖于市场调节、政府干预、政策指导等多种形式，党的十八大以来，习近平总书记高度重视全面依法治国，亲自谋划、亲自部署、亲自推动依法治国战略，在关于《中共中央关于全面推进依法治国若干重大问题的决定》的说明中，习近平总书记强调："全面推进依法治国涉及很多方面，在实际工作中必须有一个总揽全局、牵引各方的总抓手，这个总抓手就是建设中国特色社会主义法治体系。依法治国各项工作都要围绕这个总抓手来谋划、来推进。"因此，在这样的时代背景下，区域协调发展战略的长效实施还需要依赖科学合理的法律制度，我国区域协调发展虽然取得了重大的成就，但仍然缺乏区域协调发展的针对性法律，在实践中也多以政策代替法律，这种法律体系建设滞后的客观现实在一定程度上也会阻碍我国区域协调发展的法治化进程。当前我国区域协调发展一方面缺乏基本法的支持，现有涉及区域协调发展的法律文件多为国务院及其相关部门制定的行政法规和政策性文件，其权威性和稳定性较差，而各地区制定的地方性法规、地方政府规章则因其适用范围有限而难以具有参考价值，且随着跨区域、跨行政区区域的发展，单独的地方性规则也往往无能为力。另一方面，各类规定之间协调机制的缺乏使得规则实施的随意性极强，各类规定之间缺乏和谐统一的衔接协调机制，有的规定之间甚至会产生冲突，使其在具体的实施过程中无法起到应有的促进作用，一定程度上影响我国区域协调战略的实施。

（二）区域协调发展过度依赖产业政策而忽略竞争政策

市场资源配置存在两种调节方式——市场调节和政府调节。❶ 市场调节又称"看不见的手"，是指市场借助价值规律自发调节市场中的商品生产和商品流通，是一种简单通过供求关系变化实现市场资源配置的手段。市场调节因其自发性、盲目性、滞后性等弊端，使得市场调节经济发展中极易形成垄断，阻碍竞争机制发挥作用，进而危及整体经济效益的提高。政府调节是为了弥补市场调节的弊端而产生，是政府为了实现一定的经济目标和社会目标，通

---

❶ 洪银兴. 论市场对资源配置起决定性作用后的政府作用［J］. 经济研究，2014（1）.

过实施各种政策对经济运行或者某一产业的产生和发展施以干预。❶ 从这一定义可以看出，政府调节所发布的政策可能是功能性的，即为了弥补市场调节的弊端而适用于整个市场经济的政策，功能性政策也被普遍称之为竞争政策；也可能是针对某一特定产业所发布的具有指向性的特殊性扶植或者支持政策，也就是通常所称的产业政策。❷ 我国长期以来实行计划经济的历史传统使得我国改革开放实施以来在长期的经济发展中仍然依赖于政府主导，产业政策在我国经济发展中居于举足轻重的地位，尤其在区域协调发展中更为明显，政府借助产业政策和行政指导等方式对特定区域市场经济进行规划和干预，在短期内确实能够刺激经济的快速增长，对区域规模经济的形成和新兴产业的发展起到了积极作用。但在产业政策的实施过程中因信息不对称导致的政府失灵也屡见不鲜，更有甚者，借助产业政策产生的权力寻租更能加剧企业和政府的道德风险，❸ 从长期看对经济的健康发展和全国一体化发展而言十分不利。

（三）现有财政转移支付制度难以支撑全面化的区域协调发展

财政转移支付制度作为一种缩小地区差异的重要手段在世界范围内被广泛使用，能够有效地帮助欠发达地区发展本地区经济。我国财政转移支付制度在区域协调发展中起到了重要的作用，但其自身存在的弊端也决定了该制度并不足以支撑我国逐渐深化且全面的区域协调发展战略。首先，我国财政转移支付资金安排的随意性极大，一般而言，专项补助资金的分配和适用应有基础设施建设法规或者单项事业发展法规作为依据，但我国财政转移支付制度却缺乏法律上的确定性，《中华人民共和国预算法》中仅仅规定了中央和地方收入体制和范围，并未对财政转移支付予以明确规定，而财政转移支付的主要依据《过渡期财政转移支付办法》立法层级较低，缺乏权威性。同时我国目前的专项拨款范围极广，几乎涵盖了所有预算支出科目，且补助对象涉及各行各业，其分配使用依据、费用分摊标准及专项资金在各地区的分配方法均缺乏有效的制度规范，随意性大，易造成资金使用的分散、浪费和低效。其次，我国中央与地方两级的财政转移支付制度不足以支撑区域内部的

---

❶ 王先林. 产业政策法初论 [J]. 中国法学, 2003 (3).
❷ 叶卫平. 产业政策对反垄断法实施的影响 [J]. 法商研究, 2007 (4).
❸ 张悦. 产业政策的利弊双重性分析 [J]. 学术论坛, 2009 (6).

协调发展。我国目前没有省级政府以下的财政转移支付制度,但在我国区域协调发展向纵深阶段推进的过程中,省级政府管辖区内部的协调发展也需要给予关注,尤其是国土面积较大的省级行政区,其区域内部的发展不均衡现象也比较严重,因此省级政府对其下级政府的财政转移支付制度也应有所考虑,但我国当前财政转移支付制度并未有具体的规则设计和制度安排,必将影响我国特定区域内部的纵深协调发展。

(四)区域协调发展中生态环境保护机制不足

近年来,随着协调发展思想和可持续发展思想的发展,国家的环境保护意识和公民的环境权利意识逐渐增强,但在区域协调发展过程中,尤其是跨区域资源开发与联合发展过程中对生态环境的保护和利益协调机制尚存在不足之处。首先,跨区资源开发中资源产权不明晰,区际生态利益补偿机制不健全。根据我国资源法的规定,森林、山岭、草原、荒地、滩涂等属于集体所有,其他自然资源属于国家所有。但在中央政府和地方政府之间、同级地方政府之间的资源产权划分却不够清晰,尤其是森林、河流、草原等具有跨区域性、公共性的资源,对其进行跨区域开发时如何界定产权则更为困难,不利于区域之间在资源领域开展合作。其次,由于我国还没有建立起完善的生态利益补偿制度,对于损害生态环境的开发活动如何进行补偿、以何种标准进行补偿、补偿资金如何适用等也没有明确的法律依据,这种法律制度的缺位对于区域之间协调发展造成阻碍。此外,我国环境执法不严、区际环保机构相互推诿等情况也屡见不鲜,一些亟须解决的生态破坏和环境问题没有办法得到有效、及时、充分的处理,以生态环境为代价换取 GDP 的行径尚存生存空间。

五、中国特色区域协调法治保障机制的完善路径

新中国成立以来,我国不断丰富区域协调发展的理论与实践,总结出一批可复制、可推广的做法。总体来看,我国以全国一盘棋的思路推动区域协调发展,以区域一体化促进全国统一市场的建设,通过清理和废除妨碍全国统一市场和公平竞争的各种规定和做法,促进人员、技术、资本、货物、服务、信息等要素有序、自由流动,全面提高资源配置效率,同时以改革开放

的精神推动区域发展，一方面全面深化改革，创新体制机制，加快示范试验，探索出发展新路径；另一方面则进一步提高开放水平，以开放促改革、促发展、促创新，形成陆海内外联动、东西双向互济的开放模式。从区域协调发展法治保障机制的完善来看，我们可以从以下几个方面着手。

（一）完善区域协调发展的成文法体系

世界上很多国家或地区在区域协调发展领域均制定了系统的成文法以保证区域协调发展有法可依。例如，美国制定了《联邦受援区和受援社区法案》等系列法案为援助落后地区提供了法律保障；德国在《德国联邦基本法》中规定联邦可以在授权范围内在州或乡镇作重要投资时给予各州财政帮助，并于1965年颁布了《空间规划法》，根据不同功能划分对德国空间作出了战略性规定；❶ 日本通过制定《国土综合开发法》《国土计划法》《工业整备特别地区整备法》《产业集聚促进法》等法律，促进本国经济规划的执行效率，以保障区域协调发展的实施。由此可见，完善的法律体系是保障区域协调发展的必备条件，我国区域协调发展的成文法体系建设可从以下方面着手。首先，制定统一的促进区域协调发展的基本法。基本法作为从整体上规范政府调控经济行为的法律，其内容应当涉及区域协调发展的基本体制，区域协调发展的管理机构及其职能权限，区域经济协调的基本法律制度、方式和手段，以及相关主体的权利、义务、责任等，以为区域协调发展提供明确的指引，达到基本法促进区域经济稳定、协调、持续、健康发展的立法目标。其次，制定完善区域协调发展中的特别区域法律制度。我国是一个幅员辽阔、人口众多、地区发展不平衡的发展中国家，区域协调发展战略实施过程中，存在特别区域的针对性开发或限制性开发的客观现实，例如因资源枯竭或生态承载能力有限，部分地区被列入限制开发或禁止开发区域，同时中部、西部、东北地区及革命老区、民族地区、边疆地区等有着各不相同的发展实情和发展需求，不能一概而论地适用统一的发展模式，因此区域协调发展中也应当根据特别区域的现实条件制定特别区域法律。

---

❶ 仲伟周，益炜. 区域协调发展：历史演进、机制设计与对策建议［J］. 东岳论丛，2016（9）.

（二）确立竞争政策在区域协调发展中的基础性调控地位

2013 年，党的十八届三中全会通过了《中共中央关于全面深化改革若干重大问题的决定》，该决定明确指出"经济体制改革的核心问题是处理好政府和市场的关系，使市场在资源配置中起决定性作用和更好发挥政府作用"，在这样的市场化改革背景下，发挥竞争政策在资源配置中的基础性地位成为我国深化市场经济改革的必然要求。一般而言，竞争政策并不直接介入经济的实际运行，而是起到市场防火墙的作用，用以化解市场调节可能产生的结构性风险。❶ 以建立和保护竞争机制为目的的竞争政策是市场经济政策的基石所在，发挥竞争政策的基础性地位的一个重要的举措就是确保《反垄断法》的实施。❷《反垄断法》的实施能够有效扫清竞争障碍，促进市场调节更好地发挥作用。尤其在区域发展中可能产生行政性垄断，各个行政区域之间各自为政，阻碍全国统一大市场的形成和要素、产品在市场中的自由流动，《反垄断法》在区域协调发展过程中对排除、限制竞争的垄断行为的严厉查处与基于社会整体经济效益的豁免的有机结合能够有效保证区域经济的健康发展。在区域协调发展中应当秉持的态度就是始终将竞争政策作为基础性政策，立足于维护区域市场乃至全国统一大市场的竞争机制，致力于创造并维护自由、公平的竞争环境，在尊重区域倾斜扶持与生态环境保护豁免的前提下，发挥市场在经济发展、技术创新和产业升级中的积极作用，营造良好的区域产业竞争秩序，做到既不抑制区域经济的健康发展，又不损及自由、公平的竞争秩序。

（三）完善财政转移支付制度与税收优惠政策

在区域协调发展过程中，应当结合具体的经济发展情势实现财政转移支付制度的优化。具体而言，应当构建统一、规范的财政转移支付制度体系，对中央对地方财政转移支付、横向财政转移支付以及地方政府对其下级区域的财政转移支付作出统一的模式和标准，同时辅之以完善的程序性制度，规范财政转移支付的项目设定、预算编制和审批、执行程序和监督程序等，使

---

❶ 徐士英. 竞争政策研究——国际比较与中国选择 [M]. 北京：法律出版社，2013：3.

❷ 侯利阳. 产业政策何以向竞争政策转变：欧盟的经验与上海的现实 [J]. 上海交通大学学报（哲学社会科学版），2016（1）.

财政转移支付真正做到行之有效且行之有据。同时还应当扩大一般性财政转移支付和特定区域发展的政策目标相联系的专项资金的规模，并在有限的资金使用下优先于地方基础设施建设和社会保障体系建设，推进地区经济增长，降低经济运行的外部成本，以促进资本流转的便利程度和区域经济的内部优化。此外，要建立相对完善、稳定的税收优惠政策。税收优惠的内容涵盖免税、减税、退税、优惠税率、起征点与免征额、缓交税款、税额扣除等多种类型，我国当前税收优惠政策的决定权归属于中央，地方政府无权根据本地区现实情况利用税收优惠来调控本地区经济，这也导致了部分地方政府为了吸引投资，变相进行税收减免，给予的税收政策方式混乱无序，更有甚者还存在政府对企业私下允诺的情况，导致税收优惠变形为实质上的"政策之治"，❶ 因此，按照统一税制、公平税负和促进公平竞争的原则构建合理的税收优惠制度十分必要，在具体运行过程中，加强对税收优惠政策尤其是区域税收优惠政策的规范管理，赋予地方政府一定的权限，对税收优惠的范围和幅度进行一定的调整，以发挥税收优惠政策在区域协调发展中的重要功用。

（四）完善区域协调发展中的环境保护机制，实现绿色发展

在区域协调发展过程中，应当坚持绿色发展的理念，坚持经济建设、社会发展与环境保护相结合的原则，对中西部贫困地区的生存需求给予相对倾斜的保护，依据"开发者养护、污染者付费"的原则对破坏生态和污染环境的行为进行恢复、治理和养护，以实现各区域、各部门之间的协同合作。首先，应当实行自然资源开发规划制度。国家通过宏观上对各区域自然资源的开发进行合理布局和安排，坚持自然资源的开发应保证区域之间的平衡协调，既照顾各区域经济发展的要求，又能兼顾当地的生态环境保护，同时为了防止自然资源规划与开采权利的滥用，还应设立相应的监督制度以保证规划得到切实有效的执行。其次，完善环境税收法律制度。环境税收是国家借助税收手段向环境污染的责任人、自然资源的利用者开征的税种，征收环境税既可以对排污者和自然资源的利用者的行为进行一定的规范，还可以将这笔收入专门用于治理和改善生态环境，在区域协调发展法治保障体系的建设中，应当在已有环境税制度的基础上，进一步拓展环境污染税和自然资源税的开

---

❶ 邢会强. 政策增长与法律空洞化——以经济法为例的观察［J］. 法制与社会发展，2012（3）.

征范围，并针对不同地区采取差异化税收标准，以协调地区之间环境资源利益。最后，建立跨区域生态利益补偿制度。近年来，国家实施了一系列重大区域的资源调配工程，例如西气东输、西电东送等，在这些重大工程实施过程中为了实现区域之间生态利益的平衡，构建跨区域的生态利益补偿机制显得尤为迫切，跨区域生态补偿机制的建立应当坚持"保护区域生存权和发展权""谁受益谁负担""谁保护谁受益"等原则，将满足本区域内人民的生存权、发展权放在至关重要的位置，并在此三原则的指导下，明确跨区域生态利益补偿制度的补偿主体、受偿主体、补偿标准和补偿方式，以利益引导不同区域间生态利益的再调配，最终实现区域间经济和环境的可持续发展。

结　语

改革开放战略的实施为我国东部地区的飞跃式发展创造了机遇，而当前"一带一路"倡议的实施为我国内陆地区创造了新的发展机遇，我国区域协调发展体制经过多年的探索已经逐渐形成了有中国特色的区域协调发展法治保障体系，诚然目前我国区域协调法治保障体系还存在许多待完善的地方，但在习近平新时代区域经济协调发展思想的指导下，在中国改革开放向纵深发展的背景下，我们有理由相信全国一体化发展的新阶段必将迎来中国区域发展的重大机遇。

新时代中国知识产权垄断法律控制制度的构建

吕明瑜[*]

新时代中国特色社会主义法治理论是习近平新时代中国特色社会主义理论体系的重要组成部分，其根植于中国社会主义现代化建设实践和全面推进依法治国实践，具有突出的实践特征和中国风格。以习近平新时代中国特色社会主义理论为指导，加强新时代中国特色社会主义法治制度的实践研究，系统阐释和构建社会主义法治的基本制度、法律规范、法律体系等，是摆在我们面前的重要任务。[●] 本文从新时代中国反垄断法制度创新这一独特视角为切入点，探讨新时代中国知识产权垄断法律控制制度的构建问题，尝试通过反垄断法制度创新解决中国实践中体现知识经济[❷]特征的知识产权垄断这一新问题。

为了适应中国新经济产业快速发展的需要，应对发达国家知识产权战略

---

* 作者简介：吕明瑜，郑州大学法学院教授，博士生导师，河南省特聘教授，河南省经济法学研究会副会长。

❶ 李林. 在新时代发展中国特色社会主义法治理论 [N]. 人民日报，2018-07-25 (7).

❷ 知识经济 (The Knowledge Economy) 是以知识为基础、以脑力劳动为主体的经济，是与农业经济、工业经济相对应的一个概念，工业化、信息化和知识化是现代化发展的三个阶段。知识经济通俗地说就是 "以知识为基础的经济" (The Knowledge - based Economy)。现行的工业经济和农业经济，虽然也离不开知识，但总的说来，经济的增长取决于能源、原材料和劳动力，即以物质为基础。知识经济是人类知识，特别是科学技术方面的知识的历史产物。教育和研究开发是知识经济的主要部门，高素质的人力资源是重要的资源。

的强大攻势及其所产生的知识产权垄断副产品，从我国居于技术跟进地位并采用成文法形式的特殊需要出发，通过我国《反垄断法》以及其他相关法律、法规，系统构建中国知识产权垄断法律控制制度，率先建立由垄断协议、滥用市场支配地位、经营者集中、滥用行政权力限制竞争、知识产权垄断等五大反垄断法基本制度组成的、反映知识经济要求并具有中国特色的反垄断法制度体系，不仅有利于对中国市场竞争的有效保护，而且可能为世界范围内反垄断法在知识经济条件下的制度创新提供新的思路，作出应有的贡献。

一、新时代中国知识产权垄断法律控制制度构建的历史基础

从中国知识产权垄断法律控制制度构建的历史基础看，集中体现在民法、知识产权法等方面的法律规范。下面就这些规定作简要分析，评估其在控制知识产权垄断方面的作用。

(一)《民法典》中的相关规范

我国《民法典》第 8 条规定："民事主体从事民事活动，不得违反法律，不得违背公序良俗。"该条规定了民法中的"禁止权利滥用原则"或"公序良俗原则"，它要求民事活动的当事人在行使权利及履行义务的过程中，实现个人利益和社会利益的平衡。知识产权垄断行为在本质上表现为知识产权人对权利的不正当行使或不公平行使，很多情况下具有权利滥用的特征。从一般逻辑而言，《民法典》中的禁止权利滥用原则可以用于规制知识产权垄断行为。但是，由于民法作为典型的私人权利保护法，其有关禁止权利滥用的原则未能提供清晰的判断标准和明确的判断方法，而知识产权垄断的认定，需要对知识产权行使行为对竞争的正面和负面影响进行具体的评估、比较，需要具体的参数和复杂的综合分析，从而使得该原则在知识产权领域的反垄断问题上仅有理论指导意义，而在规制知识产权垄断行为的具体适用上作用极为有限。

《民法典》第 850 条规定："非法垄断技术或者侵害他人技术成果的技术合同无效。"第 864 条规定："技术转让合同和技术许可合同可以约定实施专利或者使用技术秘密的范围，但是不得限制技术竞争和技术发展。"这两条规

定，对于处理与知识产权许可协议有关的限制竞争行为具有重要意义。但是，合同规则作为典型的私法规范，在控制知识产权垄断、维护竞争所代表的社会公共利益方面具有很大的局限性，表现出明显的不足，主要有以下几个方面问题：（1）从适用范围看，该法所称技术转让合同仅包括专利权转让、专利申请权转让、技术秘密转让和专利实施许可合同，而不涉及集成电路布图设计、植物新品种、计算机软件等方面权利的许可问题，而后者在知识经济条件下亦十分凸显予以法律规制的必要性；（2）从公权介入的方式来看，人民法院只有在合同一方当事人提起请求或者因合同纠纷到法院提起诉讼时，才能依据《民法典》认定限制技术竞争的合同无效；（3）从认定标准上来看，依据《民法典》，符合法律列举的限制技术竞争的行为即可认定合同无效，从而使知识产权垄断规制中的利弊权衡、特殊例外等理念无从体现，缺乏控制技术垄断这一复杂现象所应具有的灵活性，难以满足经济实践的需要；（4）从法律结果上看，若合同无效，当事人应承担的主要后果是返还财产和补偿损失，这样对滥用知识产权限制竞争而导致合同无效的知识产权人来说，其有可能承担的后果只是失去合同已经履行部分的知识产权使用费，这种极轻的法律责任与知识产权垄断的严重危害不相适应。

（二）知识产权法中的相关规范

总体来看，我国除《专利法》第 53 条将被认定为垄断行为的专利权行使行为作为强制许可的法定情形之一外，其他知识产权法未就知识产权人凭借知识产权优势妨碍、限制和排除竞争行为的法律规制作出明确规定，对规制知识产权垄断不具有直接作用。但知识产权法所确立的一系列权利限制原则与制度，对控制知识产权垄断具有一定的间接作用或参考价值。

1. 《著作权法》的禁止权利滥用原则

我国《著作权法》第 4 条规定："著作权人行使著作权，不得违反宪法和法律，不得损害公共利益。"该规定是私法中"权利不得滥用原则"在著作权法中的体现，其为控制版权人凭借版权优势实施垄断行为提供了《著作权法》上的原则依据。但如同《民法典》中的禁止权利滥用原则一样，由于欠缺具体的判断标准和判断方法，而难以作为处理版权垄断的具体认定依据，实践中的作用很有限。

2. 著作权法定许可制度

我国《著作权法》通过一系列相关规定，确立了中国著作权法定许可制度。在符合法定许可条件的情况下，他人使用有关作品，需支付报酬，但无需获得著作权人的许可，著作权人就无法实施拒绝许可行为。但由于著作权法定许可制度旨在协调著作权人与其他公众之间的利益关系，适用条件有严格的限制，且多属于非商业性使用行为。因此，著作权法定许可制度对发生在商业领域、危害市场竞争的知识产权垄断难以发挥有效的规制作用。

3. 专利强制许可制度

根据我国《专利法》关于专利强制许可的规定，当专利权人拒绝许可专利时，他人可以向国务院专利行政部门提出申请，由国务院专利行政部门作出强制性许可决定。该规定为规制专利权人的拒绝许可行为提供了重要途径，但是实践运用中仍显现出许多不足：（1）该强制许可只有国务院专利行政部门依申请批准才能实施，法院不能直接依据专利强制许可的规定对拒绝许可行为予以处置；（2）国务院专利行政部门行使强制许可决定权时受到严格限制，既包括《专利法》关于强制许可条件的限制，也包括《与贸易有关的知识产权协定》（简称 TRIPS 协定）第 3 条所规定的复杂限制。这在一定程度上影响了强制许可制度对知识产权人拒绝许可行为的规制作用。虽然《专利法》第 53 条将被依法认定为垄断行为的专利权行使行为规定为强制许可的法定情形之一，但其本身并未提供认定该垄断行为的基本标准、方法以及其他依据，而这正是反垄断法的任务。

4. 知识产权合理使用制度

我国的《著作权法》《专利法》《商标法实施条例》等均规定了知识产权合理使用制度。在符合法定的合理使用条件的情况下，他人可以不经知识产权人许可，不向其支付报酬而使用权利人的作品、专利技术或商业标识等。知识产权法中这些合理使用制度在协调权利人与非权利人之间的利益关系、限制权利人权利的行使等方面具有重要意义。但由于合理使用具有特定的范围，主要限于非商业范畴，而知识产权垄断作为一种限制或排除市场竞争行为，主要发生于竞争性的商业领域，因此，合理使用制度对控制知识产权垄断不具有直接作用。

二、新时代中国知识产权垄断法律控制制度构建的指导思想

依据知识产权、反垄断法等方面的有关理论，结合中国国情，本文认为中国知识产权垄断法律控制制度的构建应确立以下指导思想。

（一）遵循知识产权与反垄断法既一致又冲突的矛盾规律

我国知识产权垄断法律控制制度的构建，应遵循知识产权与反垄断法目标一致而方法冲突这一客观的矛盾规律，从制度理念到具体规则，都应致力于对二者目标一致性的反映和方法冲突性的协调。具体应就以下几方面作出努力。（1）从二者的一致性出发，对知识产权人的知识产权行使行为给予足够的认可与尊重，容许知识产权对竞争作出一定程度的限制，充分发挥反垄断法豁免制度的功能，将大量正常的知识产权行使行为作为反垄断法适用的例外，不予干预；对一些危害竞争达到一定程度的知识产权行使行为，也未必一律严格禁止，而只是将其置于反垄断法的监督之下，然后视其运行中的具体情况而给予宽容管制，从总体上为知识产权制度的正常运行提供宽松的环境。（2）从二者的冲突性出发，对超过反垄断法容忍范围、严重损害竞争的知识产权垄断行为予以有效的规制。知识产权与反垄断法虽然具有共同的最终目标，但在实现这一共同目标过程中所采用的方法却是相互冲突的，集中表现在对待垄断的态度上：一个创设垄断，而另一个则反垄断。因此，目前存在的意欲从知识产权法，特别是其中关于知识产权滥用的控制方法中，找出解决知识产权垄断问题答案的倾向并不可取。❶ 本文认为对知识产权垄断的控制，很难从知识产权法中找到理想的认定方法与评估标准，即使知识产权法中具有限权功能的关于知识产权滥用的认定方法与标准，也难以满足控制知识产权垄断的需要。因为它们重在协调知识产权人与非权利人以及国家、社会之间的利益关系，未必是针对促进和保护市场竞争而作出的制度安排。

---

❶ 如有人主张通过降低知识产权保护标准来解决知识产权垄断问题，事实上这并非上策，在加入 WTO 的今天，受 TRIPS 的约束，不适当地降低标准会招致其他成员国的不满。

基于此，在我国知识产权垄断法律控制制度中，应针对知识产权限制竞争的特点确立专门的"竞争损害"分析方法与评估标准，真正从竞争法的理念上构建一套控制知识产权垄断的制度体系，并确立知识产权领域"重大竞争损害行为优先适用反垄断法"的原则，以协调知识产权人私人利益与竞争所代表的公共利益的关系。（3）知识产权与反垄断法之间的这种既一致又冲突的矛盾关系，要求我们在知识产权垄断法律控制制度的构建过程中，应以辩证的思维方法对待具体的知识产权限制竞争行为。特别注意运用知识产权法上的利益平衡理念和反垄断法上的利弊权衡方法，恰如其分地评估各种具体知识产权限制竞争行为对社会经济生活以及其他方面所产生的积极作用与消极作用，通过合理的制度安排，达到趋利避害之功效。

（二）兼顾鼓励创新与保护竞争双重价值目标

知识产权旨在激励创新，反垄断法旨在保护竞争，对知识产权人凭借知识产权限制竞争这一"知识产权垄断"进行法律控制，涉及对由知识产权带来的创新利益和由反垄断法带来的竞争利益的取舍与选择。本文认为中国知识产权垄断法律控制制度应兼顾鼓励创新与保护竞争双重价值目标，这是因为：（1）目前的中国正站在新的历史起点上，创新与竞争成为中国经济腾飞的主旋律，兼顾鼓励创新和保护竞争双重价值目标，符合我国目前的国情；（2）我国2007年8月颁布的《反垄断法》第55条作为制定我国知识产权垄断法律控制制度的原则性法律依据，充分体现了兼顾鼓励创新和保护竞争双重价值目标，兼顾鼓励创新和促进竞争双重价值目标，体现了我国《反垄断法》的立法精神。

（三）选择适合中国国情的知识产权垄断控制立场

1. 在知识产权人利益与竞争机制之间采取倾向保护竞争的立场

知识产权垄断是知识产权人凭借知识产权获取垄断利润的重要手段，基于保护竞争的考虑而控制知识产权垄断，涉及知识产权人的利益与竞争所代表的公共利益之间的博弈。一国的知识产权垄断法律控制制度在立法立场上究竟是采取倾向知识产权人利益的态度，还是倾向竞争机制的态度，抑或采取对二者不偏不倚的态度，取决于一国的具体国情。如美国作为知识产权强国，曾在世纪之交的 Intergraph Co. v. Intel Co. ❶以及 Lus v. Xerox Co. ❷等案中，采取明显的偏向知识产权人利益的立场，这与美国一贯奉行的最大限度地发挥知识产权激励智力成果创造者的作用，巩固和发展其在世界范围内的知识产权优势的政策密切相关。而中国的情况则恰恰相反，目前还处在以进口知识产权为主的阶段，在很多领域尤其是 IT 界，都属于后来跟进者，缺少自己的核心知识产权，因此，我国的知识产权垄断法律控制宜采取倾向保护竞争而非知识产权人利益的立场。

2. 在知识产权垄断的"严格控制"与"宽松控制"之间采取体现应有打击力度的严格控制立场

在目前的中国市场上，有能力进行知识产权垄断的主要是技术实力雄厚的外国企业或跨国公司，而这种知识产权垄断的危害后果不仅表现为对被许可企业利益的损害或对特定市场竞争的排除或限制，还直接威胁到中国自主知识产权体系的建立、民族产业的发展和国家经济的安全。基于这一国情，中国应当建立较为严格的知识产权垄断法律控制制度，充分运用反垄断法这一发达国家普遍认可的工具，控制和减少知识产权垄断给中国造成的严重危害。

三、新时代中国知识产权垄断法律控制制度构建的成就

中国知识产权垄断法律控制制度的构建成就主要表现在两个方面：一是我国 2007 年颁布的《反垄断法》的原则性规定；二是 2019 年国务院反垄断委员会《关于知识产权领域的反垄断指南》的具体规定。

（一）《反垄断法》中的相关规范

我国《反垄断法》第 55 条规定："经营者依照有关知识产权的法律、行政法规规定行使知识产权的行为，不适用本法；但是，经营者滥用知识产权排除、限制竞争的行为，适用本法。"这一规定在将知识产权的正当行使行为作为《反垄断法》的除外适用的同时，又对滥用知识产权排除或限制竞争行

---

❶ 195F. 3d 1346 (Fed. Cir. 1999).
❷ 203F. 3d 1322 (Fed. Cir. 2000).

为进行反垄断规制，兼顾了知识产权促进创新与反垄断法保护竞争双重价值目标，具有重要合理性，特别是其中关于"经营者滥用知识产权排除、限制竞争的行为，适用本法"的规定，从市场经济的基本法层面确立了我国知识产权垄断法律控制的基本制度，为控制我国实践中危害日益严重的知识产权垄断提供了原则性法律依据。但《反垄断法》的这一规定只是表明知识产权垄断"应受"该法规制，而未能真正完全解决"如何"规制的问题。虽然我们可以将《反垄断法》中有关滥用市场支配地位、垄断协议、经营者集中等这些针对一般产品与服务领域垄断的具体规则，类推或延伸适用于具有无形财产特点的知识产权领域的垄断，但伴随高新技术的突飞猛进，以及知识经济的快速发展，实践中会越来越多地出现体现知识经济特点的知识产权垄断新形式、新案件，仅仅依赖对现有体现工业经济特色的《反垄断法》的具体规则的类推适用或延伸解释，是远远不够的，难以解决实践中复杂的知识产权垄断问题。

（二）《关于知识产权领域的反垄断指南》的相关规定

2019年1月4日，国务院反垄断委员会印发《关于知识产权领域的反垄断指南》。该指南依据《反垄断法》进行制定，系统总结我国近些年知识产权领域反垄断法律规制实践，吸收和借鉴发达市场经济国家的经验，体现出一定的针对性、前瞻性、兼顾性和引导性等特点，共分为5章，包括总则，可能排除、限制竞争的知识产权协议，涉及知识产权的滥用市场支配地位行为，涉及知识产权的经营者集中，以及涉及知识产权的其他情形。主要内容包括：

1. 总则

总则的主要内容包括：（1）关于目标，规定反垄断与保护知识产权具有保护竞争和鼓励创新的共同目标；（2）关于目的，提高知识产权领域反垄断执法工作的透明度；（3）关于原则，规定将知识产权和其他财产权利同等对待，不因拥有知识产权而当然推定经营者具有市场支配地位，同时充分考虑知识产权的特点；（4）关于分析思路，规定采取"判断行为类型—界定相关市场—评估竞争影响—分析行为对创新和效率的积极影响"的具体分析方法。

2. 可能排除、限制竞争的知识产权协议

本章的主要内容包括：（1）规定涉及知识产权的协议具有积极影响，指出如果涉及知识产权的协议产生排除、限制竞争影响，应当适用《反垄断法》第2章规定；（2）规定联合研发对市场竞争产生排除、限制影响时的考量因素；（3）规定交叉许可对市场竞争产生排除、限制影响时的考量因素；（4）规定排他性回售和独占性回授对市场竞争产生排除、限制影响时的考量因素；（5）规定不质疑条款对市场竞争产生排除、限制影响时的考量因素；（6）规定具有竞争关系的经营者共同参与标准制定可能排除、限制竞争时的考量因素；（7）规定限制使用领域、销售或传播渠道、商品数量等行为对市场竞争产生排除、限制影响时的考量因素；（8）设立了涉及知识产权协议的安全港规则。

3. 涉及知识产权的滥用市场支配地位行为

本章的主要内容包括：（1）规定涉及知识产权的滥用市场支配地位行为，应适用《反垄断法》第3章规定；（2）规定了认定或者推定拥有知识产权经营者具有市场支配地位的考量因素；（3）规定了以不公平的高价许可知识产权、拒绝许可知识产权、涉及知识产权的搭售、涉及知识产权的附加不合理交易条件和涉及知识产权的差别待遇五种行为竞争危害的考量因素。

4. 涉及知识产权的经营者集中

本章的主要内容包括：（1）规定涉及知识产权的经营者集中，应当适用《反垄断法》第4章规定；（2）规定涉及知识产权的经营者集中的特殊性主要体现在构成集中的情形、审查考量因素和附加限制性条件等；（3）规定涉及知识产权的交易取得对其他经营者的控制权或者能够对其他经营者施加决定性影响时，经营者集中认定的考量因素；（4）规定一项涉及知识产权的经营者集中需要附加限制性条件时，既可以附加结构性条件，也可以附加行为性条件，或者附加综合性条件。

5. 涉及知识产权的其他情形

本章的主要内容包括：（1）规定部分涉及知识产权的情形可能构成不同类型的垄断行为，也可能涉及特殊主体，需要根据个案情况分析适用《反垄断法》；（2）规定了分析专利联营是否排除、限制竞争时的考量因素，包括经营者市场份额、控制力、可替代技术、限制许可等；（3）规定了认定拥有标准必要专利的经营者是否具有市场支配地位时的考量因素，包括标准的市场价值、应用范围和程度、是否存在具有替代关系的标准或者技术、行业对相关标准的依赖程度等；（4）规定了拥有市场支配地位的标准必要专利权人申请禁令救济可能排除限制竞争时，认定竞争危害的考量因素；（5）规定了著作权集体管理通常具有积极意义，并指出其可能构成滥用知识产权排除、限制竞争时，需要反垄断执法机构根据行为特征和表现形式加以认定。

四、新时代中国知识产权垄断法律控制制度构建存在的问题

虽然我国《反垄断法》第 55 条以"但书"的形式规定"经营者滥用知识产权，排除、限制竞争的行为，适用本法"，我们也已据此制定了将这一原则性条款适用于知识产权领域的《关于知识产权领域的反垄断指南》，用以解决实践中的知识产权垄断案件，❶ 但这毕竟只是在我国现有《反垄断法》中尚无知识产权垄断法律控制的基本制度类型及其具体规则体系的情况下的权宜之计，难以从根本上有效解决我国知识产权垄断的法律控制问题，这是以"老制度"解决"新问题"难以避免和克服的缺陷。

（一）现有知识产权垄断制度难以回应知识经济的挑战

从反垄断法的发展趋势来看，世界范围内高新技术的突飞猛进，推动了知识经济快速发展，近 20 年来，知识产业❷迅猛崛起，其效益、规模和速度

---

❶ 胡方正. 从我国知识产权反垄断案例看标准必要专利反垄断焦点问题［EB/OL］.（2019 - 12 - 2）［2021 - 4 - 18］. https：//kuaibao. qq. com/s/20191202A0K2M700？refer = spider.

❷ 知识产业又称"智力产业""信息产业"，是美国经济学家弗·马克卢普在 1962 年于他的著作《知识产业》中提出的一个概念。随着信息革命的来临，这个概念得到普及。它所含的产业部门或领域是：教育、研究开发、通信媒介、信息机械、信息服务。具体说来，这一产业是按照以下方式组织起来的：（1）信息增值机构，即各种大众传播媒介；（2）信息传递机构，指电话、电报、邮政、卫星等；（3）为个人需要提供信息的机构，如图书馆、数据库、计算机服务处等；（4）制造与维修、印刷、电子设备的机构；（5）提供传播内容的机构（人），如通讯社、节目制造商、作家和演员、计算机程序编制者、教育材料设计者等；（6）经济支援机构，如广告公司、发行和推销部门等；（7）行政支援机构，如法律顾问部门、宣传与公共关系部门、财务部门、行政咨询部门等；（8）人事支援，如工会与职工协会、人员培训部门、人才选拔机构等；（9）数据收集与研究机构，如调查预测部门、理论研究机关、研究开发部门等；（10）教育部门，既是知识产业的一部分，又为这一产业提供后备人员。马克卢普的后继者、信息学家马·波拉特根据知识产业论，提出了以农业、工业、服务业、知识（信息）业四大产业分析就业结构的方法，打破了以往广泛使用的柯·克拉克的第一、第二、第三产业的三分法，使知识产业成为独立的系统。

远非传统产业所能企及。如果说物权社会的垄断主要是垄断者依靠物质资源优势来实施的话，那么，知识经济社会的垄断必然主要依靠知识资源优势来实现。在此背景下，知识产权垄断对竞争的危害与传统的物权垄断相比并非无足轻重，有时甚至比物权垄断的危害更加严重，控制这样的垄断远非工业经济时代反垄断法中的一个"但书"或"例外"条款所能胜任的。

（二）现有知识产权垄断制度难以解决"如何"控制知识产权垄断问题

从我国法律的现有制度安排来看，《反垄断法》第 55 条将"经营者滥用知识产权，排除、限制竞争的行为"纳入该法调整范围，只是为解决知识产权垄断"应受"法律规制问题提供了明确的法律指引，但未能很好地解决"如何"规制的问题。这是因为：

1. 该规定未提供针对知识经济特点的规则

依据我国《反垄断法》第 55 条规定，对知识产权垄断应适用该法有关垄断协议、滥用市场支配地位等相关法律规定，但我国的这些规定是借鉴工业经济时代所形成的各国反垄断法的内容，并结合正在走向工业化的中国的具体情况制定的，并未反映知识经济及其条件下的知识产权垄断的特征，难以有针对性地解决知识产权垄断问题。

2.《关于知识产权领域的反垄断指南》对新问题的解决难以胜任

依据我国《反垄断法》第 55 条规定，制定将该法适用于知识产权领域的实施细则或指南等，固然可以增加该条款的可操作性，但已经实施的《关于知识产权领域的反垄断指南》只是对《反垄断法》有关规定的细化，而不得超越或脱离《反垄断法》的基本规定，如有超越或脱离则该部分并不具有法律效力。因此，当我国《反垄断法》本身欠缺针对知识产权垄断这一制度类型的基本规定时，该指南也自然谈不上细化这些规定的问题，只能依照类推适用或延伸解释的方法将《反垄断法》的相关规定适用于知识产权垄断。但由于体现知识经济特征的知识产权垄断与传统垄断存在诸多重要差异，特别是与网络产业❶相联系的诸如技术标准垄断、版权保护中的技术措施对竞争的妨碍、知识产权行使对产品兼容的影响等新问题，并不能以类推或延伸解释的方法从现有《反垄断法》中找到相应的解决方案，而《关于知识产权领域的反垄断指南》又不能突破或超越现有法律规定去创设新的适用于知识产权垄断的规则，因而不能从根本上解决有效控制知识产权垄断的问题。

3. 《关于知识产权领域的反垄断指南》之作用有时会因其效力层次而受限

《关于知识产权领域的反垄断指南》以部门规范性文件的方式表现出来，对司法活动并不具有当然的约束力，在诸如反垄断的民事诉讼、刑事诉讼中并不具有强制的约束力。这时，若仅仅依靠《关于知识产权领域的反垄断指南》，其局限性是很明显的。但如果将知识产权垄断作为《反垄断法》的基本制度之一加以规定，这一问题就迎刃而解了。由此可见，无论是从世界范围内反垄断法发展的趋势与前瞻性来看，还是从进一步完善我国《反垄断法》、及时有效应对实践中知识产权垄断的严重危害来看，中国知识产权垄断法律控制制度的系统构建与完善，都是摆在我们面前的重要任务。

（三）现有知识产权垄断制度难以适应中国成文法传统的客观需要

面对知识经济条件下知识产权垄断所产生的严重危害及其所引发的一系列反垄断法新问题，法律传统不同的国家的应变方法是不同的。对于英美判例法国家来说，他们可以通过及时确立新判例的方法，来适用控制知识产权垄断的一系列新判断标准、新评估方法以及有针对性的新制裁措施等，确立适应知识经济要求的新原则与新规则，回应实践需求，推动本国反垄断法的

---

❶ 网络产业是指利用包括因特网、移动手机等新兴网络技术为平台传播信息和创造娱乐的事业。网络产业的产业链主要包括互联网运营商、广告服务、终端用户等环节。网络产业是一个具有层次性和系统性的有机结构体，包括硬件和软件两大部分。硬件部分主要是指网络基础设施制造业，它为整个网络产业提供网络通信设备（如路由器、交换器、适配器、光纤等）和网络软件技术（如操作系统、通信协议、应用软件等）。网络基础设施制造业似乎与传统制造业只有生产的产品不同这一差别，所以不少人并不把这一部分划入网络产业的范畴。但是，网络基础设施制造业为网络产业提供着实体基础，应划入网络产业范围。软件部分主要是指网络服务业，即为个人和企业提供的形形色色网络服务。根据网络服务业内各类型公司协作关系的顺序，我们可以把它分为三个层次：基础层、服务层和终端层。

发展；而对于具有成文法传统的国家来说，则必须依赖立法的完善、制度的补充，以及微观规则的拓展来实现对新问题的解决。从这个意义上讲，中国作为一个具有成文法传统的国家，欠缺反映知识经济特征的知识产权垄断这一"新垄断类型"的新制度，难以适应中国成文法传统的客观需要，通过构建作为反垄断法基本制度之一的、与垄断协议法律控制制度、滥用市场支配地位法律控制制度、经营者集中法律控制制度、滥用行政权力限制竞争法律控制制度等相并列的知识产权垄断法律控制制度，更具有重要性与紧迫性。

五、完善新时代中国知识产权垄断法律控制制度构建的建议

完善中国知识产权垄断法律控制制度的构建，根本出路在于借《反垄断法》修改之契机，在该法中增加与垄断协议法律控制制度、滥用市场支配地位法律控制制度、经营者集中法律控制制度、滥用行政权力限制竞争法律控制制度相并列的"知识产权垄断法律控制制度"这一新的基本制度类型，其主要包括以下三方面内容。

（一）中国知识产权垄断法律控制制度的制度体系

1. 宏观制度体系

知识产权垄断既可以发生在知识产权本身的许可贸易过程中，又可以发生于知识产权产品的生产、销售过程中；既可表现为单个权利人凭借知识产权优势排挤竞争对手、损害公平竞争，也可表现为两个或两个以上知识产权人以知识产权联合经营等方式共谋避免相互之间的竞争。知识产权垄断本身的这种复杂性特点决定了控制知识产权垄断的法律应具有复合性，既包括控制知识产权垄断的基本法律或核心法律（如反垄断法），又包括控制知识产权垄断的相关法律（如合同法）等。因此，中国知识产权垄断法律控制制度从广义上看，也应是由多个法律部门的相关法律规范组成的制度体系，包括中国各类与控制知识产权垄断有关的法律、法规、规章等规范性文件。其中，《反垄断法》以及为实施反垄断法中有关控制知识产权垄断内容而颁布的单行

《知识产权垄断法律实施细则》等，构成该制度体系的核心组成部分，其他则属于相关或配套制度。

2. 微观制度体系

中国知识产权垄断法律控制制度是以知识产权垄断中的技术标准垄断法律控制制度、知识产权联合限制法律控制制度、知识产权拒绝交易法律控制制度和知识产权许可限制法律控制制度四部分为核心的具体制度体系。其中，技术标准垄断法律控制制度和知识产权联合限制法律控制制度对基于标准的力量或联合的力量等这种知识产权"外部力量"所形成的垄断进行规制；知识产权拒绝交易法律控制制度和知识产权许可限制法律控制制度则对基于知识产权本身优势在是否交易、如何交易等运行环节中的垄断进行规制。就微观制度的具体构成而言，中国知识产权垄断法律控制制度应是一个开放的制度体系，伴随知识产权领域新的具体垄断形式的出现，针对新垄断形式的具体法律规制制度也会不断增加，越来越丰富。

（二）中国知识产权垄断法律控制制度的一般原则

1. 同等对待原则

同等对待原则既不主张竞争法对知识产权免于审查，也不主张竞争法对知识产权持敌视态度，而是强调"知识产权既不特别脱离反托拉斯法的管制，也不受反托拉斯法的特别质疑"❶。它较好地体现了对鼓励创新和保护竞争两方面价值目标的兼顾，反映了法律调整中的利益平衡理念，符合中国构建知识产权垄断法律控制制度的要求。因此，同等对待原则应当成为中国构建知识产权垄断法律控制制度所应遵循的一般原则。

2. 分类规制原则

将知识产权垄断中的标准限制、联合限制、拒绝交易、许可限制四类行为按照竞争影响的程度不同做进一步分类，即在每一类行为中具体划分哪些

---

❶ 《美国知识产权许可反托拉斯指南》第 2.1 节，参见尚明. 主要国家（地区）反垄断法律汇编 [M]. 北京：法律出版社，2004：253.

是合法的，哪些是违法的，哪些是需要运用合理分析原则予以判断的等。当然，对每一类行为内部应如何分类，将是一个复杂而又艰巨的任务，需要进一步深入研究和探讨。

3. 合理分析原则

利益衡量或利弊权衡在反垄断法中占有重要位置，当知识产权垄断既有促进竞争的积极效果，又有排除或限制竞争的消极后果时，运用合理分析原则进行利弊权衡，相比较之下，积极效果大于消极后果时，则不认为违法；反之，积极效果小于消极后果时，则会被认定为违法。由于知识产权本身对竞争的影响具有复杂性，单从形式本身很难直接判断某种知识产权行使行为对竞争所造成的最终后果，因而合理分析原则在知识产权垄断判断中具有重要意义。

（三）中国知识产权垄断法律控制的具体规则

1. 知识产权垄断中标准限制的规制规则

该规则由三部分组成：一是有关对技术标准中的知识产权人规定特殊的反垄断义务的规则，这些义务主要包括技术标准中专利信息披露义务、技术标准中专利许可义务、技术标准中软件版权许可义务、技术标准中软件源代码开放义务、技术标准中知识产权许可费合理与不歧视义务等；二是对技术标准制定与实施中的垄断行为予以审查和惩处规则，这些行为主要包括技术标准设立中的操纵行为、技术标准设立中违反专利信息披露义务的行为、技术标准实施中违反知识产权许可义务的行为、技术标准设立中有关"必要专利"选择中的垄断行为等；三是有关对技术标准垄断中具体行为进行评估与认定的规则，重点应考察主体间的竞争关系、行为人的市场力量、标准对市场的影响、行为目的与意图、竞争危害等因素。

2. 知识产权垄断中联合限制的规制规则

该规则由四部分组成：一是专利联营反垄断规制的政策选择，我国应采取有限度的宽容规制政策；二是有关专利联营反垄断规制的一般原则，这些原则主要包括立法中反映专利联营积极作用和消极作用二重性特征的原则、法律使用中强调利弊权衡原则、主次目标区别对待原则等；三是有关专利联营反垄断规制的具体行为的规则，这些行为主要包括专利联营设立过程中的限制竞争行为、专利联营组织体在管理中所实施的限制竞争行为、专利联营成员在经营中所实施的限制竞争行为、专利联营整体许可中的限制竞争行为等；四是专利联营的反竞争评估与认定规则，主要涉及对专利联营中专利效力、专利性质、内部行为与对外许可行为等四方面的评估与认定的标准与方法。

3. 知识产权垄断中拒绝交易的规制规则

该规则由两部分组成。一是有关知识产权拒绝交易的反垄断规制原则。我国应采用传统经济领域与新经济产业中知识产权拒绝交易区别对待的原则，强调对新经济产业中知识产权拒绝交易给予更有力度的规制。二是确立知识产权人基于网络、信息产品互联互通需要而应承担的反垄断法特别义务。三是确定判断知识产权拒绝交易竞争危害的多元影响因素。这些因素主要包括：具有垄断意图、市场垄断力延伸、阻止新产品进入市场、阻碍后续创新与产业发展、不合理垄断高价、价格限制或不公平竞争行为。四是知识产权人拒绝交易反竞争评估与认定的规则，主要涉及对知识产权人市场支配地位、不正当拒绝行为及其竞争损害与正当理由的认定的标准与方法。

4. 知识产权垄断中许可限制的规制规则

该规则由四部分组成。一是关于知识产权许可限制的审查标准，我国应确定竞争损害标准。二是关于知识产权许可限制所涉及的市场，包括产品市场、技术市场与创新市场。三是关于知识产权许可限制的分析方法，应采用基于利弊权衡的四步检验法。四是对许可限制中具体行为的反竞争评估与认定规则，主要包括知识产权许可中的搭售规则、知识产权许可中的回授规则、知识产权许可中的价格限制规则、知识产权许可中的领域限制规则、知识产权许可中的地域限制规则、知识产权许可中的独家交易规则、知识产权许可限制中的效力质疑限制规则等。

结　语

　　知识产权垄断的法律控制问题是知识经济条件下反垄断法所遇到的新课题，究竟应如何控制，世界各国都很关注，即使在知识产权法和反垄断法都很发达的美国、日本等，有关知识产权垄断法律控制的制度构建，也都尚处在探索之中。如果我国能够充分吸收国外现有成果与经验，结合我国具体情况，通过我国《反垄断法》以及其他相关法律、法规，系统构建中国知识产权垄断法律控制制度，率先建立由垄断协议、滥用市场支配地位、经营者集中、滥用行政权力限制竞争、知识产权垄断等五大反垄断基本制度组成的、反映知识经济要求并具有中国特色的反垄断制度体系，不仅有利于有效保护中国的市场竞争，还可能为世界范围内反垄断法在知识经济条件下的制度创新与理论发展作出贡献。

新时代中国买方卡特尔之法律规制及其取向

姚保松[*]

随着数字经济的发展，资本向上下游产业的渗透在一定程度上会阻碍市场经济的正常发展，价格机制被挤压，消费者利益被剥夺，基于此，中国明确提出了强化反垄断和防止资本无序扩张的基本目标。在制度意义上，资本参与所在市场以及上下游市场的经营活动，将极大改变经营者的主体地位，使其同时具有销售方和买方的身份，从而既可能基于销售力量实施垄断行为，也可以作为买方对市场竞争进行限制。因而，在人们普遍重视卖方垄断行为规制，忽视买方力量的背景下，合理规制买方卡特尔对防止资本无序扩张具有重要意义。

卡特尔属于一种广义的企业联合，其目的是在市场中创造、分配和利用市场势力，这使其不仅体现为价格上的非法联合，还涵盖了分配客户或供应商等协作方式。实践中，卡特尔往往存在于一个从合法到违法的连续统一体中，该统一体为促进购买而存在，由参与者所组成，并且存在于一个有竞争的供应市场中，[1] 若合法的团体购买对成员的行为影响较大，它就可能演化成非法的买方卡特尔，这成为对其进行规制的制度需求。

---

[*] 作者简介：姚保松，郑州大学法学院副教授，法学博士，硕士生导师，主要从事经济法学与竞争法学研究。

[1] Joseph F. Brodley. Joint Ventures and Antitrust Policy [J]. HARv. L. Rev, 1982, 95: 1569–1570.

一、中国买方卡特尔的历史流变及演化规律

中国处于经济体制转型时期，市场经济经历了从初步建立到逐渐完善的过程，最终市场竞争机制得到确立，价格引导资源配置的机制得以承认。同时，伴随着科学技术的发展，中国科学研究获得长足进步，社会经济吸收了各种高新技术成果，互联网、算法、数据等在社会已得到广泛应用，极大地改变了社会经济结构和运行模式。伴随着这种背景性变革，中国买方卡特尔，乃至各种经济垄断行为也经历了一个演变过程，呈现出自有的特点。

（一）零散存在向多行业的普遍化发展

在改革开放后相当长的时期内，我国仍处于经济发展比较落后、产品相对短缺的状态，商品流通领域在很大程度上呈现为一种卖方市场，自然也不会产生买方力量的问题。但是，随着经济的发展，我国商品短缺现象得到极大缓解，并逐渐出现了经济过剩的迹象，买方力量在市场中开始显现。与此同时，为了提高商品流通能力，我国开始引入大型跨国连锁零售企业，比如沃尔玛、家乐福等。这些大型连锁零售业凭借先进的管理经验，在我国得到迅速发展，推动了商品经济的发展，但也具备了与供应商讨价还价的能力，并在商品销售市场获得较强的力量，甚至拥有了影响市场竞争的支配地位。我国开始出现了买方联合起来限制竞争的行为，比如大型连锁超市联合供应商收取通道费，进行价格固定和限制，实施歧视待遇，长期占用供应商货款等。

商品零售领域的限制竞争行为，开创了我国买方卡特尔利用市场力量限制中小企业的先例，并很快向其他领域扩展开来，在医药行业中表现得特别明显。医疗行业具有特殊性，患者只有依赖医生的建议才能更好地消费，因而，决定药品销售情况的是医生而非患者，❶ 这进一步造就了医院在药品销售中的重要地位。为了在竞争中获得有利地位，医疗机构协会在某种情况下会对医院及其他医疗机构的药品采购价格给予指导，这在实质上协调了医院的药品购买价格，一定意义上形成了买方卡特尔，从而获得与药品生产商谈判

---

❶ 何然. 买方势力 ［M］. 北京：法律出版社，2015.

的有利地位。基于这种压力，药品生产商不得不对医院、管理式医疗组织等购买团体提供更低的销售价格，最终严重限制了中小型药品生产商的发展。

从实践情况来看，一般生产者规模相对受限、生产和经营活动比较分散的行业，都会出现买方垄断或联合限制竞争的行为，这种现实加剧了买方卡特尔的普遍化发展。原因在于，一方面，相对分散的生产模式决定了行业生产者在市场中地位比较弱小，在交易中更容易受到买方力量的影响；另一方面，买方缺少生产方市场力量的抵制，就会非常便利地达成卡特尔目的。比如农业领域，我国采取的家庭承包制，农业生产者主要体现为家庭或个人，而粮食收购者大都属于企业，即使是小型企业，相对于农民而言也会具有很明显的优势，这些企业很容易达成合谋行为，压低商品的价格。因而，买方卡特尔存在的范围扩大了，有着普遍化的趋势。

（二）产品垄断向生产要素垄断的转化

我国早期的买方卡特尔主要发生于销售领域，因而大都属于对产品市场竞争的限制。随着市场结构的变化，买方卡特尔开始向要素市场发展。2011年，山东两家医药公司共同与其他药品生产企业签订《产品代理销售协议书》，协议规定，该两家企业分别独家代理相应企业生产的原料药品在国内的销售；未经过该两家医药公司的授权，其他生产企业不得向第三方发货。国家发展和改革委员会价格监督检查与反垄断局认为，上述两公司应立即停止违法行为，解除相关的销售协议，并处罚款合计 687.7 万元，对有关企业没收违法所得并处罚款 15.26 万元。[1] 该两家企业的行为控制了原材料药品的购买和供应，并利用这种市场力量提高了下游市场上的销售价格，严重影响了市场经济的正常秩序。此外，科学技术的进步极大地减少了劳动力的使用，企业在劳动力购买过程中具有越来越重要的地位，很可能导致他们分割劳动力市场或压低劳动力价格。当一个地区只有少数几个企业，劳动力流出比较困难，或者对特殊劳动力的需求集中于少数几个企业时，他们很容易形成联合，进行劳动力市场划分，或者限制特定市场的进入，从而影响劳动力市场的竞争。

---

[1] 杨芮. 反垄断剑指医药业 山东两公司坐地起价遭罚 700 万. ［EB/OL］. （2011 - 11 - 15）［2021 - 04 - 26］. http：//finance. sina. com. cn/g/20111115/013910813752. shtml.

要素市场上的买方卡特尔改变了要素市场的供需关系，在极端情况下他们可以构成某种要素市场的唯一需求者，其需求水平的变化可能会决定劳动力的市场价格。如果市场上供应商的数量非常多，处于相对自由竞争的状态，那么买方卡特尔的市场力量会促使买方需求曲线直接成为市场的需求曲线，进而影响市场中的供给曲线，使其具有很大的不确定性，最终影响供给市场的生产和经营。正是由于这种特性，买方卡特尔带来的资本无序扩张，其危害性会更加明显，一是可能遏制或者扼杀其他的技术创新；二是通过联合可以获得超额收益，最终损害消费者和社会的整体利益；三是改变了各社会生产阶段间的关系，影响着人们对卡特尔行为的一般认识，更易于为人们所接受。❶

（三）买方卡特尔生成机制趋向数据化

我国走进数字经济时代，买方卡特尔的实现机制也随之发生改变，从传统形态演变成新型模式。在数字经济时代，一个市场上的流量可以成为吸引另一个市场上企业进入的关键因素，形成系统性资源利用能力，因而，流量可协调企业间以及企业在不同市场上的经营活动，直接影响其自身的生存。但是，数据是由用户生成的，用户是数字经济的最重要资源，在这个意义上，经营者掌控了用户就等于掌控了最重要的资源和力量，甚至具有垄断市场的能力。比如，平台公司拥有海量用户，并具有超强黏性，这些流量成为吸引企业进入其平台与其合作的考量因素。随着进入平台企业的数量增加，企业间慢慢会形成一种类似于"伙伴"的关系，他们不仅会逐渐失去独立性，而且相互间产生了协调的可能性，最终形成以其为中心的新型卡特尔组织。

以社区团购为例，它是依托现实社区内居民而形成的，融合了线上线下购物行为的团购形式，具有区域化、小众化、本地化、网络化等特点。通过对传统电商供应链进行再造和变革，社区团购实现了以社区为单位、以社群为交易对象的销售结构重塑，增强了商品和服务交易的便捷性，增加了社区成员对团购的依赖和黏性。❷ 按照这种机制，社区团购平台构成了联结上游商

---

❶ 陆敏，周琳. 解读中央经济工作会议精神：防止资本无序扩张. ［EB/OL］.（2020 – 12 – 27）［2021 – 03 – 18］. http：//www. gov. cn/xinwen/2020 – 12/27/content_5573663. htm.

❷ 赵宇翔，李春茂，刘季昀. 垄断语境下社区团购的治理［J］. 中国价格监管和反垄断，2021（1）.

品供应商和终端消费者的纽带，而消费者的黏性为其提供了销售上游供应商产品的巨大能力，上游供应商的产品只有通过社区团购才能进入社区实现批量销售。由此，社区团购最终会演化成一种类似于买方卡特尔的组织团体。现实中，社区团购平台往往利用这种优势限制供货商，包括账期延长、扣点增加、流量费涨价等，将本属于生产企业的利润强行转移到己方，形成掠夺性定价机制。❶

可见，当前的买方卡特尔已经摆脱了传统形式的束缚，经营者间达成卡特尔未必存有明显的协议、决定或者协同一致的行为，转而利用数据、算法等手段，在形式上更加隐蔽，从实质上更易于达成，从拘束力上更加有效，给规制带来了更大的困难。

二、中国买方卡特尔的实现机制与法律界定

（一）买方卡特尔在经济中的实现机制

理论上而言，买方卡特尔的目的是消除卡特尔成员购买过程中的竞争，以降低购买商品的价格，或者在其他方面控制商品供应商。并且，卡特尔成员很多情况下并不会因降低了上游市场中的商品价格，就下调下游市场中商品或服务的价格。实际上，下游商品的销售价格是由下游市场的竞争状况来决定的，并且即使下游商品处于一个具有高度竞争的市场，并按照竞争价格进行销售，卡特尔也已通过压低上游市场中的采购价格，提高了下游市场的销售利润。如果卡特尔在下游销售市场中形成了相关市场势力，它就可以控制下游市场的产出，提高下游市场中的价格，这会使其同时享受降低买入价格和提高销售价格的双重垄断利润。

买方卡特尔利用市场势力降低上游供应方的销售价格，或者控制下游市场中的竞争，这取决于卡特尔在市场上的力量、目标和利益，而较少受市场本身性质的限制。假定上游商品缺乏价格弹性，买方卡特尔会产生强烈的压低价格的动机，因为这种压价行为不会大幅度减少上游商品的供应；相反，如果上游市场的商品具有较大的价格弹性，降低购买价格会导致供应不足，

---

❶ 赵宇翔，李春茂，刘季昀. 垄断语境下社区团购的治理［J］. 中国价格监管和反垄断，2021（1）.

买方卡特尔可以利用市场力量强迫供应商，采取价格歧视、拒绝与新进入者交易等方式来降低或消除竞争。这时，上游销售商从这些销售活动中获得的边际收益很可能无法补偿损失，但拒绝与具有市场主导地位的卡特尔继续交易会造成更大的损失。因此，产品的价格弹性可以影响卡特尔的目标，但是并不必然能够阻止它的形成。

实践中，卡特尔成员还可以通过代理的方式达到限制竞争的目的。比如，在代理商代理的客户数量达到一定规模的情况下，他就会起到协调购买商品或服务行为的效果，因为代理商将这些大型客户的需求合并起来，就意味着他在代表委托人进行交易时掌握着巨大的经济实力，如果代理人的目的是利用这种力量来压低购买价格，那么他实际上就已经扮演了一个卡特尔协调人的角色。甚至，被代理人可能并未试图在相关市场形成力量，追求协调购买行为的效果，但代理人已经利用他的势力获得了额外的利益，影响了市场中的竞争，这在当前平台经济中体现的特别明显。

归结起来，买方之所以形成卡特尔，原因在于他们需要协调购买力并以此来对卖家行使影响力，因而，买方卡特尔具体表现为，两个或两个以上的经营者联合起来形成并利用其市场力量，或者利用其规模或其他特点带来的策略优势或杠杆优势，在购买产品或服务时获取低于竞争的价格，或者优于其他竞争者条款的情形。这决定着，买方卡特尔与卖方卡特尔在形成机制与发挥作用的方式上都有着巨大的不同，也造成了法律规制上的一些区别。

（二）我国法律对买方卡特尔的内涵界定

一般意义上，买方卡特尔的法律界限需要与合法的团体购买相比较来认识，其根本区别在于这个团体成员间的协作效率。❶ 协作效率是指合法的团体采购可以通过与供应商的长期合作来提高效率，降低交易成本，并在确保产品质量的前提下降低产品的生产成本，避免出现缺陷或危险商品，以及提高新产品开发能力等。典型的团体采购往往是自发组成的，大都产生于零售领域中，比如美国的 Topco 公司，该公司为其中型商店成员们提供了一个联合购

---

❶ Joel Davidow. Antitrust, Foreign Policy, and International Buying Cooperation ［J］. The Yale Law Journal, 1974, 84 （2）: 271 - 274.

买计划，就像为那些成员创建了自己的品牌一样。❶ 团体采购可以创造一个类似于企业的联合组织，比如在特许经营关系中，上游的许可方为潜在（或实际）的参与者提供一种许可，允许被许可方在特定范围内为某种经营活动，并接受许可方的管理，以提高生产的效率，即可以产生一定的协作效率。

在这种意义上，买方卡特尔能否为法律接受、并将其视为合法行为，主要取决于其功能目标。如果协作仅仅是为了巩固、协调和管理其成员的购买活动而进行一些投资或资产分享，这基本属于合法的团体采购；如果团体存在的目的在于协调成员的采购活动，进而影响相互间的竞争关系，这个组织很可能就是违法的卡特尔。实际上，法律正是根据卡特尔对市场竞争的实际影响来界定买方卡特尔规制界限的。在某些情况下，买方卡特尔的界限相对容易确定，比如在产品的供给弹性非常大时，如果市场价格被压低，以至低于合理的盈利水平，卖家就会大幅减少产量，这在一定程度上起到限制卡特尔获取超额利润的作用。即使如此，买方卡特尔控制的市场份额只要达到一定水平，就可以将自己的意志强加给销售商，实现限制竞争的目的，从而构成违法行为。

法律界定买方卡特尔非法的难度在于，它们往往会利用合法的团体采购来保护自己，掩盖卡特尔的存在。假定买方卡特尔的最初目的是合理地减少成员的购买成本，但是一旦成为具有相当购买力的采购团体后，就会激励其进一步地行使其控制和压低价格的能力，从而转变成一个违法的买方卡特尔。在供应商以减少产量作为回应的情况下，买方卡特尔就会在其成员之间通过定量供应，或其他方法来诱导供应商增加产量。比如，卡特尔利用"全有或全无"的合同，提出仅仅购买他们提出的数量，否则他们就拒绝所有购买，迫使供应商就范，只要其所提供的价格接近供应商的平均总成本，这个要约就很可能被接受。

可见，由于合法的团体采购具有灵活性，要把非法的卡特尔与这种组织区分开来还是存在相当大的难度，界限并不太容易确定。为了协调他们的购买活动，经营者创建一个实体组织，并使他们看上去像要成立一个采购团体而非一个违法的卡特尔，就可以达到规避法律的目的。这种情况下，要认定购买者的协议是否转变成买方卡特尔，关键就在于这种组织是否整合了所有

---

❶ United States v. Topco Assocs., Inc., 405 U. S., 1972, 596.

的采购活动。如果协议只规定了联合购买，却承认各个参与者的独立地位，这就是一个纯粹的团体购买；相反，如果协议约定了对拒绝执行有关约定的参与者的处罚，设定了购买数量以降低所购物品的价格等，这些组织很可能属于违法的买方卡特尔。

三、买方卡特尔竞争影响的评价

（一）买方卡特尔竞争影响评价模式的选择

相互独立且毫无市场影响力的购买商在面对垄断或寡头供应商时，他们很难按照合理的价格获得适当数量的商品。❶ 如果这些单个的采购商能够组织起来以停止采购等方式对供应商施加压力，那么他们或许能够在谈判中获得较低的采购价格和更多的采购量。这一定程度上会有利于市场发展，也为买方卡特尔的合理存在提供了一定的依据。

反垄断法在评价买方卡特尔的竞争影响时，需要对相关行为在市场中的实际效果进行全面衡量。从短期来看，由于市场很难提供其他的选择，买方卡特尔的限制竞争目的很容易实现，并给市场带来损害。但长期来看，这种限制竞争行为会面临一些额外的压力，实施起来并不容易，因为市场可通过成立新竞争主体，或者发起新的项目，甚至寻找到其他替代品等方式来限制卡特尔的势力。事实上，随着时间的推移，甚至买方卡特尔成员也会通过引进新的项目或者进行创新获得"垄断"利润，减少或避免对卡特尔组织的依赖和需求。因此，除非能够证明卡特尔的势力在长时间内是难以被抗衡的，成员并不一定具有成立买方卡特尔的动机。

《反垄断法》选择了动态评价买方卡特尔市场竞争影响的模式。具体来看，如果上游市场没有其他经营者的竞争，在买方卡特尔选择了特定供应商的情况下，卡特尔和该供应商可以共同阻止上游市场中的竞争。另外，买方卡特尔阻止其他经营者进入上游市场，消除现有的竞争，反过来会加强供应商的市场地位。受这种机制的激励，供应商会承认买方卡特尔的市场购买力和地位，将自己的一部分利润分配给卡特尔，在此基础上与买方卡特尔进行

---

❶ Thomas Campbell. Bilateral Monopoly in Mergers [J]. Antitrust Law Journal, 2007, 74（3）: 521.

交易，并利用这种地位迫使下游市场提高价格。在这里，买方卡特尔与供应商的这种结合创造了一个利益共同体，他们共同控制着商品的下游零售市场，使竞争者的进入变得更加困难。

反垄断法评价卡特尔竞争影响时还需协调其与公共政策间的关系。在公共政策允许销售市场成立买方卡特尔时，通常会设立配套的价格和服务管理措施，天然气、电力和电信等行业大都采用了这种模式。即使在这些行业引入市场竞争的过程中，人们仍坚持认为它们须受到直接的监管，并一定范围内排除反垄断措施的实施。同样，在一些激烈竞争的市场中，政府在适用反垄断法之前也会设置一定的监管措施，以保证市场的完整性。在政府监管的背景下，如果销售市场向竞争性的结构和行为转变存在障碍，使采购商不得不采取卡特尔这一"最坏的选择"，它也必须由适当的公共管理机构来监管这一过程，以避免当事人的利益与公众利益发生冲突。

由于整个买方卡特尔可以用同一个单独的购买商名义购买商品，降低交易成本，只要该组织中的成员需要同样的货物，卡特尔就是一个有效的系统。事实上，买方卡特尔的唯一优势是节省了交易和分配成本，对此，参与者会形成自己的测试标准，即如果在货物的联合采购、运输、仓储以及分销过程中所节约的成本超过了结成卡特尔的成本，这种组织是可取的，他们就会接受卡特尔对其的各种规定，或者拒绝该组织以外的采购活动。所以，买方卡特尔存在本身往往预示着其不合理性，这给反垄断法评价其竞争影响提供了一种暗示或线索。

（二）买方卡特尔竞争影响的评价方法

通常，经营者的产出与价格是一种反比例关系，当商品价格降低时，经营者会减少该商品的产出，使消费者较难获得商品；相反，当商品的价格提高时，经营者会增加产量，消费者获得商品就会更加容易。由于买方卡特尔会导致商品的减少，并相应地提高消费者的支付价格，给消费者福利带来相应的损害，反垄断法可以比较存在和不存在买方卡特尔的市场状况，为评价卡特尔的违法性提供基本依据。

评价买方卡特尔竞争影响的基本标准是竞争市场水平下的商品价格。如果卡特尔强迫生产商以较低的价格生产大约相同数量的商品，或者在下游转售市场上与其他生产商存有竞争，以致形成竞争性的转售价格，这时卡特尔没有动机也没有能力提高商品价格，买方卡特尔不会损害消费者福利。同时，当买方卡特尔向供应商提出的"全有或全无"合同报价高于边际成本时，其购买价格可能会达到平均生产成本水平，再加上买方卡特尔购买的商品数量一般都比较大，供应商会非常愿意接受此报价，因为市场价格等于边际成本，供应商在该合同中并没有受到损害。这意味着买方卡特尔不会损害生产的竞争水平，不会降低生产效率，因为产量没有受到影响，而且价格也没有上涨。❶

特别是，买方卡特尔并不一定能同时垄断上游购买市场和下游销售市场，也就是说买方卡特尔在上下游市场中会存在着竞争者。实践中，上游市场的购买方数量可能是非常有限的，但下游销售市场往往存在着大量的同类产品和服务，这种情况下，买方卡特尔虽然在上游市场具有限制竞争的能力，但是下游市场上的竞争会迫使其降低产品价格。因此，只有在上下游市场都具有市场势力时，买方卡特尔才能减少销售数量，损害消费者利益。在市场竞争条件下，买方卡特尔对市场的损害只是在有限的范围内将财富从上游经营者转移到买方卡特尔成员，受影响的经营者从经济合理性出发会考虑减少产量，这对买方卡特尔的能力有一定的抑制作用。

通过相关各方利益的考察，人们可以发现，无论从社会总体利益、上游经营者利益，还是从消费者利益看，买方卡特尔未必具有天然的不合理性和违法性，这为反垄断法对买方卡特尔适用合理性原则提供了一种可能。法律在对买方卡特尔进行竞争效果评价时，必须考量多方面的利益和因素才能作出合理的结论。

本质上，反垄断法是将市场竞争视为一个过程进行保护和促进的，市场竞争成为反垄断法的核心问题。人们考察买方卡特尔对社会整体利益或者消费者利益的损害，很大程度上反映的是竞争作为一个过程对市场的最终影响，间接地体现了买方卡特尔对竞争过程的限制和减损。从这个角度看，买方卡特尔在该过程中起到了替代私人协议的作用，它会减少竞争在该过程中发挥功能的空间，进而减少市场中的可选择性，提高消费者购买价格。可见，买方卡特尔和卖方卡特尔对市场竞争造成的损害是不一样的，处理不当会导致对买方卡特尔的严重误判。反垄断法需系统考量各种因素，才能构建科学的

---

❶ Roger G. Noll. Buyer Power and Economic Policy [J]. Antitrust Law Journal, 2005, 72 (2): 589.

买方卡特尔竞争效果评价体系。

四、买方卡特尔垄断的具体规制与成效

买方卡特尔在对市场有着推动作用的同时，对竞争又有着巨大的危害，属于一种应当规制的限制竞争行为。出于对买方卡特尔双重影响的考虑，反垄断法形成了独特的规制制度内容。

（一）法律规制路径的中国确认

从规制的一般路径而言，各国反垄断法并没有将买方卡特尔和卖方卡特尔作出明显的区别，而是将两者视为一个整体来规定的。比如欧盟《里斯本条约》第 101 条，禁止两个或两个以上的公司通过协议限制竞争，只有在特殊的情况下才适用例外条款；第 81 条第 3 款规定，如果企业间订立的限制竞争协议、企业集团的限制竞争决议或者企业间的协调行为有助于改善商品的生产或者分配，或者有助于推动技术或者经济进步，并且消费者由此可以从中得到适当的好处，并且同时满足以下两个条件：第一，为实现上述目的，这个限制竞争是不可避免的；第二，这个限制竞争尚未达到严重影响市场竞争的程度，上述协议是可以得到豁免的。可见，欧盟在法律用语上并没有区别卖方卡特尔和买方卡特尔。

美国的情况大体相同。美国《谢尔曼法》第 1 条规定，任何合同、以托拉斯或者其他形式的联合或者共谋，如果妨碍州际或者对外贸易，都被视为违法；任何人订立上述合同或者从事上述联合或者共谋，将被视为严重的犯罪行为。值得注意的是，作为《谢尔曼法》补充的《克莱顿法》在文本上区分使用了"购买"和"销售"的用语，但是这种区分很大程度上是对卡特尔限制竞争过程的具体描述，而非有意将二者区别对待。

不仅如此，为了使上述法律具有可操作性，1911 年美国最高法院在美孚石油公司案中提出以"合理原则"解释《谢尔曼法》，将限制竞争协议分为两种，一种是任何情况下都被视为不合理的限制，如固定价格、限制生产或者销售数量、分割销售市场或者联合抵制行为，对这些限制适用"本身违法"原则；另一种是其他类型的共谋行为，虽然限制竞争，但又具有推动竞争的效果，它们适用合理原则，法院将接受当事人提供的证据，对限制竞争行为

的正反两方面的影响进行衡量。在美国法院看来，如果一个限制竞争在经济上的好处超过其限制竞争而产生的负面影响，法院就会认定这个限制竞争是合法的。换句话说，无论是买方卡特尔还是卖方卡特尔，只要符合上述原则，就会被按照不同的规则进行规制。

我国法律基本秉持了国际上的一般做法，对买方卡特尔也没有作出专门与明确的规定，因而只能从反垄断法的有关规定中推导出其基本态度。我国《反垄断法》第 13 条规定，禁止具有竞争关系的经营者达成"垄断协议"。这些协议包括固定商品价格、限制商品的生产数量、分割销售市场或者原材料采购市场，或联合抵制交易。从具体条文来看，该法并没有区分协议的目的或影响，但"原材料采购市场"包含着法律对买方力量的辨识和承认，提供了规制买方卡特尔的可能性依据。

2019 年国家市场监督管理总局发布的《禁止垄断协议暂行规定》对《反垄断法》的有关条款进行了细化，列举了各种垄断协议，即卡特尔的具体类型。总体上，该暂行规定似乎也未对买方和卖方卡特尔进行区分，但根据该暂行规定的第 9 条，具有竞争关系的经营者就分割销售市场或者原材料采购市场达成了垄断协议。该条中的分割原材料采购市场的行为同样涉及买方行为，并且分割原材料采购市场应当存在于多个经营者之间，否则就无法满足法律规定的"分割"这一调剂，这在一定程度上对买方卡特尔作出了进一步的回应。遗憾的是，这种区分仅限于该条的适用，并不具有普遍意义。

在 2021 年国务院反垄断委员会发布的《平台经济领域的反垄断指南》第 6 条规定，具有竞争关系的平台经济领域经营者可能通过下列方式达成固定价格、分割市场、限制产（销）量、限制新技术（产品）、联合抵制交易等横向垄断协议。从该条规定的文字上看，该条并未限定其适用对象是买方还是卖方垄断协议，将其适用于买方卡特尔并无不妥，但其效果需要在实践中予以确认。

总体而言，我国只是概括地禁止固定"商品"价格，并没有明确区分采购和销售，这就要求我国在严格适用反垄断法的同时，也应当正确对待买方卡特尔的积极意义，严格审查其对竞争的影响。

（二）买方价格卡特尔的规制措施

到目前为止，其他国家反垄断机构和法院对买方卡特尔的价格垄断行为采取了相对严厉的态度，我国涉及买方价格卡特尔的案例并不多，因而难以发现其适用的具体规制做事。如果从更广泛意义上来理解，反垄断法对于买方的价格卡特尔，首先会考虑卡特尔是否具有限制、防止或扭曲竞争的目的，在无法确定目的的情况下才会考虑它对市场竞争的实际影响。一般而言，对产品指定最高买价的卡特尔，其目的当然是扭曲或限制市场竞争，参考西班牙烟草案可以很容易地理解这一点。该案中，一批烟草加工商以联合采购的名义成立了卡特尔，随后被烟草生产商提出了指控。尽管该卡特尔组织声称自己并没有限制竞争的目的，但欧盟委员会最终仍认定其客观上可以降低对烟草生产商支付的买价，因而无法排除其联合压低烟草价格的目的。西班牙烟草案的裁决，就是建立在对卡特尔价格行为目的及其效果的考察基础上而作出的，是一个相对典型的案例，反映了反垄断法对买方卡特尔价格行为的一般态度。

当然，反垄断机构还可以考虑价格对市场运行造成的影响，并通过经济分析的方法来认识价格可能具有的经济上的合理性。在意大利烟草案中，欧盟委员会指出，在加工行业中，买价是任何企业的竞争行为的基本因素，并可影响同一公司在其他市场上的竞争，包括下游市场。❶所以，价格应当成为分析卡特尔是否具有限制竞争目的或效果的重要参考因素。

反垄断的这种态度不仅体现在对秘密的买方卡特尔的规制当中，对于公开的招投标活动也同样适用。在马拉维烟草案中，该案源于一位匿名的市民向反垄断局提交的一份报告，指出烟叶购买商故意通过卡特尔默许固定烟草价格，损害了马拉维烟农的利益。反垄断局初步审查后，认为一些大烟草购买商中存在一个固定拍卖场烟草价格的卡特尔，开始对其进行调查。在调查过程中，烟草购买商否认了这些说法，并辩称拍卖烟草的过程是通过开放的投标方式进行的，烟农可以自由拒绝报价。尽管如此，反垄断局仍然认定，烟草购买商以低价购买烟叶，具有从贫苦农民手中窃取钱财的后果，损害了烟农的利益，因而应当停止。❷

在我国《反垄断法》没有明确区分买方与卖方卡特尔的前提下，其对买方价格卡特尔的态度亦只能适用一般的规则。由于买方卡特尔成员本质上仍

❶ Case COMP/C. 38. 238/B. 2，Raw Tobacco Italy，para280.
❷ 中国烟草在线. 马拉维烟草业发展面临威胁 烟草收入损失惨重. ［EB/OL］. （2005 - 08 - 05）［2021 - 03 - 12］. https：//www.tobaccochina. com/html/gjpd/zhxw/61836. shtml.

属于具有竞争关系的经营者，尽管其与一般协议的执行机制不同，主要针对的是卖方，但仍具有限制竞争效果，所以可以根据《反垄断法》第 13 条规定来审查买方卡特尔的合法性问题。根据该条规定，买方卡特尔同样不得达成固定或者变更商品价格的协议。从可适用于买方卡特尔的条款内容来看，我国《禁止垄断协议暂行规定》对买方卡特尔的规定要比《反垄断法》细致得多。该规定第 7 条未对买方和买方行为进行区分，列举了四种行为，包括（1）固定或者变更价格水平、价格变动幅度、利润水平或者折扣、手续费等其他费用；（2）约定采用据以计算价格的标准公式；（3）限制参与协议的经营者的自主定价权；（4）通过其他方式固定或者变更价格。《平台经济领域的反垄断指南》对价格作出了扩展性的规定，认为价格包括但不限于商品价格以及经营者收取的佣金、手续费、会员费、推广费等服务收费，从而形成了我国对买方价格卡特尔规制的基本框架。

值得注意的是，《反垄断法》对买方价格卡特尔的规制并没有建立在它必须具有重大市场地位的基础上，换言之，买方卡特尔对购买商品的价格进行垄断，无论该卡特尔是否拥有重要的市场地位，都必须受到法律的禁止。反垄断机构关注卡特尔垄断对商品价格行为本身的危害，而不是重点考察卡特尔对市场的影响，这表明了法律在该领域对本身违法原则的坚持。

（三）买方非价格卡特尔的规制措施

非价格卡特尔的反垄断评估建立在非常复杂的系统性分析基础上，因为它需要提供合理的标准以判定相关行为对市场竞争的影响。通常而言，反垄断法所依据的标准包括买方卡特尔所占有的市场份额、市场特性以及规模经济等几个方面。随着数字经济的发展，反垄断法增加了其他考量因素，比如点击量等。如果买方卡特尔具有一些合理的理由，并且在市场中的份额低于反垄断法规定的界限，那么该卡特尔实施的非价格行为很可能不会对市场造成负面影响，也不会受到法律的禁止。

将市场份额作为认定非价格卡特尔的要素，主要源于这些卡特尔大都按照长期合同从特定的供应商那里购买产品或服务，在拥有较大市场份额时，这种安排就使供应商的竞争者很难获得与购买方的交易机会，从而引起反垄断问题。在评价购买合同是否具有限制竞争效果时，美国高等法院采用了"实质性数量"的审查标准。该审查标准主要考察该合同到底能在多大范围内排除市场中的竞争，只要在 6.7% 的相关市场上具有限制竞争的效果就具有实质性的特征，会受到反垄断的指责。● 特别注意的是，这里对市场份额的考察是从购买方，而不是从销售方的角度来认识的，如果卡特尔在相关市场上采取超过一个适度比例的购买活动，它就可能存在竞争风险。在具体认定买方卡特尔的市场份额时，考虑的因素还包括卡特尔购买量占特定供应商总交易量的比重、相关市场上买方卡特尔的市场份额、卡特尔对交易价格的制定、交易数量的确定是否有实质性的影响力、是否存在有明显的歧视性的条款、限制性条款以及额外的费用等。

对于买方非价格卡特尔，我国《反垄断法》主要规定了分割原材料采购市场、限制购买新技术、新设备以及联合抵制交易等行为。《禁止垄断协议暂行规定》对这些行为进行了细化，根据其立法宗旨和条文字面可以看出，划分市场份额，划分原料、半成品、零部件、相关设备等原材料的采购区域、种类、数量、时间或者供应商，以及其他分割原材料采购市场的行为都属于禁止之列。同时，暂行规定还将限制购买、使用新技术、新工艺的行为，扩大到限制购买、租赁、使用新设备、新产品等行为上，明确禁止具有竞争关系的经营者达成这些行为。

某种意义上，《平台经济领域的反垄断指南》对划分买方非价格卡特尔的行为类型并没有明显的进步，这源于该指南的目的主要专注于平台经营者的特点，重在明确平台经营者达成买方卡特尔的特殊路径和手段上，比如第 6 条规定，具有竞争关系的平台经济领域经营者可能通过下列方式达成……横向垄断协议：（1）利用平台收集并且交换价格、销量、成本、客户等敏感信息；（2）利用技术手段进行意思联络；（3）利用数据、算法、平台规则等实现协调一致行为；（4）其他有助于实现协同的方式。● 这种规定反映了当前平台经济发展的现实，也是相对客观的法律回应，避免过度干预给平台经济发展造成消极影响，具有较大的合理性。

如前所述，买方卡特尔实施行为时在一定程度上可以不受市场特点的限制，但是这并不意味着市场特点对卡特尔行为没有任何影响。在商品市场缺乏弹性的情况下，无论买方卡特尔是否采取限制竞争行为，销售商生产的商

● United States v. Standard Oil Co. of California, 337 U. S. 298（1949）.
❷ 《平台经济领域的反垄断指南》第 6 条。

品数量都不会受到影响，买方卡特尔实现垄断利润会更加容易。在这个意义上，市场本身的特点又决定着买方卡特尔的具体运作和效果，包括其购买行为是否可能促进成员间的协调行为，以及实现对竞争对手的排斥等，因而市场特点的评价对规制买方卡特尔具有规范意义。

五、中国买方卡特尔规制制度的应有取向

（一）竞争评价中多元经济目标的综合考量

如果买方卡特尔具有优越的谈判地位，它就可以利用这种影响力增加其他购买商进入市场的成本，对竞争者造成不利影响，甚至将其排除出市场。对于有可能被排除出市场的竞争者而言，增加投入成本所带来的压力会使其为了保持利润而降低质量，这必然造成消费者福利问题。

当然，买方卡特尔的成功议价可能会提高市场效率和福利，因为卡特尔能够通过成功议价而取得较低价格，这可能表明现行价格是高于边际水平的，预示着卖方在上游市场上享有某种程度的市场势力。换言之，在没有市场势力的竞争环境中，卖家是不可能低于边际成本交易的，买方卡特尔的出现恰恰促使产品价格及数量更贴近竞争水平，提高了市场效率。并且，只要买方卡特尔没有因为下游市场势力而获得优势，它通过议价而获得的较低的价格就会将上游所节省的成本通过低价方式转移至消费者，从而提高消费者福利。

可见，买方卡特尔对市场的影响以及它所能达到的效果取决于多个变量，包括谈判破裂的风险、成本灵敏度及时间控制、信息获取的便捷性，以及双方所面临的其他可供选择的方案等。其中，双方可供选择的其他方案对于市场的价值，以及对买方限制市场竞争能力的影响，需要参考买方卡特尔的市场力量和规模、上游市场上的竞争状况、卖方通过其他途径接触消费者的能力等因素才能准确考量。其他方案的价值越低，市场需求或供应变动的可能性也会越低，卖方在买方卡特尔之外寻求商品销售的难度就会越大，就不得不接受买方卡特尔的条件。因而，我国《反垄断法》在衡量买方卡特尔的竞争影响时必须从多个方面进行全方位审查，才能得出合理的结论，尽管后续的法律法规已经尝试引入许多新的因素，比如可以考虑平台功能、商业模式、应用场景、用户群体、多边市场、线下交易、市场进入、技术壁垒、网络效

应、锁定效应、转移成本、跨界竞争等因素，但仍有许多未解的问题有待立法和实践予以解决。

（二）销售市场上竞争效果的双边确认

买方卡特尔最容易产生的一个风险是随着采购量的增加，它对上游销售商的市场势力也随着增加。在上游销售商没有其他可供选择的购买方时，买方卡特尔即可利用这种市场势力防止竞争对手获取相关产品，把价格压低到低于竞争水平，或者限制销售商对其他购买方提供折扣的能力，使自己获得更高的收益。

在买方卡特尔看来，只要限制或者排除竞争的预期收益大于达成相关协议的成本，形成卡特尔即可起到降低成本的作用，卡特尔成员就会努力追求这种行为和效果。从经济学上看，生产成本是决定下游商品定价的重要因素，买方卡特尔规定了上游市场的购买成本，也就在该市场上创造了稳定价格和避免竞争的环境，从而为其成员在下游市场中获取了较为有利的竞争地位。另外，买方卡特尔还可以减少市场中的竞争者，如果所有的竞争者都参与到卡特尔集团中，或者下游市场中不存在其他竞争者，卡特尔在购买过程中达成价格协调，比起由成员自己独立采购货物要更加有利，并且因协调而降低的购买成本越大，成员越愿意参加这种组织。至于买方卡特尔因协调其成员采购而产生的共同费用，只要这些成本在商品销售总成本中不是很大，就保证了卡特尔成员继续参与协调行动的积极性。如果下游市场的需求弹性非常小，信息不对称，这种机制将会更具有吸引力，限制进入上游采购市场将为下游生产商带来利益，大大减少价格被破坏的风险。结果，买方卡特尔造成了竞争扭曲，导致了更高的生产成本，从而造成生产的浪费，损害到消费者利益。

从交易双方来看，无论买方卡特尔是改善还是损害消费者利益，消费者都不处于卡特尔与卖方的市场交易中，而属于买方卡特尔的下游销售市场。这就要求法律在认定买方卡特尔行为的竞争损害时，不仅要考虑其在供应环节的利益分配问题，还要归结到对消费者利益的损害。所以，我国相关法律在认定买方卡特尔的竞争影响时，既要承认买方卡特尔可能具有的整合市场需求、提高市场效率的一面，还要注意它对销售市场的损害，只有这样，对买方卡特尔的法律结论才会更加合理。

新时代互联网平台滥用行为的反垄断法规制[*]

张素伦[**]

自我国 1994 年接入国际互联网以来，互联网经历近 30 年的指数型增长，对社会生产、居民生活产生了巨大的社会影响。互联网蓬勃发展的典型表现为平台企业的崛起，如操作系统平台、搜索引擎平台、电子商务平台、即时通讯平台、移动支付平台、共享用车平台等，互联网平台已经渗透社会生活的方方面面，甚至演变为人们不可或缺的超级企业。[❶] 大型互联网平台通常是自由竞争的结果，但我国的互联网行业经历了三次发展热潮[❷]之后，互联网平台的迅速扩张和滥用行为的频繁发生引起了社会广泛的关注。围绕互联网平台的滥用市场支配地位行为，2016 年，《中华人民共和国国民经济和社会发展第十三个五年规划纲要》提出"建立公平竞争保障机制"；2017 年，国务院

---

* 本成果系国家社会科学基金项目"数据驱动型垄断行为法律规制研究"（18BFX189）和河南省高校科技创新团队支持计划"数据垄断防控"（211RTSTHN012）的阶段性成果。

** 作者简介：张素伦，法学博士，郑州大学法学院副教授，博士生导师。

❶ 本文将互联网平台、互联网平台企业和互联网平台经营者视为同一概念，不作区分。

❷ 中国互联网发展历程表现为三次热潮，第一次热潮为 1994—2000 年，竞争领域从四大门户到搜索，相关市场呈现自由竞争态势；第二次热潮为 2001—2009 年，竞争领域从搜索到社交化网络，相关市场开始出现垄断竞争；第三次热潮为 2010 年至今，移动互联网融入生活，相关市场的垄断竞争趋势加强，部分细分市场出现寡头垄断格局。方兴东，潘可武，李志敏，等. 中国互联网 20 年：三次浪潮和三大创新 [EB/OL].（2014 – 04 – 18）[2020 – 08 – 20]. http：//ex. cssn. cn/xwcbx/201404/t20140418_1072224_2. shtml.

《"十三五"市场监管规划》明确"加强反垄断和反不正当竞争执法";2020年,中共中央政治局会议和中央经济工作会议都将"强化反垄断和防止资本无序扩张"作为重点任务;2021年,《中华人民共和国国民经济和社会发展第十四个五年规划纲要》(以下简称《"十四五"规划纲要》)再次要求"强化竞争政策基础地位",并明确提出"依法依规加强互联网平台经济监管";2021年,中央财经委员会第九次会议强调"建立健全平台经济治理体系"。这些政策加上《国务院反垄断委员会关于平台经济领域的反垄断指南》(以下简称《平台经济反垄断指南》)等反垄断立法,共同构成了新时代控制互联网平台滥用行为的竞争政策体系。

一、互联网平台滥用行为反垄断法规制的演进

(一)以产业政策引导互联网平台发展(1994—2009)

这个阶段的特征为:产业政策处于中心地位,竞争政策起辅助作用。产业政策是国家引导产业发展的政策,涉及国家对产业的选择、扶持、激励和淘汰等方面。在中国互联网发展的第一次和第二次热潮,即从1994年接入国际互联网到2010年步入移动互联网时代之前,产业政策一直发挥着主导作用。在这一阶段,虽然1993年开始实施的《反不正当竞争法》依然有效,《反垄断法》也于2008年8月1日起正式生效,但其对互联网平台滥用行为的规制作用并未彰显。相关产业政策主要表现如下。

2005年1月8日,《国务院办公厅关于加快电子商务发展的若干意见》发布,其在财税政策方面,要求"有关部门应本着积极稳妥推进的原则,加快研究制定电子商务税费优惠政策,加强电子商务税费管理;加大对电子商务基础性和关键性领域研究开发的支持力度;采取积极措施,支持企业面向国际市场在线销售和采购,鼓励企业参与国际市场竞争。政府采购要积极应用电子商务"。在投融资机制方面,强调"建立健全适应电子商务发展的多元化、多渠道投融资机制,研究制定促进金融业与电子商务相关企业互相支持、协同发展的相关政策。加强政府投入对企业和社会投入的带动作用,进一步强化企业在电子商务投资中的主体地位"。

2006年3月14日,第十届全国人民代表大会第四次会议表决通过《关于

国民经济和社会发展第十一个五年规划纲要的决议》，其在"积极推进信息化"一章中，要求"构建下一代互联网，加快商业化应用"。

2006年3月19日，中共中央办公厅、国务院办公厅印发《2006—2020年国家信息化发展战略》，该战略规定，"根据深化投资体制改革和金融体制改革的要求，加快研究制定信息化的投融资政策，积极引导非国有资本参与信息化建设。研究制定适应中小企业信息化发展的金融政策，完善相关的财税政策。培育和发展信息技术转让和知识产权交易市场。完善风险投资机制和资本退出机制。健全和完善招投标、采购政策，逐步完善扶持信息产业发展的产业政策。加大国家对信息化发展的资金投入，支持国家信息化发展所急需的各类基础性、公益性工作，包括基础性标准制定、基础性信息资源开发、互联网公共服务场所建设、国民信息技能培训、跨部门业务系统协同和信息共享应用工程等。完善并严格实施政府采购政策，优先采购国产信息技术产品和服务，实现技术应用与研发创新、产业发展的协同"。

2007年6月1日，国家发展和改革委员会与国务院信息办公室印发《国家电子商务发展"十一五"规划》，将"加快在线支付体系建设""发展现代物流体系"等作为主要任务，在"完善财税支持政策"方面，要求"加大对电子商务基础理论、关键技术和重大政策研究的财政支持，形成持续稳定的经费渠道"。"开展信用信息、电子认证等公共服务的企业和从事电子商务交易服务、技术外包服务等高技术服务的企业，允许享受与现行高新技术企业同等优惠的财税政策。"在"建立多元投资机制"方面，要求"建立健全适应电子商务发展的多元化、多渠道投融资机制，研究制定促进金融业与电子商务相关企业互相支持、协同发展的相关政策。进一步强化企业在电子商务投资中的主体地位，积极培育创业风险投资市场，完善创业风险投资机制，促进创业投资与电子商务企业自主创新有机结合。在市场不能有效配置资源的电子商务发展领域，政府运用投资补助、贴息等多种手段，分步骤、有重点地予以支持"。

（二）产业政策引导与竞争政策约束并行（2010—2018）

这个阶段的特征为：竞争政策处于优先地位，产业政策起辅助作用。竞争政策是保护和促进竞争的政策、立法和实施机制的总称。从2010年中国进入移动互联网时代以来，我国对互联网平台既有产业政策引导，也有竞争政策约束，实行产业政策与竞争政策并重。

1. 产业政策对互联网平台的引导

产业政策对互联网平台的扶持和激励主要表现在：（1）2015年3月5日，在第十二届全国人民代表大会第三次会议上，李克强总理在政府工作报告中提出，"制定'互联网＋'行动计划，推动移动互联网、云计算、大数据、物联网等与现代制造业结合，促进电子商务、工业互联网和互联网金融健康发展，引导互联网企业拓展国际市场"；（2）2016年，《"十三五"规划纲要》规定，"实施'互联网＋'行动计划，促进互联网深度广泛应用，带动生产模式和组织方式变革，形成网络化、智能化、服务化、协同化的产业发展新形态"，"促进'互联网＋'新业态创新，鼓励搭建资源开放共享平台，探索建立国家信息经济试点示范区，积极发展分享经济"；（3）2016年，国务院《"十三五"国家信息化规划》强调，"推进'互联网＋'行动，促进互联网深度广泛应用，带动生产模式和组织模式变革，形成网络化、智能化、服务化、协同化的产业发展形态"。

2. 竞争政策对互联网平台的约束

竞争政策对互联网平台的约束主要体现在：（1）2016年，《"十三五"规划纲要》提出，"加快形成统一开放、竞争有序的市场体系，建立公平竞争保障机制，打破地域分割和行业垄断，着力清除市场壁垒，促进商品和要素自由有序流动、平等交换"；（2）2017年，国务院《"十三五"市场监管规划》指出，"加强反垄断和反不正当竞争执法。加大反垄断法、反不正当竞争法、价格法等执法力度，严肃查处达成实施垄断协议、滥用市场支配地位行为"，"针对经济发展的新趋势，加强网络市场、分享经济以及高技术领域市场监管，制止滥用知识产权排除和限制竞争、阻碍创新行为"；（3）反垄断法的立法取得积极进展，威慑效力逐步显现。在反垄断法的立法方面，2018年8月31日，第十三届全国人民代表大会常务委员会第五次会议通过《中华人民共和国电子商务法》（以下简称《电子商务法》），《电子商务法》第22条规定，"电子商务经营者因其技术优势、用户数量、对相关行业的控制能力以及其他经营者对该电子商务经营者在交易上的依赖程度等因素而具有市场支配地位的，不得滥用市场支配地位，排除、限制竞争"。在反垄断法的私人实施方面，发生了唐山人人诉北京百度滥用市场支配地位案（以下简称人人诉百度案）、北京奇虎诉深圳腾讯滥用市场支配地位案（以下简称奇虎诉腾讯案）等典型案例。虽然这些案例中原告败诉率较高，但是"反垄断法保护竞争而不保护竞争者""反垄断法规制滥用行为而不反对企业做大做强"等理念已经深入人心。

（三）强化互联网平台的反垄断法规制（2019— ）

这个阶段的特征为：确立竞争政策基础地位，加强互联网平台监管。在这一阶段，党中央和国务院发布了一系列政策文件，要求强化竞争政策基础地位，强化反垄断和防止资本无序扩张，加强互联网平台经济监管，建立健全平台经济治理体系。

2019 年 10 月 31 日，党的十九届四中全会通过《中共中央关于坚持和完善中国特色社会主义制度 推进国家治理体系和治理能力现代化若干重大问题的决定》，要求"强化竞争政策基础地位，落实公平竞争审查制度，加强和改进反垄断和反不正当竞争执法"。2020 年 5 月 11 日，《中共中央 国务院关于新时代加快完善社会主义市场经济体制的意见》提出"夯实市场经济基础性制度，保障市场公平竞争"，该意见强调"完善竞争政策框架，建立健全竞争政策实施机制，强化竞争政策基础地位"，"加强和改进反垄断和反不正当竞争执法，加大执法力度，提高违法成本"。

2020 年 12 月 11 日，中共中央政治局会议首次提出"强化反垄断和防止资本无序扩张"，释放出市场监管趋于严格的重要信号。2020 年 12 月 16 日至 18 日，中央经济工作会议在北京举行，会议将"强化反垄断和防止资本无序扩张"确定为下一年度的重点任务，会议指出，"反垄断、反不正当竞争，是完善社会主义市场经济体制、推动高质量发展的内在要求。国家支持平台企业创新发展、增强国际竞争力，支持公有制经济和非公有制经济共同发展，同时要依法规范发展，健全数字规则。要完善平台企业垄断认定、数据收集使用管理、消费者权益保护等方面的法律规范。要加强规制，提升监管能力，坚决反对垄断和不正当竞争行为"。

2021 年，《"十四五"规划纲要》第 18 章 "营造良好数字生态"下设第 2 节 "营造规范有序的政策环境"，要求 "依法依规加强互联网平台经济监管，明确平台企业定位和监管规则，完善垄断认定法律规范，打击垄断和不正当竞争行为"。第 20 章"建设高标准市场体系"下设第 3 节"强化竞争政策基础地位",强调"坚持鼓励竞争、反对垄断,完善竞争政策框架,构建覆盖事前、事中、事后全环节的竞争政策实施机制","加大反垄断和反不正当竞争执法司法力度,防止资本无序扩张"。

2021 年 3 月 15 日,中央财经委员会第九次会议召开。会议强调,"要坚持正确政治方向,从构筑国家竞争新优势的战略高度出发,坚持发展和规范并重,把握平台经济发展规律,建立健全平台经济治理体系,明确规则,划清底线,加强监管,规范秩序,更好统筹发展和安全、国内和国际,促进公平竞争,反对垄断,防止资本无序扩张。要加强规范和监管,维护公众利益和社会稳定,形成治理合力"。

在反垄断法立法和实施方面亦取得积极进展。2021 年 2 月 7 日,国务院反垄断委员会发布《平台经济反垄断指南》;2021 年 4 月 10 日,国家市场监管总局对阿里巴巴在中国境内网络零售平台服务市场实施"二选一"垄断行为作出行政处罚,责令其停止违法行为,并处以其 2019 年销售额 4% 计182.28 亿元罚款。

二、互联网平台滥用行为反垄断法规制的特色

(一)私人实施机制成为更重要途径

从实施主体的性质和实施程序来说,反垄断法的实施有两个基本的实施途径和机制,即专门的反垄断法执法机构依法调查处理垄断行为所进行的行政执法和有关主体(经营者、消费者等)就垄断行为追究民事责任而依法向法院提起的民事诉讼。前者即所谓的反垄断法的公共实施,后者即所谓的反垄断法的私人实施。❶ 一般而言,反垄断法的公共实施机制和私人实施机制同等重要,但对互联网平台滥用市场支配地位行为的法律规制而言,私人实施的案件数量比公共实施的更多,在理论界和实务界引起的争论更大,从这一点上来说,私人实施机制更为重要,这一机制已经成为互联网平台滥用行为反垄断法规制的主要途径。

---

❶ 王先林. 中国反垄断法实施热点问题研究 [M]. 北京:法律出版社,2011:22.

在私人实施机制中，互联网平台滥用行为法律规制的主要问题为：互联网相关市场界定问题、反垄断分析中的网络效应问题、自力救济的限制竞争行为性质问题、诉讼中原告举证责任较重的问题等。其中最为典型的问题是私人实施案中的举证责任分配，即如何在原告和被告之间适当分配举证责任的问题。从我国反垄断民事诉讼的实践来看，原告取证难、证明垄断行为难的问题已经成为反垄断民事诉讼制度发挥作用的障碍，举证责任的适当分配是有效保护垄断行为受害人权益的重要途径。根据《中华人民共和国民事诉讼法》《最高人民法院关于民事诉讼证据的若干规定》，互联网平台滥用市场支配地位的争议仍然需遵循"谁主张，谁举证"的一般性规定。为了适当减轻垄断民事诉讼原告的举证责任，《最高人民法院关于审理因垄断行为引发的民事纠纷案件应用法律若干问题的规定》明确，被告对外发布的信息可以被用来作为证明其具有市场支配地位的证据，但是允许被告予以反证；允许当事人申请专家证人出庭并就案件的专业性问题进行说明。这些举证责任分摊规则的引入，对于适当减轻原告的证明难度具有重要意义。

（二）确立反垄断法规制的谦抑理念

互联网平台滥用行为的法律规制，美国表现得过于宽容，而欧盟则显得过于严厉。我国采取一种折中主义的做法，即谦抑性反垄断政策，一方面对新兴的互联网行业采取较为温和的态度，另一方面对互联网行业的限制竞争行为保持警惕。之所以对互联网行业采取温和态度，是基于互联网行业快速发展的特征和市场的自我修复能力。美国 IBM 公司案是这方面的典型案例。在 1969 年，IBM 公司因瓶颈垄断（垄断主体计算机的接口）问题被司法部调查。但是独立的附件生产商不久就搞明白了如何与 IBM 公司的主体计算机连接，并适应 IBM 公司的接口变换。在诉讼结束之前，由于技术的发展，IBM 公司在计算机市场便不再享有以往的垄断地位。因此，伊斯特布鲁克（Easterbrook）认为，即使对于瓶颈垄断，反垄断的必要性也值得怀疑，因为往往在反垄断程序结束前，市场的力量就已经将瓶颈垄断瓦解。市场的变化往往要快于反垄断诉讼。❶ 在互联网行业，技术的更新换代更为迅速，反垄断案件

---

❶ FRANK H. EASTERBROOK. Information and Antitrust [J]. The University of Chicago Legal Forum, 2000 (1)：1－22.

结束之前，被指控行为人甚至可能已经被市场淘汰了。

在奇虎诉腾讯案中，基于互联网市场的动态性、行业的创新性、反垄断法规则的不确定等，人民法院对这一复杂案件运用了合理分析原则，体现了谦抑性理念。过于严厉的执法态度在互联网行业并不合适，执法机关在认定互联网垄断行为并试图对其禁止或纠正时，应尽力保持克制、谨慎。换言之，执法谦抑应是互联网行业中一种较为理性的执法策略。❶

（三）知识产权滥用成为规制的重点

处理保护知识产权和保护市场竞争的关系已成为各国反垄断执法面临的难题之一。要求控制专有标准的经营者向其他企业开放它的技术是一种强制许可，这种强制许可存在破坏知识产权立法目的的风险。《美国知识产权许可反托拉斯指南》（以下简称《反托拉斯指南》）规定，"知识产权法赋予知识产权人某些排除他人的权利，这些权利有助于知识产权人通过使用其财产而获利"。在认识到知识产权重要性的同时，《反托拉斯指南》指出，这种权利也受到反托拉斯法的制约。在美国专利法和版权法下，对知识产权的反竞争使用可能被视为滥用。在欧盟竞争法中，拒绝许可在某种程度上是将《欧盟条约》第 82 条不得拒绝供应产品的义务扩展至知识产权领域。

在我国，互联网行业已经成为知识产权密集型产业，互联网平台的专利申请量和授权量日益攀升，互联网平台利用"先行一步"的优势拥有诸多关键互联网著作权。互联网滥用知识产权问题正成为我国反垄断法实施的重点之一。如腾讯音乐与网易云音乐版权争议，曾引起竞争法学界和司法实务界的关注，最终在国家版权局推动下，双方达成合作。互联网平台滥用知识产权行为法律规制最重要的目标为"确保新技术和新产品的竞争不被窒息"。由于高科技市场的创新力量非常强大，平台往往以此为自己的行为辩护，他们认为该领域的市场进入很容易或者不可避免，因此持久的市场势力或垄断势力是不可能取得的。有时候这种说法可能相当有效，但要谨防过度使用，毕竟高技术行业并不能获得反垄断豁免。事实上，快速的技术进步并不等同于

---

❶ 焦海涛. 论互联网行业反垄断执法的谦抑性——以市场支配地位滥用行为规制为中心 ［J］. 交大法学，2013（2）：32.

市场进入壁垒较低，当用户发现转向与现有技术不相兼容的新品牌的成本较高时，尤其如此。

（四）加强了消费者合法权益的保护

在市场垄断的情况下，经营者实施垄断高价的定价策略，直接损害了消费者的利益，而且，在竞争受到限制的情况下，消费者选择商品的自由和公平交易的权利也受到损害。因此，反垄断法将消费者利益的保护作为其政策目标具有重要意义。在我国《反垄断法》第 1 条❶中，"公平竞争""效率""消费者利益"集中地反映了这部法律的立法宗旨，应当成为认识和评判《反垄断法》实施效果的三个重要维度。在《反垄断法》实施的初期，有必要将维护消费者利益作为提升其实施效果的切入点，这样既可以充分调动广大民众关注、学习和运用《反垄断法》的积极性，也可以形成有利于实施《反垄断法》的法律意识和社会氛围。❷

互联网平台的网络效应放大了相互竞争企业之间的差距，两个基本条件相同的企业在竞争过程中，一旦有一个企业的互联网服务显示出某一方面的技术优势或特点，网络效应就会将互联网服务的优势无限放大，导致消费者放弃对竞争对手互联网服务的使用，具有技术优势的互联网服务的市场占有率将迅速上升，形成市场垄断结构，而竞争对手产品的市场份额则会迅速下降，甚至退出市场。所以，互联网市场垄断不是依靠生产者扩大生产规模形成的，而是互联网用户选择的结果，因此，市场竞争表现为争夺互联网用户的竞争，是一种争夺市场垄断地位的竞争。"为了争夺用户的竞争"要求将维护互联网消费者利益作为反垄断法实施的重要目标。互联网通过更多便利、更多选择和更高效率，已经为消费创造巨大福祉，反垄断执法部门的工作就是规制企业的反竞争行为，进而保护充满活力的竞争。

---

❶ 《反垄断法》第 1 条规定："为了预防和制止垄断行为，保护市场公平竞争，提高经济运行效率，维护消费者利益和社会公共利益，促进社会主义市场经济健康发展，制定本法。"

❷ 时建中. 反垄断法实施仍有四难［J］. 瞭望，2008（32）：56 – 57.

三、互联网平台滥用行为反垄断法规制的效果

（一）确立反垄断法进行规制的标准

对于互联网平台的反垄断法规制，理论界存在两种标准，第一种是以与传统行业相同的标准进行规制。对于互联网行业的反垄断法规制，有的学者认为互联网行业的反竞争行为本质上与传统行业的类似行为并无不同，因此反垄断法应以与传统行业相同的标准来规制互联网行业。也有一些学者认为，虽然互联网行业具有网络效应等不同于传统行业的经济特征，但是反垄断法的基本原理仍然能够适用于互联网行业。正如有的学者所言，当网络的拥有者采取行动维持其垄断势力时，仍然可以适用反垄断法，因为这些行为是滥用市场势力来限制竞争对手的产品进入市场；而且，反垄断法能够保持标准的开放性，因为在互联网行业的垄断地位形成之后，市场垄断者往往就会利用与兼容厂商合并或者进入兼容市场来增加其利润。[1] 第二种是以不同于传统行业的新标准进行规制。针对互联网行业的网络经济特征，有些学者认为应以新的标准来干预互联网行业。与传统制造业的生产方规模经济相对应，互联网行业存在需求方规模经济或网络外部性，即互联网产品或服务对互联网用户的价值，随着使用该产品或服务以及与其相兼容的产品或服务的用户的增加而增加。网络效应产生于需求方，而传统行业的规模经济产生于供给方，两者虽然难以区分，却存在实质不同，需要对两者进行不同的法律调整。

互联网平台的反垄断法规制需要分析工具和方法的更新。通过分析互联网平台限制竞争行为的一般性和特殊性，笔者认为，互联网平台的反垄断法规制需要对上述两种标准进行整合，即反垄断法的一般原理和支柱制度仍然适用于互联网平台，但同时需要对其中的反垄断法分析工具和方法进行更新。一方面，对互联网平台限制竞争行为的控制依然表现为三大基石制度，即对限制竞争协议的控制制度、对滥用市场支配地位行为的控制制度、对经营者集中的控制制度，传统反垄断法的滥用市场支配地位控制制度依然能够在互

---

[1] JAMES B. SPETA. Deregulating Telecommunications in Internet Time [J]. Washington and Lee Law Review, 2004 (61): 1122.

联网行业发挥作用。另一方面，需要反垄断法分析工具和分析方法的更新，由于互联网平台具有较强的网络效应，互联网平台的反垄断法规制需要借助网络经济学的分析工具，用户锁定效应、转移成本、双边市场将成为反垄断分析中的重要术语。

（二）为互联网平台的竞争划定边界

互联网平台滥用市场支配地位的法律规制实践表明，反垄断法保护竞争而不保护竞争者。但是，在我国反垄断法实施初期，尤其是互联网行业反垄断实践中，人们普遍表现出"同情弱小企业而憎恶大型企业"的态度，因此有必要强调，反垄断法不反对大型企业，也不偏袒弱小企业，而保护一种公平自由的市场竞争机制。现代反垄断法原理表明，反垄断法是保护竞争而不是惩罚成功者，更不是要求合法取得垄断势力的企业停止竞争。相反，反垄断法仅仅谴责不适当地取得和维持垄断势力并损害竞争的特定行为。在微软垄断案中，微软以自己的实力损害了一种机制，一种能让更多"微软"诞生的机制，也就是市场经济自由竞争的机制。对微软进行反垄断并不是反对其通过合法途径获得市场势力，而是要制止或惩罚其对市场势力的滥用。

只有在竞争机制发挥作用的情况下，社会资源才能得到优化配置，经营者才能具有创新和发展的动力，消费者的社会福利才能得到较大程度的提升。可以说，增加产品品种、尽可能降低价格和提高产品质量的压力是竞争的副产品，其实也是反垄断法的目的。然而竞争在给市场带来活力的同时，竞争机制本身也存在着自己无法克服的缺陷，优胜劣汰的竞争规律必然引起生产和资本的集聚和集中，形成垄断。而垄断又反过来排斥、窒息竞争，使竞争机制难以发挥作用。反垄断法最主要的功能就是在于通过抑制垄断与限制竞争行为，促进和保护竞争机制的正常运行。具体到反垄断法实施中，一是对互联网平台的市场支配地位本身进行监督，以维护竞争性的市场结构；二是对滥用市场支配地位行为予以约束、限制和制裁，以维护市场的竞争活力与竞争秩序。

（三）反垄断法的威慑作用得以发挥

反垄断法是市场经济的基石，在发达国家往往被称为"自由企业大宪章""经济宪法"。在我国，法学界也倾向于认为，"反垄断法是中国经济体制改革的里程碑""反垄断法是现代经济法的核心""反垄断法是市场经济国家特有的法律制度"。反垄断法的价值不仅体现在通过具体实施来化解现存的非法垄断，而且体现在凭借潜在的威慑效应避免非法垄断的产生。相比较而言，反垄断法通过威慑力间接地发挥作用更为重要。正基于此，美国有这样的一句俗谚，即"参议员谢尔曼的幽灵坐在每个大企业董事会的桌旁"。反垄断法是悬在大型互联网平台头上的"达摩克利斯之剑"，是防止其变成垄断巨兽的利器。

在我国反垄断法实施初期，有不少人认为反垄断法是"没有牙齿的老虎"。对互联网平台的滥用市场支配地位行为而言，公共实施的案件较为鲜见，私人实施的案件中原告败诉的比例畸高。但随着平台经济领域反垄断的开展，反垄断法的威慑力逐步显现。这种趋势在近期变得更加明显，如，2020 年 12 月 24 日，国家市场监管总局发布消息，依法对阿里巴巴集团控股有限公司实施"二选一"等涉嫌垄断行为立案调查。2021 年 2 月 7 日，《平台经济反垄断指南》发布，为互联网平台竞争行为的规制提供了法律依据。

（四）促进了互联网服务市场的创新

鼓励创新是反垄断法的价值目标之一。反垄断法通过反对限制竞争行为来推动市场竞争，而只有在市场竞争压力下，企业才会降低价格，改善质量和进行技术创新。对于互联网平台而言，为了在激烈的市场竞争中取得优势，同样需要创新。在互联网发展史上，当几乎所有人都认为微软将是信息社会的统治者时，产生了像谷歌（Google）这么强大的公司；当谷歌已经无所不能、将统治互联网社会时，我们看到仍然有脸书（Facebook）[1]、推特（Twitter）这些挑战者的诞生和成功；脸书之后其他社交网站似乎已经没有办法能够挑战其地位的时候，我们又看到一种新的形态即微博的崛起。这正是技术创新的结果。而且，由于在网络经济时代，网络的影响已经渗透社会的方方面面，仅仅进行技术层面上的创新是远远不够的，还需要制度、组织、管理和观念的变革。例如，谷歌既是产品的创新者，也是商业模式的创新者，而且这两种创新错综复杂地交织在一起，这增大了反垄断法对其进行干预的可能性。在缺乏明显的排他性商业行为或创新行为的情况下，谷歌不大可能会引起政

---

[1] 当地时间 2021 年 10 月 28 日，脸书 CEO 扎克伯格宣布 Facebook 改为名 Meta。

府反垄断执法部门的关注或者承担反垄断法上的责任。

互联网行业的反垄断政策之所以选择技术创新为主要目标，这是由互联网行业的技术经济特征决定的。由于互联网行业的主要产品表现为一种知识产品或信息产品，知识产品的生产是一种技术创新，因此，互联网行业的市场竞争是技术创新的竞争，维护互联网经营者的技术创新成果实际上就是保护市场竞争。当然，对互联网行业创新的维护也会产生一些执法难题。某些具有排他性的创新并不是反竞争的，即使一项创新有时具有反竞争性，但也不可能在任何情形下都具有反竞争性。关键问题是，创新与错误的反垄断干预密切相关。因为创新涉及新的商业模式和新产品，法院和经济学家对新模式和新产品的误解可能会增大他们将创新视为反竞争行为并进行反垄断审查的可能性。

四、互联网平台滥用行为反垄断法规制的问题

（一）滥用行为规制的立法滞后

我国《反垄断法》于 2017 年颁布并于 2018 年实施，尽管在《反垄断法》立法过程中，互联网市场已经出现趋于垄断的势头，但是，我国互联网行业发展早期实行产业政策优先的思路，加上立法者不具有超强的预见能力，无法为快速迭代的互联网市场提前设计反垄断规则，因此，我国《反垄断法》中并没有规制互联网市场垄断行为的制度安排。自我国反垄断法实施以来，互联网平台滥用市场支配地位案件已经成为竞争法学界的热门议题，典型的案例为人人诉百度案、奇虎诉腾讯案、米时科技诉北京奇虎滥用市场支配地位案，此外，反垄断执法机构曾对微软涉嫌滥用市场支配地位行为进行立案调查、对阿里巴巴实施"二选一"垄断行为作出行政处罚。在这一阶段，对互联网平台滥用市场支配地位行为的法律规制，主要通过对反垄断法的创新性适用来实现。反垄断法实施机构进一步细化、明确了垄断行为的认定标准和规则，保障各类市场主体公平参与竞争。❶ 然而，反垄断法对互联网平台的适用确实面临一些新问题，如网络效应、双边市场、免费服务等，互联网平

---

❶ 最高人民法院. 中国法院的互联网司法［M］. 北京：人民法院出版社，2019：323.

台的特殊性对反垄断法在互联网领域的实施带来了挑战，亟待反垄断法在新的时代背景下作出积极回应。

（二）相关市场界定的思路不清晰

随着互联网服务提供者的"全业务"模式的盛行，互联网服务平台化的趋势日益明显。在我国，这种趋势体现为电子商务平台、即时通讯平台、搜索引擎平台、互联网安全平台、新闻门户平台和微博平台等的出现。在奇虎诉腾讯案中，腾讯的专家证人认为，QQ软件是一款综合性平台产品，除提供即时通讯服务外，还提供增值服务和广告业务，因此相关产品市场的范围远远大于即时通讯软件及服务市场。❶ 也有学者认为，法院可以考虑将奇虎和腾讯的互联网服务都纳入"客户端软件"市场。一般而言，只有互联网服务之间具有相互替代性才能被纳入同一个产品市场，虽然安全软件服务和即时通讯服务都属于"客户端软件"，但是目前在功能上尚不能相互替代。而两者纠纷的根本原因在于双方都担忧自身会被对方替代，彰显了互联网市场竞争的动态性特点。❷

在奇虎诉腾讯案的判决中，广东省高级人民法院（以下简称广东高院）在进行相关产品市场界定时，对应否将本案相关市场确定为"互联网应用平台"进行了分析，其结论为：尽管还不能确定安全软件平台与即时通讯平台之间是否存在紧密的替代关系，但在界定存在争议的相关产品市场时，应当对目前互联网行业相关服务的竞争状况和市场格局予以考虑。由于广东高院措辞模糊，应理解为不应将"互联网应用平台"界定为本案的相关市场。所谓"互联网应用平台"只是一个十分笼统的商业概念，由于反垄断法要求把市场范围界定为"具有较紧密替代关系的一组或一类商品"，互联网平台无法构成反垄断法意义上的相关市场。若将相关产品市场泛泛地界定为"平台市场"，显然无法解释提供不同产品的各种"平台"之间如何相互形成竞争约束。正如有的学者所言，关于互联网的一些领域是否对应明确的反垄断法上的相关市场，我们仍在争论，但是反垄断执法机构和原告可以将具体商品和服务的类别作为分析相关市场的起点，如设计网站、门户网、即时通讯、在

❶ 广东省高级人民法院（2011）粤高法民三初字第2号.

❷ 仲春. 互联网行业反垄断执法中相关市场界定［J］. 法律科学（西北政法大学学报），2012（4）：137.

线交易等。❶

（三）市场支配地位认定的标准不合理

由于我国《反垄断法》的制度设计主要立足于传统行业，没有充分考虑互联网平台竞争的特殊性，使得互联网平台市场支配地位的认定面临一定困境。互联网平台的竞争性具体表现在：第一，互联网平台的双边市场（two-sided markets）特征。双边市场是通过某个交易平台，使得终端用户形成互动，并通过适当的定价，使市场的每一端都能够参与的一类市场。不同互联网平台之间为争夺"注意力"或用户而互相竞争。第二，互联网产品或服务的免费供应。互联网平台经营者往往通过在一方市场上采取免费策略获得垄断地位，而在另一方市场上获得垄断利益。由于互联网行业具有网络外部性特征，互联网平台更容易在免费市场上形成支配地位。第三，网络效应和锁定效应的存在。网络效应又被称网络外部性，由于网络效应的存在，导致某一特定网络产品的用户越多，该产品所具有的价值越大，从而吸引更多的用户加入该网络，由此形成网络迅速扩张的正反馈效应。网络效应形成转移成本后，平台用户就被锁定在某一服务上，新进入者难以克服市场壁垒并获得充足的用户基础。第四，动态竞争性市场结构。一方面，由于网络外部性，互联网平台具有"赢家通吃"（winner take all）的特点；另一方面，由于创新竞争市场又存在激烈的市场竞争，市场结构特征是垄断性结构和动态性竞争的结合，可称为"动态竞争性垄断结构"。❷

（四）反竞争效果分析的指标不科学

互联网促进了一些交易平台的发展，互联网行业的关键特征被经济学家称为"双边平台"或"多边平台"。"多边平台"为两个或多个不同的消费群体提供商品和服务，这些消费群体在一定程度上相互依赖，并以平台为媒介进行交易。❸ 所以，互联网行业的多边平台往往服务于几个不同但是相互依存

---

❶ DAVID S. EVANS. Antitrust Issues Raised by the Emerging Global Internet Economy ［J］. Northwestern University Law Review, 2008（4）：297.

❷ 唐家要. 反垄断经济学：理论与政策 ［M］. 北京：中国社会科学出版社，2008：261.

❸ DAVID S. EVANS. The Antitrust Economics of Two-Sided Markets ［J］. Yale Journal on Regulation, 2003（20）：325-328.

的客户群体，并能够减少买家联系卖家和双方进行交易的成本。以谷歌为例，谷歌服务于搜索网页的互联网用户、希望向这些用户传送信息的广告主，以及使用谷歌软件开发配套产品的应用软件开发商。双边平台的特性几乎影响了反垄断分析的各个方面，从相关市场界定到卡特尔、单一企业行为和绩效的分析。❶

竞争平台化使反垄断分析更加复杂。为了同时满足多个不同顾客群体，互联网平台往往采用"全业务"（envelopment）模式，对竞争对手表现为掠夺性（predation）倾向。在互联网生态圈中，多边平台像一群行走在其他生物身上的笨拙巨兽。❷ 在互联网平台模式下，原来业务毫不相干的经营者之间也可能变为竞争对手。虽然互联网平台可能有意排斥竞争者，但这种排斥也可能是合法定价和商业构思的副产品，这种副产品从经济学上来看也合乎常情。因此，对于互联网多边平台的商业行为，有时竞争执法机构和法院也难以确定排斥竞争与促进竞争的界限。❸ 尽管竞争的平台化趋势使得互联网行业的反垄断分析更加具有不确定性，但可以预见的是，排斥竞争对手的搭售、捆绑和定价策略将引起竞争执法机构的调查和诉讼。

五、互联网平台滥用行为反垄断法规制的完善

（一）完善滥用行为规制的立法

对新兴互联网平台而言，传统的反垄断法理论依然适用，但需要对反垄断法的实施理念进行更新，对反垄断法的规制方法进行变革，对反垄断法的规制内容进行调整。由于互联网平台竞争具有特殊性，我国近几年不断出现新型的垄断争议，如备受瞩目的"头腾大战"、电商平台"二选一"、"大数据杀熟"等。面对互联网平台竞争的特殊性和新型纠纷的涌现，对我国《反

---

❶ DAVID S. EVANS, RICHARD SCHMALENSEE. The Industrial Organization of Markets with Two - Sided Platforms [J]. Competition Policy International, 2007（3）：151.

❷ DAVID S. EVANS. Antitrust Issues Raised by the Emerging Global Internet Economy [J]. Northwestern University Law Review, 2008（4）：305.

❸ DANIEL F. SPULBER, Unlocking Technology：Antitrust and Innovation [J]. Journal of Competition Law and Economics, 2008（4）：915.

垄断法》进行修订的呼声越来越高。2020 年 1 月 2 日，国家市场监管总局发布《〈反垄断法〉修订草案（公开征求意见稿)》，其中部分条款已经关注互联网平台的滥用市场支配地位问题，如第 21 条第 2 款规定："认定互联网领域经营者具有市场支配地位还应当考虑网络效应、规模经济、锁定效应、掌握和处理相关数据的能力等因素。"2021 年 2 月 7 日，国务院反垄断委员会发布《平台经济反垄断指南》，旨在预防和制止平台经济领域垄断行为，促进平台经济规范有序创新健康发展。

（二）更新相关市场界定的思路

对互联网平台的相关市场界定，反垄断法理论上存在明显分歧，不同司法辖区的实践也存在差异，如将互联网平台界定为一个相关市场，还是对平台的两侧分别界定相关市场？能否绕过相关市场界定环节，直接认定市场支配地位？大数据、人工智能、云计算等新技术的应用也使相关市场界定变得更为复杂。我们认为，互联网平台相关市场界定的思路如下。

第一，重新思考假定垄断者测试（SSNIP 测试）对互联网平台相关市场界定的适用性。为了克服 SSNIP 测试的局限性，增强测试结果的客观合理性和可信度，欧美主要法域的反垄断执法机构和法院对 SSNIP 测试进行了完善，同时借助各种替代的辅助测试方法，从而形成了彼此协调的界定相关市场的方法体系。在我国反垄断司法和行政执法实践中，由于互联网普遍实行免费模式，传统假定垄断者测试的分析方法在互联网领域基本上无法适用，反垄断法实施机构已经创造性地提出并开始运用 SSNDQ（质量下降）方法。

第二，进一步明确相关产品市场和地域市场界定中的市场范围。（1）在互联网平台的相关产品市场方面。对于互联网平台的相关市场界定，是基于互联网平台还是基于平台的一边还存在一定争议，需求替代和供给替代的分析也与一般传统行业有所不同。一方面，关于需求替代性。一些传统的考虑因素可能不再适用，比如在互联网领域中大量存在的免费服务模式，使得界定传统行业相关市场时所考虑的产品之间的价格差异因素无法适用。另一方面，关于供给替代性。能够以较低成本迅速转换到另外一个市场的企业会对该市场内的在位企业形成现实的竞争约束。然而，在互联网产业，由于网络效应的存在，优势企业往往已经形成一个强大的用户基础，使得新的市场进入者难以对在位企业形成有效的竞争约束。所以，相关产品市场的界定要考虑互联网产业的用户基础和转移成本，避免将相关市场界定得过宽。（2）在互联网平台的相关地域市场方面。尽管互联网服务没有国界，但是由于语言、使用习惯存在差异，且不同国家因政治或文化等非市场性因素往往对互联网服务采取边境性管制措施，因而对这种互联网服务的地域市场界定，一般不会超越国界，而是限制在本国地域范围内。我国人人诉百度案中，从事中文的搜索服务主要面向的还是中文用户，而中文用户最为集中的仍是中国范围，因此将本案的相关地域市场认定为"中国境内市场"。因此，在界定涉及互联网服务的相关地域市场时，可以从消费需求的角度来认定，不能仅考虑互联网"无国界"的特点，否则会扩大地域市场范围。

（三）变革市场支配地位认定的标准

一般而言，市场份额是认定支配地位的主要考察因素，可以根据市场份额进行支配地位的推定，同时需要考虑市场份额之外的其他因素。因互联网市场竞争具有特殊性，互联网平台市场支配地位的认定应进行适度创新，具体表现在以下四个方面。

第一，不能以互联网服务的免费属性来否定市场支配地位的存在。在美国 LiveUniverse 诉 MySpace 案❶中，被告没有对免费服务的相关市场界定提出质疑，也没有对计算市场份额的指标（visits，visitors）的可行性提出质疑，反而认为一个提供诸如社交网络网站等免费产品的公司从来不会取得市场势力。法院在判决中指出，被告的上述观点缺乏反垄断法根据，更不用说其结论的逻辑性了。

第二，一边市场的支配地位不能推断出另一边市场的支配地位。在双边市场下，域外反垄断行政执法机构和法院并没有因为互联网平台在一边市场中的支配地位，而得出其在另一边市场中也具有支配地位的结论。从我国人人诉百度案来看，百度在中国搜索引擎市场具有市场支配地位，但是在广告市场并不具有市场支配地位，同样印证了上述结论。

第三，市场份额的计算要考虑销售量（额）之外的其他因素。在网络领域中，市场支配地位的认定以及市场份额的计算等问题是比较困难的。因为收费服务的市场份额计算主要以销售量或营业收入为依据，而对于免费服务

---

❶ LiveUniverse, Inc. v. MySpace, Inc. (C. D. Cal. June 4, 2007)

而言，则需要考虑以互联网用户为基础的其他因素，如网站访问量和浏览量，搜索引擎的搜索请求量等。在美国 LiveUniverse 诉 MySpace 案中，法院认为，市场份额能够通过销售量和收入之外的数据来计算，并采纳了原告使用网站访问量和浏览量计算市场份额的方法。在计算市场份额时，除了当事人提交相关数据外，国外行政执法机构和法院主要采用中立的数字媒体评估公司和互联网流量监测服务机构的报告，如 comScore、Hitwise、IDC（互联网数据中心）。

第四，市场进入障碍的分析要以网络效应为基础。在美国 LiveUniverse 诉 MySpace 案中，法院以"网络效应"为基础评估了市场进入障碍，并判定被告在互联网社交网站市场拥有支配地位。在以网络效应为特征的市场中，一种产品和标准取得支配地位，往往因为一个用户消费某产品取得的效用随着其他用户对该产品的消费而增加。在平台经济模式下，由于网络效应、产品兼容和标准竞争，较高市场份额和垄断性市场结构的形成是一种较为普遍的现象，所以市场支配地位的认定不能仅计算市场份额，还需要考虑市场进入的难度等其他因素。确认新的竞争者是否具有进入市场的可能性，主要考虑以下两个因素：是否存在市场进入壁垒及其强度；是否存在能够克服市场进入壁垒的潜在竞争。

（四）调整反竞争效果分析的因素

对互联网平台的反竞争性进行分析，要结合反垄断法促进公平竞争、提高消费者福利、促进科技创新等多元化的价值目标。考察平台行为的反竞争性主要应评估行为对市场竞争的限制与排斥、企图独占市场、对消费者利益产生损害等因素，有时还需要综合考虑更多的因素。❶

互联网经济的网络效应使得大型互联网平台能够以更低的成本向消费者提供更高价值的商品和服务，往往导致互联网行业的一些领域被几家超级平台在全国甚至全球范围内控制，从而呈现出"赢家通吃"的集中化趋势。因为网络效应意味着互联网平台的垄断可能会迅速完成，一旦平台取得垄断地位，网络效应会使得新进入者极难超越市场领导者，这种困难远远大于其他缺乏网络特性的行业。与其他领域相比，互联网平台的反垄断政策更应当关注平台的商业策略，关注其背后的动机和可能产生的影响，其最终目标是保

---

❶ 李小明. 反垄断法中滥用市场支配地位的违法认定问题研究［J］. 河北法学，2007（11）：98.

护市场竞争，从而提高经济效益，并增进消费者福祉。

但是，由于互联网平台的行为具有可能危害竞争和可能提高效率的两面性，在对互联网平台进行反垄断法干预之前，应当更谨慎地进行利弊权衡。对于互联网平台的行为，要运用合理原则进行违法性认定，这种分析主要集中于以下因素：平台的市场势力、市场封锁的程度、市场进入状况、排他协议的持续时间、排他行为抬高竞争对手成本的潜在可能、平台的抗辩理由等。以互联网平台独家交易行为的反竞争效果分析为例，市场封锁是达成排他协议的经营者承担责任的必要而非充分条件。诚然，没能证明实质封锁意味着承担反垄断责任是不适当的，而成功证明市场封锁并不意味着反垄断责任的产生，进一步进行反竞争效果的分析仍是明智之举。问题的关键是，排他协议是否妨碍了激烈的销售竞争。从谷歌案来看，搜索市场依然存在三个方面的有力竞争：首先，产品差异化是一种较为明显的策略，搜索引擎企业已经努力运用新技术实现其产品的差异化；其次，通过为特定产品提供搜索服务，垂直搜索取得一定客观的市场份额，如亚马逊控制着图书的搜索；最后，微软等公司也通过其排他性安排试图获得搜索引擎的终端用户。所以，在无法使用充分的数据对市场封锁进行完整分析时，我们姑且作出如下结论：谷歌的排他性协议不会产生足以剥夺竞争对手参与竞争机会的市场封锁。❶ 因此，就大部分独家交易行为而言，反垄断执法机构和法院承认其合理性，只有少数严重影响市场竞争的行为才会被判定为违法。❷

---

❶ GEOFFREY A. MANNE, JOSHUA D. WRIGHT. Google and the Limits of Antitrust: The Case against the Antitrust Case A gainst Google [J]. Harvard Journal of Law and Public Policy, 2011 (1): 237 –238.

❷ 尚明. 对企业滥用市场支配地位行为的反垄断法规制 [M]. 北京：法律出版社，2007：194.

环境资源法编

新时代黄河流域生态保护和高质量
发展法律制度的建构逻辑[*]

陈　冬　李岩峰[**]

黄河是中华民族的母亲河，"黄河宁，天下平"，黄河治理自古至今都是兴国、安邦、利民的大事。新中国成立以来，党和国家高度关注黄河流域治理，黄河流域在灾害防治、资源利用、社会经济发展等方面取得了显著成就，这些成就的取得离不开法治保障。2019 年 9 月，习近平总书记在黄河流域生态保护和高质量发展座谈会上系统阐述了黄河流域生态保护和高质量发展的具体目标和要求，黄河流域治理进入生态保护与经济发展协同并进的新时代。推动黄河流域法律制度及时因应重大国家战略的各项具体要求，既是黄河流域重大国家战略实施的刚性保障，也是流域治理体系与治理能力现代化的深刻体现，同时对落实生态文明建设和全面依法治国战略等具有重要的时代意义。具体而言，黄河流域生态保护和高质量发展法律制度的建构逻辑在于以当前黄河流域治理面临的突出问题为导向，实现黄河流域重大国家战略"五位一体"目标从政治话语到法律制度的转化。

---

[*] 本成果系国家社科基金重大项目"黄河流域生态保护和高质量发展法律制度体系研究"（批准号：20&ZD185）的阶段性成果。

[**] 作者简介：陈冬，郑州大学法学院副教授，博士生导师；李岩峰，郑州大学法学院博士研究生。

一、黄河流域治理的发展脉络

（一）黄河流域治理的历史沿革

黄河作为中华文明的发源地，从共工"壅防百川，堕高堙库"到尧舜时期的大禹"三过家门而不入"，从汉武帝亲临黄河大兴水利到康熙帝钻研水利理论，中华民族治理黄河史也是一部治国史。纵观新中国成立前的历代黄河治理，虽曾有"舟楫之便、灌溉之利"，但防范和治理洪涝灾害始终是不变的核心。❶ 新中国成立后，党和国家一直高度关注黄河治理工作，考察新中国最早成立的流域管理机构——黄河水利委员会（以下简称黄委会）的职能变迁及新中国不同阶段实施的黄河流域规划，可以管窥新中国黄河治理目标从单一防洪防灾到防洪防灾与资源利用，再到生态保护和高质量发展的历史转变，从而更加深刻地把握新时代黄河治理"五位一体"战略目标。

黄河水利委员会作为新中国最早的综合性流域治理机构之一，肇始于1946年在晋冀鲁豫边区政府所在地成立的冀鲁豫区黄河水利委员会，其最初的职能局限于领导黄河故道堤防修复；1949年华北、中原、华东三大解放区成立了统一的治河机构——黄河水利委员会；1950年黄河水利委员会改为水利部直属的流域管理机构，代表水利部行使所在流域内的水行政主管职责。早期黄河水利委员会机构组成有限，仅有秘书、人事、供给、工务、计划和测验6个职能部门，虽然名义上负责黄河流域的治理和开发，但早期黄河治理的核心仍在于修建防洪大坝、防止黄河决堤。之后，随着黄河流域灾害治理和能源开发利用的需要，黄河水利委员会逐渐增加了规划委员会、勘测设计院、水土保持委员会、水源保护办公室等职能部门，但早期职能部门的增加并未形成完善的流域治理体系。1990年黄河水利委员会机构调整后形成了包括10个局级职能机关以及31个委属二级机构事业单位的综合性流域管理机构。在具体的职能方面，通过国务院批准的《水利部主要职责内设机构和人员编制规定》《水利部派出的流域机构的主要职责机构设置和人员编制调整

---

❶ 王亚华，毛恩慧，徐茂森. 论黄河治理战略的历史变迁 [J]. 环境保护，2020 (48)：28–32.

方案》，❶ 确定了黄河水利委员会的职责包括流域水资源开发利用、水资源保护、防治流域水旱灾害、指导流域水文工作、协调流域水土流失防治在内的11 项职能，❷ 从侧面反映了黄河流域治理目标逐渐从单一水害治理走向了治理与开发的多元化目标。

尽管黄河水利委员会是黄河流域的综合管理机构，但黄河流域治理的顶层设计主要依靠党和国家不同阶段制定实施的黄河流域综合规制。一系列黄河流域规划，作为黄河治理的顶层设计也见证着黄河流域治理理念的更新与目标的多元化。新中国成立之初，黄河流域逐步确立了"兴利除害、分步治理"的流域治理方针，❸ 这一指导思想主要通过水利部 1949 年 11 月召开的第一次全国水利会议以及 1950 年 1 月黄委会召开的委员会会议逐步确立，这一时期黄河流域治理仍然重在防止黄河决口泛滥；1955 年第一届全国人大第二次全体会议审议通过了《关于根治黄河水害和开发黄河水利的综合规划的决议》，❹ 成为唯一一部由我国最高权力机构审议通过的单一流域综合规划，黄河治理逐渐从单一的防洪防灾转向防洪防灾与资源开发利用。❺ 这一时期黄河流域开始了大型水利工程建设的尝试，典型代表是三门峡水库、刘家峡水库等水利工程的建设，黄河流域大型水利工程的建设对于防范黄河决堤具有重大意义，但由于工程前期准备不足加之黄河治理冒进倾向，导致三门峡水库"蓄水拦沙"目标没有完全实现，甚至出现泥沙淤积、回水倒灌的风险；之后陆续制定实施了 1997 年的《黄河治理开发规划纲要》、2002 年的《黄河近期重点治理开发规划》以及 2013 年的《黄河流域综合规划（2012—2030）》，❻ 逐步确立了初步建成防洪减淤体系、完善水资源统一管理和调度体系、加强水土保持、解决黄河流域水资源不足和水污染问题、加快古贤水利枢纽、

---

❶ 中华人民共和国水利部. 我部印发流域管理机构新"三定"规定［EB/OL］. （2010 - 01 - 20）［2021 - 03 - 31］. http：//ple. mwr. gov. cn/slbrss_zxdt/201306/t20130603_467636. html.

❷ 水利部黄河水利委员会. 机构职能［EB/OL］. ［2021 - 03 - 31］. http：//www. yrcc. gov. cn/zwzc/zjhw/znjg/201108/t20110810_26215. html.

❸ 郭书林，王瑞芳. 从治标到治本：新中国成立初期的黄河治理［J］. 兰州学刊，2017（3）：60 - 68.

❹ 黄河网. 全国人大审议通过黄河综合规划［EB/OL］. （2016 - 07 - 28）［2021 - 03 - 31］. https：//www. sohu. com/a/107966449_119854.

❺ 左来锁. 治理黄河 再创辉煌——纪念人民治黄 50 周年［J］. 政府法制，1996（12）：60.

❻ 陈小江，赵勇. 全面实施黄河流域综合规划促进流域可持续发展［J］. 中国海事，2013（11）：27 - 30.

河口村水利枢纽、南水北调工程论证建设工作等具体目标；❶ 2019 年 9 月，习近平总书记在黄河流域生态保护和高质量发展座谈会上提出了黄河流域生态保护和高质量发展重大国家战略；2020 年 8 月，中共中央政治局专门召开会议审议《黄河流域生态保护和高质量发展规划纲要》，明确了新时代黄河流域治理"五位一体"战略目标，黄河流域治理全面进入生态保护和高质量发展的新时代。

（二）黄河流域治理的历史成就

黄河流域治理从新中国初期的防灾减灾到后来的综合开发利用，在防洪、水资源保护与利用、水土保持、水生态保护等方面取得了举世瞩目的成绩。在防洪方面，黄河流域已形成"上拦下排、两岸分滞"以及"拦、调、排、放、挖"泥沙综合处理措施，❷ 并有效避免了过去二十多年间的数次洪峰，取得了数万亿的防洪经济效益；❸ 在水资源保护方面，20 世纪 80 年代中期到 21 世纪初，黄河流域水质恶化明显，21 世纪以来黄河流域大力整治污水排放，大量城镇污水处理厂的建成运营，使黄河干流水质不断向好；❹ 为了解决黄河流域水资源匮乏与用水量激增的矛盾，黄河流域通过建立水量统一调度、调水调沙、敏感区生态修复等措施，在缓解黄河流域水资源供需矛盾的同时保障了黄河流域生态用水的基本需求，黄河流域湿地、生态保护区、浅滩、河岸等流域水生态系统得到修复；❺ 为了进一步解决黄河流域中下游地上悬河带来的防洪压力，黄河流域通过坡改梯、造林、种草以及封禁等各项措施加强水土保持。❻ 总之，新中国成立以来，黄河流域在改变过去泛滥成灾历史的同时向着高质量发展的目标不断迈进。

---

❶ 国务院. 关于黄河近期重点治理开发规划的批复 [EB/OL]. (2002 - 07 - 14) [2021 - 03 - 31]. http：//www.gov.cn/gongbao/content/2002/content_61673.htm.

❷ 陈卫宾，曹廷立，等. 人民治理黄河 70 年防洪保护区防洪效益分析 [J]. 人民黄河，2016 (12)：11 - 14.

❸ 田伟，陈卫宾，等. 人民治理黄河 70 年黄河流域防凌效益分析 [J]. 人民黄河，2016 (12)：15 - 19.

❹ 李淑贞，张立，等. 人民治理黄河 70 年水资源保护进展 [J]. 人民黄河，2016 (12)：35 - 38.

❺ 李航，王瑞玲，等. 人民治理黄河 70 年水生态保护效益分析 [J]. 人民黄河，2016 (12)：39 - 41.

❻ 高健翎，高云飞，等. 人民治理黄河 70 年水土保持效益分析 [J]. 人民黄河，2016 (12)：20 - 23.

二、当前黄河流域生态保护和高质量发展法律制度的反思

新中国成立以来，黄河流域治理取得了一系列显著的成就，但随着国家治理体系与治理能力现代化水平的不断提升、全面依法治国战略的落实以及生态文明建设的加快推进，黄河流域综合治理的要求也随之提高。习近平总书记 2019 年明确提出黄河流域生态保护和高质量发展的五大目标：加强生态环境保护、保障黄河长治久安、推进水资源节约集约利用、推动黄河流域高质量发展以及保护、传承、弘扬黄河文化。黄河流域生态保护和高质量发展法律制度建构逻辑的核心即实现"五位一体"战略目标从政治话语到法律制度的转化。基于此，黄河流域生态保护和高质量发展法律制度的建构逻辑需要紧紧围绕"五位一体"的战略目标展开，依据"五位一体"战略目标的要求反思当前相关法律制度供给存在的突出问题，成为完善黄河流域生态保护和高质量发展法律制度体系的必然要求。

（一）黄河流域生态保护亟待加强

习近平总书记在黄河流域生态保护和高质量发展座谈会上明确指出了黄河流域生态环境脆弱的现实状况，黄河流域生态保护任重道远。从法律制度层面来看，当前黄河流域生态环境保护面临的突出困境包括：

1. 尚未形成系统化的流域生态修复法律制度

黄河流域生态环境本身复杂脆弱，黄河上游地处青藏高原，生态环境脆弱；中游流经黄土高原，水土流失严重，同时造成下游泥沙淤积严重，形成地上悬河，❶ 加之黄河流域大面积处于干旱、半干旱地区，水资源匮乏，生态服务功能极易受损，且自我修复能力较差。过去黄河流域自然资源导向型经济发展模式对流域生态环境已经造成了巨大的破坏，但黄河流域整体性生态修复法律制度供给严重不足。除此之外，以生态环境损害赔偿诉讼、环境公益诉讼等为代表的涉及生态环境修复的各类司法制度在实践中缺乏有效衔接，生态修复资金管理、生态修复结果评估、生态修复监督等外围配套措施也亟待完善。

---

❶ 王亚华，毛恩慧，徐茂森. 论黄河治理战略的历史变迁［J］. 环境保护，2020（1）：28 – 32.

2. 黄河流域整体性生态环境损害风险预防法律制度缺位

首先，生态环境损害的预防依赖于严格的环境行政执法，但当前环境执法与立法之间的脱节是黄河流域生态环境破坏难以遏制的重要原因之一。黄河流域上游和中游经济欠发达地区时常面临生态环境保护和社会经济发展的博弈，流域与区域相结合的管理体制往往导致博弈的结果偏向社会经济发展优先，这就导致黄河流域生态环境保护中强立法、弱执法的现象难以断绝。其次，黄河流域整体性生态环境损害风险的预防必须依靠整体性规划。以《黄河流域综合规划（2012—2030）》为例，当前黄河流域的综合规划事实上是针对黄河流水资源利用与水环境治理的单一要素规划，而黄河流域生态保护和高质量发展战略"五位一体"目标的提出，从本质上打破了过去要素治理的模式，从而将流域作为环境治理的空间单元展开，因此黄河流域生态保护就不仅仅是水生态的保护，而是流域整体性生态环境的保护，黄河流域的综合规划也不能仅局限于单一的水环境要素；同时当下黄河流域的各类规划中有关生态环境损害的事项大多聚焦于事后追责及修复，鲜少涉及流域全要素的生态环境损害风险预防的处置，不利于从源头控制黄河流域生态环境损害的发生。

（二）黄河流域防灾救灾形势依然严峻

由于黄河流域水沙关系不协调导致下游泥沙淤积，尽管通过修建大型水利枢纽、增强水土保持等措施调水调沙，近年来也多次避免了黄河流域下游洪水泛滥，但黄河流域"地上悬河"造成的洪水风险仍较为严峻。

1. 黄河流域中大型水利枢纽协同运作不足

黄河流域先后建设了三门峡水库、刘家峡水库、龙羊峡水库、小浪底水库等大型水利枢纽，但黄河上游水利枢纽和中游水利枢纽之间距离超过2000公里，黄河干支流水沙调控工程体系并未完全建立。❶

---

❶ 王远见，江恩慧，等. 黄河流域全河水沙调控的可行性与模式探索［J］. 人民黄河，2020（9）：46–51.

2. 黄河流域"地上悬河"仍在不断加剧，但管理职责模糊不清

20 世纪 80 年代以来黄河上游内蒙古河段河道淤积、河槽萎缩，❶ 黄河流域上游和下游同时面临严峻的防洪压力；同时黄河流域防洪管理体制模糊，根据水利部印发的《河湖管理监督检查办法（试行）》第 3 条的规定，全国河湖监管工作职责分属流域管理机构、各级河长制办公室、各级水行政主管部门等，但随着河长制、湖长制等新型流域治理模式的运用，相应的流域洪水风险防控、排查、监督、预警等职责应进一步明确，否则极易陷入九龙治水、职责交叉下的制度空转。

3. 黄河流域防汛执法力度不足

1997 年通过的《防洪法》、2002 年通过的《水法》以及 2007 年通过的《突发事件应对法》等相关法律规范为黄河流域洪水灾害防治、应急救灾等提供了基本的制度框架，但严格的法律规范并未杜绝妨害流域行洪违法行为，黄河流域沿岸乱占、乱采、乱堆、乱建等情况仍然严重。

（三）黄河流域水资源供需矛盾严重

黄河流域水资源紧缺，随着社会经济快速发展，以及水资源节约集约利用法律制度供给不足，黄河流域水资源供需矛盾日益加剧，突出表现为以下两个方面。

1. 黄河流域生态用水缺乏法律保障

流域生态系统以水为核心形成了自然水循环和社会水循环，❷ 随着社会经济的快速发展，水资源已成为制约社会经济发展的关键因素，同时社会水循环对流域水生态环境的影响也不断增强。黄河流域人均水资源占有量仅为全国平均水平的 23%，❸ 然而黄河流域径流开发利用率已超过 80%，黄河流域

---

❶ 鲁俊，马苤茗. 黄河上游内蒙古河段塑槽输沙需水量分析［J］. 农业工程学报，2020（12）：123 – 128.

❷ 王浩，胡鹏. 水循环视角下的黄河流域生态保护关键问题［J］. 水利学报，2020（9）：1009 – 1014.

❸ 姚文广. 黄河法立法必要性研究［J］. 人民黄河，2020（9）：1 – 5.

水资源供需矛盾进一步加剧，❶ 这也导致黄河流域生态用水受到严重影响，20
世纪 70 年代到 90 年代黄河断流频繁，近年来黄河干流虽没有出现断流，但
"干流不断流不代表流域水资源供需矛盾得到真正缓解"，反而是将水资源供
需矛盾"由显性转为隐性、由干流转到支流、由河道转到陆面、由地表转到
地下、由集中性破坏转到流域均匀性破坏"，当前黄河流域年生态缺水量已超
过 50 亿立方米。❷

2. 黄河上游和中游部分地区水资源利用效率低下

黄河流域各地区经济发展水平与水资源利用效率之间呈正相关关系，亟
待推动黄河流域上游、中游经济落后地区改变水资源利用方式，❸ 严格贯彻
"以水定城、以水定地、以水定人、以水定产"的水资源利用方针，优化产业
布局，淘汰高耗水产业。

3. 黄河流域水资源市场化配置不足

黄河流域水权交易制度构建及实践相对滞后，一方面表现为黄河流域水
资源价格体系难以反映水资源的生态价值，造成水资源价格与价值之间的失
衡；另一方面表现为黄河流域水资源确权、水资源定价等与水权交易相关的
基础性、配套性措施不完善，水权交易法律制度体系的构建严重滞后。总的
来说，黄河流域亟待通过制度化推动水资源节约集约利用。

（四）黄河流域高质量发展制度亟待构建

黄河流域生态保护和高质量发展重大国家战略中对高质量发展的总体要
求是"生态优先、绿色发展"，进而提出了两项具体要求，其一是"支持各地
区发挥比较优势"，其二是"从实际出发"，"宜水则水、宜山则山，宜粮则
粮、宜农则农，宜工则工、宜商则商"。目前黄河流域经济发展模式较为粗
放，围绕高质量发展的总体要求和两项具体要求，当前黄河流域高质量发展
的问题突出表现为以下三个方面。

---

❶ 李肖强. 关于推进黄河立法工作的思考 [J]. 中国水利，2011（20）：27 – 29.
❷ 赵勇，何凡，等. 全域视角下黄河断流再审视与现状缺水识别 [J]. 人民黄河，2020（4）：
42 – 46.
❸ 张永凯，孙雪梅. 黄河流域水资源利用效率测度与评价 [J]. 水资源保护，2021（4）：37 – 43.

1. 绿色发展理念有待进一步深入贯彻

黄河流域三废排放问题自 20 世纪 80 年代以后日趋严重，尽管 21 世纪以来黄河流域污染情况有所改善，但黄河流域仍有近 2000 个入河排污口，黄河入河废水、污水总量变化不大，❶ 2015 年仅黄河下游工业废水排放量占全国工业废水排放量就超过 15%，❷ 与此对应的是黄河水资源仅占全国水资源的 2%。污染排放的根源在于黄河流域资源导向型的经济发展模式。黄河流域自然资源丰富，自 20 世纪 90 年代开始能源重化工污染严重，同时随着中东部产业结构调整，地处黄河流域中游、上游的青海、宁夏、内蒙古、山西等地大量布局传统制造业和能源资源型产业，单位 GDP 能耗高于全国平均水平，❸ 黄河流域高质量发展目标的实现必须通过制度措施推动产业结构调整，优化产业布局。

2. 黄河流域经济发展整体落后，地区经济发展水平失衡

与长江流域相比，黄河流域整体经济发展水平落后，以 2020 年各省公开数据为例，沿黄九省区 GDP 总量约 25.38 万亿元，而长江干流 11 个省级行政单位 GDP 总量约 39.4 万亿元。同时，黄河流域地区经济发展水平严重不平衡，中、上游生态环境脆弱，经济发展水平远远落后于下游地区。黄河下游的山东省 2020 年 GDP 总量约等于黄河上游、中游的青海、甘肃、宁夏、内蒙古、山西、陕西六省份的总和。黄河流域高质量发展需改变过去地区竞争的发展思维，贯彻落实习近平总书记提出的发挥"比较优势"的要求，加快推动黄河流域整体社会经济高质量发展。

3. 黄河流域经济发展地域性特色不足

黄河流域高质量发展的第二个具体要求是"宜水则水、宜山则山，宜粮则粮、宜农则农，宜工则工、宜商则商"，这也是未来黄河流域新产业布局和产业结构调整的要求，是发挥黄河流域整体性"比较优势"的具体实现路径。

---

❶ 李淑贞，张立，等. 人民治理黄河 70 年水资源保护进展［J］. 人民黄河，2016（12）：35 - 38.

❷ 赵金辉，连兴容，等. 匹配黄河流域高质量发展的工业布局模式研究［J］. 人民黄河，2021（4）：18 - 23.

❸ 王娟娟. 双循环视角下黄河流域的产业链高质量发展［J］. 甘肃社会科学，2021（1）：49 - 56.

目前，黄河流域经济发展存在同质化现象，以沿黄九省的高新技术产业开发区为例，目前各省区都成立了高新技术产业开发区，但上中下游各地区高新技术产业开发区的投资重点均集中在生物医药、互联网技术、高端装备制造等方面，重点投资方向同质化实质上反映了当前黄河流域社会经济发展与区位优势的割裂，同时极易导致无序的区域竞争，上游和中游生态承载力不足和经济水平薄弱地区在同质化竞争中极易被进一步拉大与下游发达地区之间的差距。

（五）黄河文化亟待保护、传承与发展

黄河是中华文明的发源地，历史文化灿烂悠久，但黄河流域文化遗产的发掘、保护、传承和利用严重不足。保护生态就是保护生产力，保护文化也是保护生产力。当前黄河文化保护与传承面临的突出问题一方面在于文物遗产保护不足，例如当前文物司法保护机制缺乏，司法实践中出现的文物保护公益诉讼缺乏规范层面的直接依据，只能借道环境公益诉讼。此外，黄河流域文化保护偏重经济价值转化、缺乏文化内涵保护传承❶，对于难以实现经济价值的非物质文化遗产等缺乏系统保护。与此相应，黄河文化产业发展落后于全国，黄河流域丰富的文化资源有待挖掘整合、形成可持续发展的文化产业。当前数据显示，沿黄九省区在文化产业发展中不均衡，在文化产业发展的各项指标中各有优势：山西省文化产业综合竞争力较强，甘肃省文化产业基础实力较强，河南省文化产业规模效益最强，但黄河流域文化产业发展总体落后于全国。❷

三、黄河流域生态保护和高质量发展法律制度的建构逻辑

黄河流域生态保护和高质量发展法律制度的建构逻辑应遵从"山水林田

❶ 杨越，李瑶，等. 讲好"黄河故事"：黄河文化保护的创新思路 [J]. 中国人口·资源与环境，2020（12）：8–16.

❷ 胡红杰. 文化产业竞争力绩效评价及区域高质量发展——基于黄河流域八省区的实证分析 [J]. 河南师范大学学报（哲学社会科学版），2020（5）：38–44.

湖草沙"生命共同体理念，以黄河流域的生态服务功能以及生态阈值为底线，❶ 以生态环境保护为前提，以黄河流域生态保护和高质量发展重大国家战略"五位一体"的战略目标为导向，以当前黄河流域治理中的突出问题为重点，通过具体法律制度保障黄河流域重大国家战略的实施。

（一）黄河流域生态环境保护法律制度

黄河流域生态环境保护法律制度的构建需要满足流域整体性生态系统保护要求。作为各项生态环境保护法律制度的前提，首先需要在当前的生态环境保护立法中补足流域生态要素，不仅要在《环境保护法》《水污染防治法》等环境法领域，还要在涉及生态环境保护立法的各个部门法中凸显流域环境要素独立的生态价值。例如，在环境刑事立法中就缺少对湿地、滩涂等流域特有环境要素的关注。在此基础上，黄河流域生态环境保护法律制度应当包括黄河流域生态修复法律制度、黄河流域生态环境损害预防法律制度以及多元化的生态环境保护监督法律制度。

1. 黄河流域生态修复法律制度

黄河流域生态修复法律制度既包括有计划性地针对已经受损的黄河流域生态环境展开修复，还包括运用各类司法制度展开个案生态修复。首先，黄河流域应根据上中下游不同的生态修复要求，在黄河流域综合规划中明确生态修复的具体指标体系，包括是否需要展开生态修复的判断标准、生态修复方式的选择标准（补植复绿、替代性修复、自然恢复等）、生态修复结果的验收标准等，生态修复指标体系的规范构建是落实黄河流域生态修复要求的基础性支撑制度。其次，从体制层面看，黄河流域生态修复责任的落实需要依靠统一的职责划分，当前黄河流域的管理模式较为复杂，纵向层面包括中央与地方的职权分配，横向层面包括各相关行政机关的职权交叉，加之流域和区域相结合的流域管理体制，以及流域生态修复往往带有跨区域性特征，共同导致了黄河流域生态修复职能难以落实。解决问题的关键，仍在于流域协调机制的构建。《长江保护法》第 4 条首次在法律层面确立了流域协调机制，

---

❶ 陈晓景. 中国环境法立法模式的变革——流域生态系统管理范式选择［J］. 甘肃社会科学，2011（1）：191－194.

解决黄河流域中的利益博弈和职权分配问题。可以参照《长江保护法》，设置黄河流域协调机制。最后，黄河流域需要发挥司法在解决个案生态修复中的积极作用。《民法典》第1234条首次明确规定了生态修复责任，为相关的生态环境损害赔偿诉讼、环境民事公益诉讼、环境刑事附带民事公益诉讼等相关制度中的生态修复责任提供了基本的规范依据。根据裁判文书网的数据显示，目前沿黄九省提起附带环境民事公益诉讼的环境犯罪公诉案件，仅占环境犯罪案件的0.3%，这突出表明了黄河流域个案生态修复还存在巨大的制度实施空间。落实生态环境领域"谁污染、谁买单、谁损害、谁赔偿"的修复原则，应注重发挥环境司法在个案生态修复中的作用。

2. 黄河流域生态环境损害预防法律制度

基于生态环境损害难以恢复以及流域生态环境整体性特征，黄河流域生态环境损害预防法律制度应是未来黄河流域生态环境保护的核心制度之一。黄河流域生态环境损害预防法律制度应围绕以下三个层面展开。（1）流域环境综合规划层面。黄河流域综合规划不应局限于当前以水资源、水环境为核心的单一要素规划，还应包括黄河流域"山水林田湖草沙"在内的综合性流域规划，同时进一步明确上中下游各生态功能区的环境承载力以及各类资源的利用红线。明确的环境承载力和资源利用红线是其他预防性制度的运作基础。（2）区域经济发展及资源利用层面。必须继续严格贯彻环境影响评价制度及"三线一单"制度。在环境影响评价体系中需要补充流域独有的相关环境要素，例如河道、岸线、滩涂、湿地等，环境影响评价标准应与流域综合规划中明确的环境承载力和资源利用红线挂钩，同时黄河流域上中下游应分别明确环境影响评价中的选择性评价范围和必须性评价范围。（3）严格环境监管执法层面。黄河流域应进一步严格生态环境监管执法，改变过去"风暴式"执法等非常态化的执法状态，黄河流域作为我国重要的能源资源中心，推动产业结构的优化升级，必然需要常态化的严格执法作为保障。

3. 黄河流域生态环境多元监督法律制度

多元化的监督机制是实现黄河流域生态环境损害预防的必要保障。黄河流域生态环境多元监督制度应包括事先监督、事中监督和事后监督三方面。事前监督即在黄河流域综合规划、相关标准制定过程中进行必要的信息公开、公众参与；事中监督即在环境监管执法、生态环境保护和恢复工程建设中打通公众违法举报通道和案件举报后的信息反馈机制；事后监督即在生态环境损害结果发生后，完善公民通过司法途径对受损生态环境展开救济的通道，即完善当前的环境公益诉讼制度。

（二）黄河流域防灾减灾法律制度

习近平总书记在黄河流域生态保护和高质量发展重大国家战略中明确提出"洪水风险仍是流域的最大威胁"，而"保障黄河长治久安"的核心也在于解决黄河水害隐患，结合当前黄河流域防洪面临的突出问题，黄河流域防灾减灾法律制度体系应形成以黄河防汛为核心、辐射其他自然灾害的防灾减灾体系。

1. 继续贯彻已有防洪法律制度体系

完善黄河流域防洪防汛制度，首先应继续贯彻《水法》《防洪法》《突发事件应对法》等相关上位法确立的防洪法律制度体系。在继续完善黄河流域水利工程建设的基础上，通过统一的水沙调度体系增强黄河流域各大水利枢纽之间的协调性，以增强黄河流域整体防汛能力。

2. 建立黄河流域自然灾害预警和应急处置机制

当前的法律制度体系中已经存在相关的监测机制和应急机制，但原则性的制度设计难以满足黄河流域自然灾害预警与应急的特殊需求。例如，在预警机制方面，黄河流域的预警机制不仅需要对干支流水量进行监测，还需要对河流含沙量进行监测；黄河流域季风气候导致全年降水量分布不均，因此黄河流域存在大量裸露的河道，因此不但需要对河水流量进行监测，还需要对裸露河道违建进行常态化监管。总之，黄河流域预警机制和应急机制需要在上位法确立的制度框架基础上镶嵌黄河流域自身特性。

3. 形成制度化的灾害补偿机制

黄河流域综合规划中应划定相应的防汛泄滞洪区，防范可能出现的特大洪水灾害，同时需形成制度化的灾害补偿机制。对于黄河流域中下游当前已经存在的泄滞洪区，由于特殊的地理位置而限制基础设施建设、工农业发展等情况，应形成制度化的灾害补偿机制，特别应形成由国家财政和受益地方财政共同进行的生态转移支付制度；此外，未来黄河流域因修建水利工程而淹没农田、村庄的情况，也应形成制度化的生态搬迁补偿机制。

（三）黄河流域水资源节约集约利用法律制度

黄河流域水资源供需矛盾突出，在黄河流域水资源总量确定的前提下，必须完善水资源节约集约利用提高黄河水资源利用效率，实现黄河流域人水和谐。黄河流域水资源节约集约利用法律制度主要包括以下四个方面。

1. 贯彻水资源刚性约束机制

黄河流域生态保护和高质量发展明确提出了"以水定城、以水定地、以水定人、以水定产"的水资源刚性约束总方针，这就要求在法律制度层面落实以水为核心的项目评估、审核机制，过去生态环境保护领域在环境污染防治中主要推行"三同时"以及环评制度，虽然地表水环境影响评价也属于环评的重要指标，但根据《环境影响评价技术导则：地表水环境》（HJ2.3—2018）的规定，建设项目对流域水资源、生态流量的影响并非强制性评价条款，且在评价方法中并未明确该部分的评价标准。严格贯彻黄河流域水资源约束性利用的方针应当将待评价项目的建设需水量、运营需水量作为强制性评价指标，并根据黄河流域水资源分布情况合理确定各地区工业、农业用水总量。

2. 完善水资源市场化开发利用制度

通过市场化水资源交易机制能够激发市场主体主动通过技术升级等方式实现水资源节约利用和水资源合理分配。目前我国虽然已经建立了"中国水权交易所"互联网平台，但运行效果不佳。黄河流域目前应推动构建流域整体性的水权交易体系，通过水权确权登记、用水许可、用水评价、阶梯水价等制度完成水权交易的基础性和配套性制度的构建，加快黄河流域融入水权交易市场，通过水权交易倒逼市场主体优化产业结构。❶

---

❶ 石玉波，王寅，等. 培育黄河流域水权交易市场 助力生态保护和高质量发展［J］. 水利发展研究，2021（2）：12－14.

3. 重构黄河流域水资源价格体系

水资源的价值不仅应包括水对人类社会的有用性，还应包括其本身作为环境要素所承载的生态功能和生态价值，黄河流域水资源的价格体系应明确反映黄河流域水资源的生态价值。

4. 形成黄河流域生态用水优先保障制度

水是黄河流域生态系统的核心，流域的生态流量是否得到保证反映着流域经济发展与水资源环境承载力之间是否协调。保障黄河流域生态用水优先，核心在于实践层面落实《水法》《水污染防治法》等对生态用水优先的原则性、倡导性规定。实践中由于流域规划缺乏监督、环境影响评价缺乏标准、信息公开缺乏参与、考核体系制度欠缺等多方面因素，生态用水优先难以落实。● 实现黄河流域生态用水优先的制度保障应包括：（1）明确流域各区段的生态流量红线，将生态流量红线作为流域规划、产业布局、项目审批、环境影响评价的重要指标；（2）完善黄河生态流量监测制度，流域生态流量的合理限值受到降水、气温等多方面因素的影响而呈现动态变化，必须通过常态化的流量监测机制不断调整生态、生产和生活用水的合理分配；（3）发挥信息公开和多元参与的监督作用，信息公开和多元参与应改变当前主要集中事后的监管部门被动公开，在制度形成、项目论证、标准制定、监测过程等多方面逐步实现行政主导、多方参与、公开透明的制度运作过程。

（四）黄河流域高质量发展法律制度

黄河流域高质量发展是保障和改善民生的必然要求，其制度内涵在于改变当前粗放式、资源型经济发展模式对黄河流域生态环境的破坏，进一步形成"生态优先、绿色发展"理念，进而推动黄河流域产业结构调整；根据"宜水则水、宜山则山，宜粮则粮、宜农则农，宜工则工、宜商则商"的发展要求，促进黄河流域各地区发挥区位优势与特色，从而放大黄河流域整体性"比较优势"，加快实现流域均衡发展，具体应围绕以下三个方面展开黄河流

● 徐海俊，秦鹏. 流域立法视角下生态流量保障的制度供给——以长江流域为例［J］. 中国人口·资源与环境，2021（2）：183 – 192.

域高质量发展法律制度构建。

1. 黄河流域产业布局红线制度

与长江流域相比，黄河流域生态系统更加脆弱，流域整体经济承载力较低。在国家产业结构调整的过程中，黄河流域不能继续依靠自然资源产业和简单承接东部沿海落后产能实现经济总量增长，而应根据黄河流域综合规划确立的生态红线，同时根据生态功能区的定位，构建产业布局的红线制度，在黄河流域上中下游形成产业布局清单。

2. 产业结构调整引导制度

社会主义市场经济环境下，充分激发市场主体的积极性是实现黄河流域产业结构布局调整目标的重要抓手。黄河流域应通过财政补贴、税收优惠等机制，积极发挥财税法律制度在引导黄河流域市场主体产业转型中的推动作用。同时，黄河流域整体经济发展水平较低，更应主动通过绿色金融等方式，从源头调动市场主体发展绿色产业积极性，例如：政府产业投资基金作为产业政策的市场化实施机制，可以在基金的设立、基金投资项目选择、基金退出机制等方面增加绿色评价机制，利用有限的财政资金盘活市场存量资金流向绿色产业。

3. 黄河流域高质量发展协调机制

经济发展不平衡是黄河流域高质量发展必须考虑的问题，黄河流域高质量发展也不应是流域局部发展。打破黄河流域经济发展不平衡，可以尝试以生态功能区为基础的流域产业规划和生态补偿机制，对于上游和中游明显缺乏经济承载力的生态脆弱区，应明确生态环境保护的功能定位，通过中央财政转移支付以及探索以生态补偿为核心的横向财政转移支付制度，使流域整体共享生态红利与发展红利。

（五）黄河流域文化保护与传承法律制度

黄河文化不仅为黄河流域生态保护和高质量发展重大国家战略的实施提供了宝贵的精神给养，同时黄河文化本身所特有的文化价值和经济价值也亟须通过制度保护、传承和弘扬。

1. 黄河流域文化保护法律制度

黄河流域文化丰富多彩，形式多样，保护、传承和发扬黄河文化的前提是系统发掘、梳理黄河流域文化。应根据《世界遗产公约》《文物保护法》对黄河流域文化遗产展开分类，清理、摸排黄河流域的物质文化遗产和非物质文化遗产，形成完备的黄河流域文化遗产名录，为黄河文化产业的发展提供基础和支撑。

2. 黄河流域文化产权保护制度

黄河文化的传承和发扬有赖于现代化的技术手段和传播方式，唯有通过完备的产权保护制度才能为现代化的文化传播手段提供动力。

新时代我国森林旅游生态补偿
机制的法律保障制度研究

吴喜梅　宋丽塬　林　爽[*]

　　生态补偿机制的制度化是新时代我国生态文明法治建设的重要组成部分。我国社会的基本矛盾转变为人民日益增长的美好生活需要和不平衡不充分发展之间的矛盾，进入新时代，生态补偿制度成为调节其中的环境利益分配不平衡问题的重要保障。在党的十九大报告中，习近平总书记指出要建立市场化、多元化的生态补偿机制，并逐渐形成习近平生态文明思想的重要组成部分，生态补偿机制建设在新时代也被提出新的要求和目标。在我国应对气候变化以及打赢污染防治攻坚战的重要时期，作为山水林田湖草中的重要领域，森林生态系统亟须完善森林旅游生态补偿机制，并使之制度化和规范化，以满足不断发展的森林生态旅游需求，保障森林资源的可持续发展。

---

　　* 作者简介：吴喜梅，郑州大学法学院教授，法学博士，郑州大学环境法学带头人，主要研究方向：环境法、国际法；宋丽塬，郑州大学法学院研究生，主要研究方向：环境与资源保护法学；林爽，东华大学硕士，主要研究方向：管理学。

一、我国森林旅游生态补偿机制的制度化发展及其成效

（一）我国森林生态补偿机制及其制度化发展的主要过程

我国森林旅游生态补偿机制及其制度化建立在森林生态补偿的一般性规定和生态旅游补偿的专门性规定之上。其中，我国森林生态补偿机制及其制度化发展经历了一个从政策到法律，从地方立法再到中央立法的过程。整个过程可以大致分为三个阶段：20 世纪 90 年代的确立阶段、2000—2019 年的发展阶段、2019 至当下的完善阶段。

首先，对森林生态补偿机制的初步探索源于 1992 年的国务院经济体制改革工作文件《关于一九九二年经济体制改革要点的通知》。这是我国第一次在工作文件中提出要建立森林生态补偿机制，但是该文件对于森林生态补偿主体、补偿标准以及补偿方式等具体内容，尚未具体规定。直到 1994 年，广东省颁布了《广东省森林保护管理条例》，随后于 1998 年制定了《广东省生态公益林建设管理和效益补偿办法》的地方性法规，就森林生态补偿主体、补偿标准以及补偿方式等进行了相应规定，初步建立了一个内容相对完整的地方性森林生态补偿法规体系。

1998 年《中华人民共和国森林法》（以下简称《森林法》）进行了第一次的修正，其中第 8 条第 2 款中规定了森林生态效益补偿基金，专门用于公益林或特殊用途林的营造、抚育、保护和管理。此次《森林法》的修改是我国首次以国家立法的形式设立了"森林生态效益补偿基金"，从法律上明确了森林生态补偿相关内容，至此完成了我国的森林生态补偿法律从无到有的过程。

其次，进入 21 世纪后，森林生态补偿机制开始了大规模的试点，相关制度进入发展阶段。2000 年制定的《中华人民共和国森林法实施条例》明确规定，获得森林生态补偿是森林经营者的法定权利。随之，2001 年国家对森林生态效益补助资金的相关管理办法进行完善；在我国林权制度改革的推进下，分别于 2004、2007 和 2009 年，就森林生态效益补偿基金的管理制度进行了完善，其中 2009 年修订出台的《中央财政森林生态效益补偿基金管理办法》（以下简称《基金管理办法》）中正式确定了生态效益补偿标准，规定国有的国家级公益林、集体和个人所有的国家级公益林实行不同的补偿标准。随着

集体林权制度改革的发展，受到林权交易等的影响，森林生态补偿标准、补偿主体等内容得以不断细化。

2014 年为了加强森林生态补偿经费的使用与管理，财政部、国家林业局联合制定了《中央财政林业补助资金管理办法》（以下简称为《林业补助资金管理办法》），同时废止了《基金管理办法》中的补偿标准，并且调整了集体和个人所有的国家级公益林补偿标准，将其提高为每年每亩 15 元。虽然以上文件对森林生态补偿的补偿标准等内容不断进行探索，但是无论是《基金管理办法》还是《林业补助资金管理办法》均规定：只有管护国家级公益林，才可以得到相应的经济补偿。

2016 年，国务院办公厅印发《关于健全生态保护补偿机制的意见》，这一文件的发布对我国新时代生态补偿工作进行了全面的明确和部署。为突出生态补偿在生态文明制度建设中的重要性及其调动社会积极性的作用，该意见强调加快建立森林生态保护补偿标准体系，要根据各领域、不同地区特点制定相应的补偿标准。同年 5 月，国家林业局印发的《林业发展"十三五"规划》中提到了需要不断提升林业产业的多样化、深化森林保护制度改革创新，完善依法治林的机制体制，从而改善我国现存的生态修复难度大，资源保护压力大，机制体制缺乏活力，林业产品供给能力不足和基础设施不完善等问题。2016 年 12 月由财政部和国家林业局印发的《林业改革发展资金管理办法》中把森林生态效益补偿补助定义为对规定的国家级公益林保护、管理的支出。

最后，2019 年《森林法》的第 15 次修订，标志着我国森林生态补偿法律制度开始步入稳步发展与完善阶段。此次修订在第 7 条对森林生态补偿的内容作了调整，明确了森林生态补偿可通过协商等方式实行。至此，新时代我国关于森林生态补偿法律制度体系中关于补偿主体、补偿标准以及补偿方式都有了明确的规定。此后，水资源和耕地资源等自然资源的保护，都是以《森林法》为标准，规定了相应的生态补偿机制。而且，森林生态补偿制度体系的建立与完善也为森林旅游生态补偿机制的建立与制度的完善奠定了基础。发展至今，生态补偿制度已成为我国环境法治的重心，一系列政策意见的出台也意味着生态补偿制度在我国新时代生态文明法治建设的重要制度成果。

（二）我国森林旅游生态补偿机制及其制度化的主要发展及其现状

无论作为森林生态补偿制度体系的一部分，还是生态旅游补偿制度的一部分，我国森林旅游生态补偿制度及其实践，最初发展较为缓慢。在 20 世纪 80 年代，仅在西双版纳自然保护区等部分旅游地区开展了生态补偿工作，且缺乏理论指导和法律规制。2006 年国务院颁布了《风景名胜区条例》，其中第 37 条对旅游地建立风景名胜区资源有偿使用收费制度作出了规定，设置收支两条线，将风景名胜地区所得用于风景名胜资源的保护和管理等。根据该条例，我国在森林、矿产、流域等自然资源领域开展了一系列生态补偿试点工作，例如，神农架、武夷山等旅游地区在政府主导下，旅游企业、社区居民等相关利益主体逐渐成为旅游生态补偿机制的主体。

随着生态旅游的兴起和发展，生态旅游补偿机制在理论和实践中也得以探索和应用。至今，虽尚没有专门法律对此作出进一步地明确和细化，但生态旅游补偿机制在实践中逐渐深入，理论界也就生态补偿机制的基本含义形成了通说。根据学界通说，生态旅游补偿机制旨在保护自然资源和可持续发展生态系统，是通过经济手段调解和平衡相关利益主体之间因旅游开发而产生的生态利益、经济利益与社会利益关系的制度。❶ 与其他生态补偿机制相同，森林旅游生态补偿主客体由相关获利者和损益者组成，森林旅游生态补偿机制中的主客体基于旅游需求与供给，分为受益方和损益方。其中，因森林旅游而直接获利的有旅游者、旅游组织经营者等市场主体；因森林旅游而获取间接利益的，有收缴旅游开发相关费用的政府、旅游管理部门等。

根据现行制度，森林旅游生态补偿多采用财政补贴、专项基金、环境税费、排污费等方式。例如，在广西十万大山森林旅游生态补偿机制实施过程中，以中央和地方的财政资金作为补偿方式。这些资金补偿的方式可以较为直观地体现森林生态及相关利益受损者在旅游业的发展中所承受的损害程度。关于生态补偿标准，目前我国理论和实践中都没有一个统一、明确的标准，实践中大多采用成本法作为计算标准。❷ 在森林旅游生态补偿机制发展中，生态补偿标准多按森林自然景区的门票、政府财政补贴等划定，而门票价值各不相同，政府补偿标准也参差不齐。

综上，现行森林旅游生态补偿制度有以下特点：第一，森林旅游生态补偿制度以法规以及规范性政策文件形式呈现，具有高度的分散性；第二，森

---

❶ 张一群，杨桂华. 对旅游生态补偿内涵的思考 [J]. 生态学杂志，2012，31（02）：477-482.
❷ 李淑娟，高宁. 旅游生态补偿研究现状及趋势 [J]. 生态学杂志，2018，37（08）：2515-2523.

林生态补偿资金来源相对固定，无论是依据法规，还是政策性文件，全国各地在实施森林旅游生态补偿中的补偿资金主要来源于中央和地方各级政府；第三，森林旅游生态补偿数额的计算方式简单、不统一，没有将受益者产生的成本与获得的收益考虑在计算方式之中。❶

（三）新时代我国森林旅游生态补偿机制的实施成效

新时代我国森林旅游生态补偿工作通过不断的实践探索与理论支持，已显现出一定的成效。大多数地区的森林面积、森林覆盖率等得到了明显提高，例如香格里拉市的迪庆州系统推进特色小镇、美丽县城、美丽乡村等建设，开展了生态湿地公园等一批生态惠民项目。2020 年，全州森林覆盖率达77.63%，森林生态旅游等绿色产业的持续发展兑现生态补偿金 1.02 亿元。

森林旅游生态补偿机制的建立和持续开展，加大了生态环境保护资金的投入，不仅加强了基础设施建设，加大了森林草原防火、有害生物防治、森草资源监测等工作力度，使森林生态功能大幅提升，还促进了传统农业生产方式向有益于生态效益的生产方式转变，促进了经济的可持续发展。此外，新时代森林旅游生态补偿机制在我国脱贫攻坚工作中起着根本性作用，广大林农从森林生态环境保护中不断受益。❷ 例如前文中香格里拉的迪庆州开展的森林生态旅游等森林经济，使该地区增加生态护林员 16946 人，解决了就业远、就业难的问题。这也是对习近平总书记提出的"两山论"到"生命共同体"理念中绿色减贫最好的践行。

尽管森林旅游生态补偿机制在理论和实践中还未达到与森林旅游业发展程度相适应的状态，但是随着新时代生态文明建设的发展，森林旅游在生态旅游产业中呈良好的发展态势，森林旅游生态补偿相关法律制度已初具实效。

二、我国森林旅游生态补偿机制存在的法律问题

进入新时代，习近平总书记提出了"绿水青山就是金山银山"的理论，

---

❶ 汪劲. 中国生态补偿制度建设历程及展望［J］. 环境保护，2014，42（05）：18 – 22.
❷ 李琪，温武军，王兴杰. 构建森林生态补偿机制的关键问题［J］. 生态学报，2016，36（06）：1481 – 1490.

经济和环境相辅相成的发展要求对法律制度也提出新的要求。随着生态旅游的发展，森林生态补偿机制的内容不断丰富，但发展不平衡不充分导致的生态环境保护利益分配不公平问题仍然突出，其中也体现出森林旅游生态补偿法律制度存在一定的不足。

（一）现行法律规定过于宽泛

我国生态补偿制度在一系列的政策指导下，在森林资源环境治理以及生态扶贫等方面已取得显著成效。但从法律层面来说，我国生态补偿制度目前尚未形成统一明确的目的，也尚不具备系统完备的制度体系，现有内容较为笼统而不具备法律制度的形态和功能，对于森林旅游生态补偿这一更为详细的内容而言则更为笼统。

《森林法》作为保护森林资源的一部基础性法律，自1979年颁布以来，经过了长期实践及多次修改，其中1998年修改的《森林法》中提出了国家建立林业基金制度。该制度规定了基金主要来源于财政资金，并且规定了森林生态效益补偿基金主要用于森林的培育和森林资源的保护等方面。2019年《森林法》的修改，规定了国家建立森林生态效益补偿制度，并且提及了政府等主体间可以通过协商的方式确定补偿标准。此项修改虽将森林生态效益补偿机制纳入基本法，但其内容仍仅停留在原则性规定层面，缺少对相关补偿对象、补偿标准以及补偿方式的规定，使此项规定难于有效实施。

在"十一五"规划中，首次写明生态补偿机制建设，并且在之后的"十二五"等规划以及国务院的每一年工作计划中，生态补偿机制建设都得到了关注，发展至2010年，生态补偿机制被列入立法计划。不过，在这一时期多以试点工作进行，至今在法律层面仍仅是原则性、概述性规定或统领性表述，未能将森林生态补偿机制具体落实为长期有效的实质性法律制度。在实践中，仅凭政策性的规定并不能使森林生态补偿以及更细致的森林旅游生态补偿机制得到有效实施。缺少明确规定和配套法律措施，导致补偿主体不明确、补偿标准混乱的问题，从而造成森林生态补偿机制无法真正实现森林保护的目的。

（二）森林旅游生态补偿含义不清

虽然森林旅游生态补偿已在实践中开展过试点工作，但从理论到实践，都未对其含义进行明晰。森林旅游作为生态旅游业，其起步较早，但与生态补偿机制相结合的内容并不明确。作为上位概念的森林生态补偿，其含义也没有形成统一、明确的表述。在对森林生态补偿的定义中，将补偿一词表述为"补偿""补助"等含义。虽有一字之差，但其体现到法律层面以及落实到实践中，则具有了不同的性质。"补偿"更侧重因保护、开发森林生态资源所产生的成本、损失等，"补助"则侧重帮助方面，对于后续其他补偿标准的划定、补偿方式的选择也有影响。在森林生态补偿机制探索初期，一直以2001年出台的《森林生态效益补助基金管理办法》为依据。2009年出台的《基金管理办法》，文件表述为补偿，但其中的森林生态补偿的选择模式及补偿标准，实质上仍是一种补助。❶

森林旅游生态补偿机制在上位概念未得以准确表述，且国内外学者对于以新兴的生态旅游中的森林旅游的生态补偿的研究较少的情况下，其含义也处于摸索着前进的过程。基本概念未得以明晰，那么对由森林旅游生态补偿机制这一概念下产生的法律制度、实践工作以及补偿资金的使用等内容，均可能由于此概念的不明确而导致后续工作方向的偏离。因此有可能出现过去林业资金、基金以及森林效益补助等含糊不清的含义，从而造成对森林旅游生态补偿相关资金的使用和管理，以及相关补偿标准制度的发展不相适应的情况。

（三）补偿标准尚未规范化、统一化

目前，我国关于森林生态补偿机制的法律多为原则性要求，未建立规范、统一的补偿标准。实践中，森林旅游生态补偿标准存在核算标准参差不齐、核算方法不一的问题。理论研究中，我国森林旅游生态补偿标准的核算往往从不同角度设定第一参考因素，例如，有学者提出，在森林旅游生态补偿标准核算过程中，对补偿对象应增加或减少补偿的考虑因素。❷ 其中，加项因素包括旅游生态价值、生态服务成本及旅游污染等；减项因素包括因森林旅游发展而带来的经济效益和生态效益等。也有学者将森林旅游生态补偿标准核算方法归结为机会成本补偿、基于"碳排放"的旅游生态补偿、生态系统服

---

❶ 梁增然. 我国森林生态补偿制度的不足与完善 [J]. 中州学刊, 2015 (03)：60－63.

❷ 陈海鹰，杨桂华，曾小红，李鹏，游长江. 旅游生态补偿标准：类别构成及核算模型 [J]. 旅游科学, 2017, 31 (04)：15－31.

务功能价值评估方法以及补偿主体的支付意愿等。❶

纵观这些补偿标准核算方法，虽表述不同，但考虑因素和落脚点均有相似之处。各项补偿标准核算方法也各有优劣，其一，机会成本补偿标准，与生态服务成本相一致，均指森林旅游地的居民为当地森林旅游的发展而放弃其他发展机会，以及因在森林旅游中保护生态而放弃原有发展的损失。这一标准核算方法能直接显示出对当地居民的损失进行的补偿，但这一方法作为补偿标准仅考虑因森林旅游对居民所造成的损失，而未能考虑森林旅游的发展给居民带来的收益因素，单纯以此作为补偿标准未免有失偏颇。而且对于因发展森林旅游或保护环境而放弃其他发展机会所付出的成本，是一个具有主观判断的因素，在理论和实践中还没有形成一个规范、统一的评估标准，因此以此作为补偿标准的核算方法存在补偿高于损失的误差。其二，基于旅游者进行"碳排放"的旅游生态补偿，也就是根据旅游者或相关旅游企业等主体在森林旅游过程中产生的旅游污染、造成的碳排放量等来确定生态补偿标准。❷ 其三，对森林生态系统服务功能价值的补偿，森林作为重要的生态系统，具有涵养水源、保持水土、保护生物多样性以及可持续发展等功能。但是这一核算方法对涵养水源、保持水土等生态功能进行评估时，存在高估、低估或错估的不准确结果。其四，是以旅游者等补偿主体对保护和改善生态环境所愿意支付补偿的程度来确定。这一方法相比被动、强制性的收费等方法而言，具有一定激起旅游者等补偿主体为美好环境买单的意识，虽然有学者研究认为不少旅游者同意对旅游生态进行补偿，❸ 但也正是具有主动性、主观性这一特点，面对不同个体之间的主观因素的差异，以及不同人们对保护环境、改善生态自愿付费的思想意识等因素，这一标准在实践中往往难以达到生态补偿的目的。

❶ 张奥佳，程占红. 中国旅游生态补偿研究现状与展望［J］. 资源开发与市场，2016，32（02）：226-229.

❷ 冯凌，郭嘉欣，王灵恩. 旅游生态补偿的市场化路径及其理论解析［J］. 资源科学，2020，42（09）：1816-1826.

❸ Stefan Gössling, Kim Philip Schumacher. Implementing Carbon Neutral Destination Policies: Issues from the Seychelles［J］. Journal of Sustainable Tourism, 2010, 18（3）：377-391.

三、新时代我国森林旅游生态补偿机制法律对策分析

新时代下，面对我国经济高质量发展、人民对美好生活需求的发展，实现生态环境的经济价值和生态价值成为解决问题的关键，这也对生态补偿工作提出了更高的目标和要求。目前我国生态补偿机制建设仍然处于不断探索的阶段，探索和补充森林旅游生态补偿这一法律机制建设是完善生态治理体系的需要。在新时代的背景下，森林旅游生态补偿机制该如何从法律制度的角度保障长效实施，值得我们环境法学的思考。

（一）建立多位阶的森林旅游生态补偿机制法律保障体系

生态补偿制度在生态环境保护过程中起着调节和协调利益的作用，作为一种发展中的制度形态，是新时代生态文明法治建设的重要任务，这个过程是一个不断深化发展、不断完善的动态过程。❶

我国自 2010 年就将生态补偿机制写入立法计划，但至今仅有《环境保护法》这一高位阶的法律中提到了要建立生态保护补偿制度。关于森林生态补偿机制的法律制度规定，仅在《森林法》中具有原则性要求。缺少基础性的规定，或仅有高屋建瓴的框架性要求难以使森林生态补偿机制有效落地实施。因此，为了森林旅游生态补偿机制能够长期有效地实施，有必要强化森林旅游生态补偿机制的制度性，即从立法层面完善森林旅游生态补偿制度。

其中生态补偿机制、森林生态补偿机制与森林旅游生态补偿机制是由上到下的概念，生态补偿机制包括了森林、水资源等在内的自然资源要素的生态补偿内容，森林生态补偿机制则强调对于森林不同类型、不同保护程度的补偿内容，而森林旅游生态补偿则是从生态旅游的角度，在发展森林旅游过程中，对不同地区、不同类型的森林进行的生态补偿机制。较前两者相比，森林旅游生态补偿具有特殊性，因其不只有保护森林的内容，还有经济发展、社会发展的旅游内容，宽泛的生态补偿内容难以就森林旅游具体情况进行指引，从而难以达到真正实现生态补偿的目的。

---

❶ 杜群，车东晟. 新时代生态补偿权利的生成及其实现——以环境资源开发利用限制为分析进路［J］. 法制与社会发展，2019，25（02）：43 – 58.

笔者认为，新时代我国法律制度体系已较为健全，可以《宪法》为依据，以完善《环境保护法》中生态补偿机制为基础，通过健全《森林法》中森林生态补偿机制的规定，制定森林旅游生态补偿机制实施条例。以森林旅游生态补偿机制试点工作为依据，在《森林法》条款中确认森林旅游生态补偿机制的制度性要求，进而制定森林旅游生态补偿机制实施办法进行细化，以具体确定补偿主体、客体的权利义务，以及补偿资金的管理制度等内容，形成多位阶的完整的森林旅游生态补偿法律保障体系。

（二）明确森林旅游生态补偿概念的法律内涵

对于森林旅游生态补偿的法律定义，有学者从狭义的角度将森林旅游生态补偿的内涵侧重于森林旅游的生态服务价值，认为森林旅游生态补偿是一种基于森林旅游生态服务的供给和需求而进行的支付行为。❶ 也有学者将森林旅游生态补偿表述为一种由森林环境破坏者和森林旅游受益者对森林进行补偿，从而实现环境保护和经济发展双重目标的机制。❷ 还有学者结合前两种定义，从折中的角度将森林旅游生态补偿定义为一种通过经济方式平衡与森林旅游发展相关的主体间的利益的制度。❸ 这种表述注重平衡各利益主体的利益矛盾，但没有注意到森林旅游发展相关的当地居民利益。

目前我国生态补偿机制的相关法律制度中，存在森林生态效益补助、林业补助、森林生态效益补偿等表述，不同的定义，表述的角度或侧重点不同。有的侧重于平衡各利益主体间的矛盾，有的侧重于生态环境保护和可持续发展，有的则注重保护因开发森林旅游而受到影响的当地居民的利益。笔者认为，在生态补偿的背景下，森林旅游生态补偿机制设定的目的是更好地保护森林旅游的生态服务功能，而这一目的的实现，必须协调好各方主体的利益，考虑当地经济基础和文化发展等主客观因素。基于此，需要从法律制度层面准确界定森林旅游生态补偿的内涵，明确森林旅游生态补偿基金的名称和内容。规范森林旅游生态补偿的内涵及其统一表述，不仅便于形成完备的管理

---

❶ 张奥佳，程占红. 中国旅游生态补偿研究现状与展望 [J]. 资源开发与市场，2016，32 (02)：226 – 229.

❷ 方世巧，马泓宇，徐少癸. 森林旅游生态补偿的机制与对策分析 [J]. 生态经济，2018，34 (05)：207 – 211.

❸ 张一群，杨桂华. 对旅游生态补偿内涵的思考 [J]. 生态学杂志，2012，31 (02)：477 – 482.

制度体系，也有利于相关补偿资金的管理和使用，以更好地保护和发展森林生态环境。

新时代下森林旅游的发展涉及环境、经济、社会等因素，森林旅游生态补偿的含义不再单一、狭隘，而是具有综合新时代发展水平、适应环境、经济发展的含义。综上，森林旅游生态补偿是指旅游地生态环境、旅游地相关居民、保护与修复旅游地生态环境的主体等，因在森林旅游开发与经营等活动中受到的不利影响，由国家及其他相关受益组织和个人按照一定标准进行价值补偿的制度。新时代中应有适应新时代社会发展、经济发展、生态环境发展水平的含义，森林旅游生态补偿应是一种通过经济手段，实现森林资源的资产化与市场化价值，进而调节和保障森林旅游生态环境，实现社会经济与自然资源可持续发展的保障性制度。

（三）明确森林旅游生态补偿的主客体及方式

新时代我国经济和环境的高质量发展，必然使生态的可持续发展与经济发展不再对立而变得相辅相成，森林旅游生态补偿主体也不再是最初的单一主体其包括因森林生态旅游而获取美好体验的旅游者、组织森林旅游的旅游业主体，以及因森林旅游业的发展而收取管理费、税费等的政府等主体。受偿主体是因发展森林旅游而放弃其他发展机会的居民、生态环境的维护者等。补偿对象是提供森林旅游的森林生态环境。

另外，有学者认为社会组织和个人并非相关获益者，其对森林旅游资源的补偿仅出于其对森林等自然资源的保护理念而自愿进行补偿，成为旅游生态补偿的支撑主体。[1] 笔者同意该观点。目前我国的森林生态补偿方式较为单一，主要采用政府补偿的方式。这一方式虽可以直接以政策的形式进行补偿，但这种单一的补偿方式无疑给政府的财政造成了一定的压力，并且也因补偿标准过低等问题，最终无法形成有效的补偿机制。

生态系统作为一个整体，应强化生态补偿机制形成的联动功能，探索形成区域之间多主体合作机制，[2] 尝试建立从区域内到区域间、从市内到省内到

---

[1] 刘遗志，卢旋，史梦娟. 旅游生态补偿多元主体协同机制研究 [J]. 南方农业，2020，14 (36)：94-97，104.

[2] 刘桂环，文一惠. 新时代中国生态环境补偿政策：改革与创新 [J]. 环境保护，2018，46 (24)：15-19.

多省的多主体合作机制，同时通过市场化方式实现森林旅游过程中的生态价值和经济价值，从而实现森林旅游生态补偿的目的。因此有必要形成多元化、市场化的生态补偿方式，与政府补贴相结合，既能使生态补偿机制长期有效落地，又能带动市场经济的高质量发展。

（四）明确森林旅游生态补偿范围及标准

森林旅游生态补偿的范围和标准明确与否是其能否长期有效实行的关键，实行一刀切、不够合理的标准，不仅不利于森林旅游的发展，也不利于森林生态的保护和可持续发展。我国森林旅游生态补偿范围并没有明确的划分，目前《森林法》和《林业补助资金管理办法》也仅规定了我国的森林生态效益补偿基金应当用于具有生态效益的防护林、特种用途林和国家级公益林等。这样就将大部分森林资源排除在补偿的范围之外。实践中，旅游生态补偿机制仍在探索中，各省的补偿范围和标准呈现多样化。笔者认为在森林旅游生态补偿机制中首先应明确森林旅游生态补偿的范围，基于此，可以首先在具有代表性的森林旅游景区进行制度性的试点工作，例如，选取不同省份、不同森林类型、不同发展程度的森林公园为森林旅游生态补偿范围；其次在生态补偿工作中形成系统化的补偿内容，山水林田湖草系统关系生态系统的可持续发展，生态补偿工作也不应只是一方面的。通过森林旅游生态补偿来带动其他山水湖草的治理和发展，也是其实现生态补偿的目的之一。

目前我国森林旅游生态补偿标准，大多是根据一定的成本予以核算，不仅已不能适应新时代森林旅游的发展，也不能满足森林旅游生态补偿工作的要求。我国森林旅游生态补偿标准的核算涉及对森林的涵养水源等功能的评估、对当地森林旅游发展造成的成本评估等，在评估方法、评估标准以及相关数值的测量和选取中具有一定的主观性，会因不同的评估主体侧重点不同、评估标准不同等造成差距较大的评估结果。由于旅游业本身是一个不断变化的过程，不同时期的旅游人数也会不同，所以，不同时期的森林生态服务功能价值也会有所差距，如何科学、合理地评估得到较为可行的补偿标准是理论和实践研究的重点。但目前对森林旅游生态补偿的标准研究较为匮乏，学界虽有针对广西、❶ 山西❷等部分地区的森林旅游进行研究，研究角度也有所不同，例如，从受偿意愿的标准、❸ 碳排放的标准等角度进行研究。❹ 但目前仍未形成统一的学说，仍需未来的进一步重点研究。

笔者认为，目前实践中的补偿标准较低，且未能考虑不同地区、不同发展程度等因素，已不适应新时代生态环境可持续发展的需求。对森林旅游生态补偿标准应从理论和实践两方面进行研究和完善。

首先，应对目前实行的补偿标准进行完善，改变"一刀切"的方式，国家划定补偿标准的最低和最高红线，对各地、不同发展程度的森林旅游景区，根据当地的林业、旅游业及经济发展水平等在范围内确定不同的标准。我国的森林旅游景区有的已经形成较大规模，例如张家界国家森林公园、云台山国家森林公园等，也有日常居民可以活动的各地区小规模的森林公园，例如郑州市森林公园等。另外，对于一些扶贫工作重点区域和经济较发达区域的森林旅游发展，若采取同一补偿标准进行核算，则不利于生态补偿制度的有效落实，也不利于我国经济社会的发展。有学者提出在生态补偿工作中应考虑贫困地区的状况，在补偿资金、方式中适当地向贫困地区倾斜。❺ 因此，需要确定科学合理的标准，不同地区，应该根据当地的经济、人文等发展因素，合理地制定各自的补偿标准核算方法。

其次，提高补偿标准，目前的补偿标准仍以《基金管理办法》为标准，中央财政补偿基金平均标准为每年每亩 5 元，其中 4.75 元用于国有林业单位、集体和个人的管护等开支，该标准显然已不能完全适应当今的森林旅游生态补偿机制。森林旅游生态补偿标准是否科学合理也是森林旅游生态补偿能否形成长期有效机制的核心问题，需要出台新的制度予以科学规定。笔者认为，生态补偿实践中多以成本法作为补偿标准，此方法确有其可行之处，

❶ 黄圣霞，玉雪. 广西十万大山森林旅游开发生态补偿机制研究［J］. 河池学院学报，2017，37（06）：68 – 73.

❷ 关海玲，梁哲. 基于 CVM 的山西省森林旅游资源生态补偿意愿研究——以五台山国家森林公园为例［J］. 经济问题，2016（10）：105 – 109.

❸ 潘美晨，宋波. 受偿意愿应作为生态补偿标准的上限［J/OL］. 中国环境科学：1 – 8. https：//doi. org/10. 19674/j. cnki. issn1000 – 6923. 20210218. 005.

❹ 王立国，丁晨希，彭剑峰，李文明. 森林公园旅游经营者碳补偿意愿的影响因素比较［J］. 经济地理，2020，40（05）：230 – 238.

❺ 胡振通，王亚华. 中国生态扶贫的理论创新和实现机制［J］. 清华大学学报（哲学社会科学版），2021，36（01）：168 – 180，206.

但不能仅考虑其中居民等主体因森林旅游而放弃的其他发展机会等付出，还需要将其因森林旅游的发展获得的经济效益等考虑在内；而且在此标准中的成本计算数值需根据不同地区、不同发展阶段以及森林旅游的模式进行综合考虑。

最后，有必要建立森林生态价值评估、核算机制，将森林生态价值予以量化。森林资源生态价值的价格即森林旅游生态补偿标准中所要考虑的森林环境成本，而最终能否实现生态补偿，能否使生态环境成本与森林旅游收益对等，价格也是一个直观的体现。在森林旅游生态补偿过程中，森林生态价值能够明确反映出森林的发展状态、森林旅游开发等对其的影响，更重要的是能够在森林旅游生态补偿工作中直观地体现出对森林生态修复、治理的成本。笔者认为，应对森林生态价值进行综合评估，将森林具有的涵养水源、可持续发展等生态功能形成量化的结果。首先从法律层面对森林生态价值评估工作进行制度要求；其次完善配套政策法规来使森林生态价值评估工作有效落地；最后加强对森林生态价值评估工作的监管，明确相关主体的责任，最大化地保证森林生态价值的实现。森林生态旅游也是森林生态价值实现的路径之一，因此在对森林生态价值进行评估量化时，自然对森林生态旅游铺垫了价值化的基础，进而对森林旅游生态补偿结果提供了清晰的数据。❶ 从而在森林旅游生态补偿的计算中能够使其中的补偿标准得以科学计算。

（五）健全森林旅游生态补偿监管制度

为保障森林旅游生态补偿机制能够形成长期有效的法律制度，就有必要建立健全监督协调制度。在森林旅游生态补偿落实过程中，各级工作均涉及相关利益，例如确定补偿标准、补偿基金的使用等，其中难免会存在利益主体损害相关公众权利，甚至破坏环境的行为。解决这一问题就需要对森林旅游生态补偿机制实施过程中的各项环节、各种权力的行使过程进行监督。森林旅游生态补偿机制的实施目的在于促进森林生态的保护和森林资源的可持续发展，相关部门或人员行使森林生态补偿权力时都应以保护森林生态为目标，明确自己的权力边界。在补偿机制落实过程中，出现不能合理行使职权

---

❶ 王兵，牛香，宋庆丰. 中国森林生态系统服务评估及其价值化实现路径设计［J］. 环境保护，2020，48（14）：28-36.

或个人权利义务的，应承担相应的法律责任。因此需要构建监督制度来保障森林生态补偿的有效实施。对此，需要政府调节与管理各权力、权利主体，平衡各群体间的利益关系。

笔者认为，生态补偿基金的管理、协调及使用工作，需要独立于森林旅游生态补偿利益主体的组织或部门进行监督。在生态补偿机制过程中，相关政府部门有可能因森林旅游的发展而收缴管理费、税费等，从而具有受益者的角色，因此政府相关部门在这种情况下可能就不适合作为监管者。有学者建议组织成立森林旅游生态补偿协调委员会，认为该组织可以负责协调行政部门、相关利益主体之间的利益关系，作为一个行业协会的角色避免和解决一些管理复杂或不作为的补偿问题。笔者认为，可以借鉴这种第三方组织的形式，由政府不同部门组织构建，形成监督管理的辅助机制。对于一些利益冲突的工作由该组织进行监督、协调，避免出现政府部门和人员权力过大的情况，同时该组织的工作也受政府、相关利益主体的监督，从而保障森林旅游生态补偿机制的长期有效实施。

结　语

随着我国经济进入高质量发展阶段，市场化途径也是生态环境可持续发展的重要方式之一。森林生态旅游可以增加当地就业、经济发展的机会，使绿水青山成为金山银山，但森林生态旅游的可持续发展需要建立与完善科学的森林旅游生态补偿机制。新时代该机制的建立与完善不仅要以《森林法》中有关森林生态补偿机制的原则性要求为依据，而且应构建森林旅游生态补偿机制的法律保障制度体系，并在具体的法律实施条例中明确森林旅游生态补偿的主客体及其权利义务，具体规定应当或可以补偿的情形，针对不同地区、不同发展状况、不同级别的森林景观区，考虑不同的补偿要素，规定相应的补偿方式，设置不同标准及其核算方法。以探索多元化、市场化的补偿主体和补偿方式，通过明确森林生态价值来设置科学合理的补偿标准，是新时代森林旅游生态补偿机制建设的方向。从法律层面健全制度体系来加强森林旅游生态补偿机制的长效实施，是推进我国新时代环境法治建设的重要部分。

新时代我国重点生态功能区制度研究

范战平[*]

习近平生态文明理论是其新时代中国特色社会理论的重要组成部分，是构建新时代人与自然和谐关系的指导思想和纲领。生态文明建设不是权宜之计而是百年大计，不仅涉及人与自然关系的反思与校正，也是对传统经济社会发展理念的升华和发展方式的变革。我国重点生态功能区制度是生态文明建设的有益尝试，虽历时不久但成效明显，具有鲜明的时代特征。

一、我国重点生态功能区制度的构建历程

改革开放以来，我国经济社会发展所取得的成就为世人瞩目，与之相伴的资源环境问题也日益显现，引起了党中央国务院的高度重视。特别是近几年来，我们不仅把生态文明建设作为我国社会发展的主要目标写进了党的文件和包括宪法在内的各个法律，而且修改了《环境保护法》等相关基本法律，并制定了与之配套的政策措施，《全国主体功能区规划》也是其中的一项重要政策文件，并据此形成了我国重点生态功能区制度。

---

* 作者简介：范战平，郑州大学法学院副教授，硕士生导师。

（一）我国重点生态功能区制度的历史演进

2007 年，党的十七大工作报告明确把科学发展观写进了党的文件，之后的《国民经济和社会发展第十一个五年规划纲要》围绕发展方式的转变和完善确立了相对具体的目标和实施方案。围绕科学发展观的落实，国务院编制了《全国主体功能区规划》（以下简称《规划》），目的是更好地处理发展与保护的关系，在发展中充分考虑资源环境承载力；处理好政府与市场的关系，处理好人与自然的和谐相处问题。从起步到完成《规划》编制历时三年，于2011 年正式发布，标志着我国重点生态功能区制度的正式确立。党的十八大以来，伴随着时代的发展，我党把发展方式改变和生态文明建设提到了新的高度，赋予了新的内涵，又为重点生态功能区制度的升华和完善拓展了新的空间。

《规划》按照不同区域的主体功能进行了分门别类的定位，制定有区别、有侧重的绩效考核评价办法，兼顾了经济社会发展和生态环境保护的双重目标。《规划》是我国国土空间开发与保护的战略性、约束性、总体性方案，是包括资源开发利用、环境保护与治理、城乡经济发展的各领域、各层次专项规划的制定基础和依据。规划第一次规定了限制开发区和禁止开发区，既体现了对经济社会发展有计划、有次序渐进推行的宏观把控，也凸显了对生态环境保护、生态文明建设的重视和支撑。从性质上看，《规划》属于政府文件，似乎不及法律的地位和效力，但却是法律的细化和具体化，或者说是法律的延伸和扩展。《规划》体现的重点生态功能区制度是我国生态文明建设行政政策措施的细化，具有法律制度创新的功能和价值。因此，《规划》的制定和实施是我国生态文明建设的重大制度创新，既是我国生态文明建设的引领和指导，也是我国环境保护的目标和方向，其意义是长远、持久的。

（二）《全国主体功能区规划》的基本内容

《规划》将我国国土空间按照开发强度的不同，分为优化开发区、重点开发区、限制开发区和禁止开发区；按开发内容，分为城市化地区、农产品主产区和重点生态功能区；按层级，分为国家和省级两个层面。优化开发区域是经济比较发达、人口比较密集、开发强度较高、资源环境问题更加突出，从而应该优化进行工业化城镇化开发的城市化地区。重点开发区和优化开发区开发内容总体上相同，但开发强度和开发方式有所区别。限制开发区包括两类：一类是农产品主产区；一类是重点生态功能区，即生态系统脆弱或生态功能重要，资源环境承载能力较低，不具备大规模高强度工业化城镇化开发的条件的地区。禁止开发区域是依法设立的各级各类自然文化资源保护区域，以及其他禁止进行工业化城镇化开发、需要特殊保护的重点生态功能区。❶ 由此可以看出，重点生态功能区包括两部分：一是限制开发区中生态系统脆弱、生态功能重要，需要特别保护的地区；二是禁止开发区。由此确立了我国重点生态功能区域的范围和标识，并围绕其保护形成了重点生态功能区制度。

二、新时代我国重点生态功能区制度的特色与价值

重点生态功能区制度是我国经济社会发展的特殊历史时期，对传统发展理念的一次变革和升华，既是经济发展模式由粗放到集约、由资源支撑到内涵发展的转变，也更好地体现了经济发展与环境保护双赢的战略目标构想，科学定位了经济发展与环境保护、资源利用的关系，为经济发展的绿色转型找到了有益的探索之路，为节能减排、绿色发展创造了条件。

（一）我国重点生态功能区制度的特色

就自然条件和基本状况而言，整体上可谓喜忧参半。一方面，我国幅员辽阔，地理特征明显，高原、平原、丘陵、山地、水系等类型丰富，分布错落有致，特别是矿产资源种类齐全且储量丰富，稀有贵重金属矿藏的数量和种类在世界范围居前，这为经济社会发展提供了较好的物质基础和资源条件；另一方面，改革开放以来的几十年，我国经济总体上是粗放式发展，在取得可喜经济成就的同时，资源也有大量投入，环境容量占用量大，生态破坏成本高，总体上呈现资源产出率低、能源效率低、经济产出高的两低一高特征。这种发展方式显然不具有可持续性。此外，作为世界人口第一大国，我国人口众多，人口基数大，人均占有资源量小，总体发展也不平衡，东部、中西部之间贫富差距大，开发强度差异也大。不发达的中西部地区，也是我国生

---

❶ 《全国主体功能区规划》，国发〔2010〕46 号文件。

态基础脆弱、生态地位重要、生态保护任务艰巨的重点区域。这为我国重点生态功能区的划定平添了困难，增加了重点生态功能区生态功能的保护与实现的难度。《规划》正是立足于这一现实，考虑到国内不同区域发展的不同特色和难度而制定，在划定重点生态功能区时也充分考量了区域内居民对高质量物质生活向往的需要，兼顾了生态功能和其他功能的关系，平衡了经济利益和生态利益的冲突，摆正了经济发展与环境保护、资源节约的不同位置与协调。正是基于这样的背景和基础，我国重点生态功能区划定呈现出一定的独有特色，具体表现为：（1）从地理分布看，我国重点生态功能区从东北的大兴安岭原始森林地区到海南省中部的热带雨林区，基本上呈半包围状分布于我国东北三省—内蒙古—新疆、青藏—云贵一线，涵盖了原始森林、长江黄河水源地和大部分流域区、三江并流世界自然遗产以及生物多样性分布区，而东部地区少有分布。这些地区也大都是经济发展相对落后，生态基础薄弱，生态地位重要，生态保护困难的地区；（2）从构成基础看，我国的重点生态功能区是类型区分和功能区分的交集，既有限制开发区域中的重点生态功能保护地区，又有全部禁止开发区域，这种划分凸显了经济社会发展的物质需要，也加强了对生态功能的保护和保全，具有理论上的完整性和实践中的可操作性；（3）从规划目标和发展方向来看，重点生态功能区一方面要"生态产品数量增加，质量提高"，提高森林覆盖率，另一方面还要"在不损害生态功能的前提下，因地制宜适度发展资源开采、旅游、林下经济、农林牧产品生产和加工等产业，积极发展服务业，保持一定的经济增长速度和财政自给能力"。❶

（二）我国重点生态功能区制度的价值

重点生态功能区制度是我国生态文明建设的有益践行和探索，是摆脱传统工业经济高污染、高能耗、大量资源投入的粗放工业经济发展模式的有效路径，是传统工业经济走向绿色发展的路径依赖，是划定生态红线，实现经济发展和环境保护双赢的有力举措。其制度价值主要体现在以下三个方面。（1）重点生态功能区是发展生态经济的有益探索。从传统工业经济转型为生态经济，是当代生态文明建设的内在要求，在这方面既无成例可循，也无成

---

❶ 《全国主体功能区规划》，国发〔2010〕46 号文件。

熟的理论指导，这意味着必然要经历一个从实践到认识，再由认识指导实践，并通过反复实践完善和升华认识理论的过程。生态经济是对传统工业经济的反思与升华。传统经济学是"研究在不同的可选择目标之间配置稀缺资源的科学"，❶ 这里的稀缺资源并不包括环境容量等生态要素。工业革命以来的经济快速发展导致了包括环境容量在内的所有自然资源的快速耗尽，自然资源伴随着人们的大力度开发由丰沛走向稀缺，由稀缺走向消失殆尽，而且这种稀缺化无论种类还是数量都呈加速度增长的态势，甚至空气、淡水这些直接关乎人类生命与健康的资源要素也不能幸免。当几乎所有的资源都变得稀缺时，传统经济学理论就变得尴尬了，有油尽灯干之虞。当人类社会进入生态约束时代时，一个国家和地区的发展不再是传统意义上规模的扩张和吞吐量的增加，而是内涵式发展，是质量的升华，其核心要求是产出率的提高。重点生态功能区制度无疑迈出了探索的关键一步，在保证发展的基础上追求生态保全，通过政府管控限制了资源的耗用和流入经济系统，倒逼经济发展模式朝着内涵的方向演变和突破。重点生态功能区的星星之火，必将形成燎原之势，为整体经济发展的全面绿色转型提供逻辑起点和支撑。（2）重点生态功能区是提供生态产品的有效路径。包括《河南省主体功能区规划》在内的各省规划，普遍明确规定重点生态功能区"要推进天然林资源保护、退耕还林、防护林体系建设、野生动植物保护、湿地保护与恢复等，增强陆地生态系统的固碳能力。积极发展风能、太阳能等可再生能源，充分利用清洁、低碳能源"❷。这意味着重点生态功能区一方面要为社会提供大量生态产品，森林覆盖率提升、污染治理成效、生态修复进展等将成为其社会发展的主要考核指标体系，使其直接服务于生态文明建设目标的实现；另一方面还要实现自身的能源转型，由传统化石能源转向清洁、可再生的风能、太阳能等新型能源，实现生态经济转型和清洁能源利用的立体功效。（3）重点生态功能区是其他区域发展生态产业的有效示范。重点生态功能区的划定，特别是限制开发区域中重点生态功能区的功能定位，意味着这些区域将先一步实现生态经济转型，担纲生态产品提供之路径的有益探索。从全局来看，生态文明建设绝不仅仅是重点生态功能区的事，其他地区同样承担生态产品提供、生态

---

❶ ［美］戴利，［美］弗蕾. 生态经济学［M］. 徐中民，张志强等译. 郑州：黄河水利出版社，2007，9.

❷ 《河南省主体功能区规划》，豫政〔2014〕12 号文件。

功能保全、生态文明建设的使命和责任，只是就经济社会总体发展的均衡和目标而言，其功能定位暂时主要侧重于经济发展领域，重点生态功能区则是在生态经济转型方面先行一步。对其他地区而言，可以从重点生态功能区的先行探索中取得经验借鉴，找到更加有效可行的转型路径。当然，就全局的生态经济转型而言，重点生态功能区的先行示范是必不可少的。

（三）我国重点生态功能区制度的实施绩效

重点生态功能区制度在我国所历时间有限，尚处于变迁和完善之中，甚至处于制度的探索和起步阶段。尽管如此，其实施绩效也是显而易见的。首先，该制度的实施有力促进了我国经济发展方式的全面转型。由传统经济模式到生态经济，最终走向稳态经济，这既是一场经济革命，也是一场制度革命，是经济发展由传统吞吐量增长到当代内涵式发展的实质性变革。生态功能区制度揭示了经济发展与环境保护、生态建设的本质关系，让人们对经济发展的新内涵有了全新的理解。其次，该制度的实施全面提升了我国的大国形象。我国是世界上最大的发展中国家，也是世界上人口最多的国家。中国发展方式的变迁程度，直接影响着世界经济发展方式改变的进程；中国对生态文明建设的立场和态度，直接影响着全世界生态文明建设的速度和进程。由于某些历史原因，我国面临着比其他发达国家更艰巨的发展任务，更复杂的发展环境，更低陋的发展条件。可以说，我国生态文明建设步伐的加快，本质上是牺牲自身的经济发展利益，而让全世界人民享受由此带来的生态正外部性。最后，该制度的实施促进了人们生态理念的树立和转变。正是重点生态功能区制度的示范效应，使人们对环境保护和生态文明建设的认识由肤浅到深入，由感性到理性，并逐步成为一种观念，化作一种行动，从自身做起，践行绿色低碳生活方式，促进全社会生态理性的形成和升华。

三、我国重点生态功能区制度的时代局限及成因

无论各省区还是全国，重点生态功能区制度都是一次前所未有的探索，缺乏有效的路径借鉴，从而导致这一制度从理论依据到具体实施都存在这样或那样的局限和不足。

（一）重点生态功能区制度形成的时代局限

重点生态功能区制度产生于党的十七大之后，至今十多年了。党的十七大第一次把科学发展观写进了党的文件，《规划》的制定正是科学发展观的践行之路。科学发展观是对传统粗放式发展模式的反思和矫正，但与习近平新时代生态文明建设思想的要求还有一定的差距：《规划》的本质仍然是如何发展而不是如何实行生态保护和生态建设，只是在发展方式和理念上有所改进，而这种改进也是为了追求发展的后续之力。虽然这种发展模式的改观有利于生态文明建设的推进，但生态建设仅是经济发展的反射利益，这与习近平生态文明思想的要求有质的不同：前者是将生态保护作为一种手段，保障经济持续发展的手段；后者却是将生态文明建设作为一种目的，将生态文明建设目标列入经济社会发展的总体目标，将人们对享受优美环境的追求融入人们对美好生活向往的社会发展整体目标中，这种升华正是习近平新时代中国特色社会主义理论的内涵之一，也是其光芒所在，十多年前制定的重点生态功能区制度的时代局限也就显而易见。

（二）重点生态功能区功能定位模糊

毋庸置疑，当代严重的环境问题和生态破坏，从根本上说是经济发展导致的。经济发展必然以资源投入为前提，以能源耗用为过程，以产品产出和废弃物排放为结果。当然，人类从事经济活动并不追求废弃物排放，但废弃物排放却是和产品的取得相伴相随的。我们谓之"创造财富"的经济过程，充其量是加工或者变造，不存在真正意义上的创造。因此，以资源消耗为表征的生态破坏和以废弃物排放为表征的环境污染是经济发展的必然后果。从这个视角考察，经济过程和生态过程是存在冲突和对立的。如果说经济发展过程必然导致生态破坏和环境污染，则生态文明建设必然在一定程度和范围内抑制经济的发展速度。虽然生态经济学主张"停止增长"，且"停止增长并不意味着停止发展"，因为"增长是吞吐量的增加，发展则是内涵的质量的改变"。❶ 但是，以内涵变化和质量改进为核心的新的发展方式是有很大局限的，

---

❶ ［美］戴利，［美］弗蕾. 生态经济学［M］. 徐中民，张志强等译. 郑州：黄河水利出版社，2007，11.

或者说停止增长的纯粹发展是有很大局限的。作为一种理念，其可以指导人们升华理性，改变观念，从传统粗放增长模式中跳脱出来，改变大量生产、大量消费、大量排放的传统经济增长方式；但作为一种路径，在现实推进中必然困难重重。毕竟，财富是物质增长和社会发展的基础，而财富是资源的变体，离开吞吐量增长的发展，或者说停止增长的内涵式发展必然缺乏后劲，一不小心就会成为无源之水，最终走向枯竭。

基于上述认识，经济发展和生态建设存在物质上的冲突和对立，这决定了生态文明建设目标的实现必然抑制一定程度和范围的经济发展。基于此，重点生态功能区的发展目标定位应当是为社会提供生态产品，不再承担经济发展的任务。在这一方面，从国家层面到各省的制度设计尚有不足，特别是各省区，虽然强调"按照建设环境友好型社会的要求，以保护自然生态为前提、以水土资源承载能力和环境容量为基础进行开发，划定并严守生态红线，走人与自然和谐共处的发展道路。对重点生态功能区各种开发活动进行管制，控制开发强度，严禁损害生态环境的各类开发活动"，❶ 也明确了省级重点生态功能区的功能定位是保障全省生态安全的主体区域、全省重要的重点生态功能区、人与自然和谐相处的示范区，并在生态产品数量、质量增加方面提出了具体要求，包括森林覆盖率提高指数，大气、水、土壤等重要环境要素具体质量好转的量化要求。但同时也强调，在不损害生态功能的前提下因地制宜适度发展资源开采、旅游、林下经济、农牧业产品生产和加工等产业，目的是让这些重点生态功能区保持一定的经济增长速度和财政自给能力。也就是说，重点生态功能区在功能定位上兼顾了经济社会发展和生态环境保护的双重目标，这与其"生态功能区"的定位是冲突的。这种功能定位的模糊，会导致在实施中偏离生态产品提供、生态价值追求的价值取向，而把兴趣点放在经济利益的追逐上，并为其行为作出强词夺理的解释。毕竟，经济理性是人们在现实经济社会中抉择的首要因素，而地方政府在经济利益与生态利益博弈的抉择中也往往被经济理性左右，这不仅是地方经济发展的需要，也是基于环境利益公共物品属性的考量。

---

❶ 《全国主体功能区规划》，国发〔2010〕46号文件。

（三）重点生态功能区空间分布失衡

如前所述，我国重点生态功能区中的限制开发区大都分布在西部地区，这些地区一方面生态基础薄弱，保护任务艰巨；另一方面经济发展普遍落后，发展要求迫切，这就使其生态保护的压力更大。禁止开发区在全国呈零散的点状分布，但禁止开发区承担的不仅是生态保护，其价值特征主要是原始地貌、自然景观、历史文化遗迹地等，虽然归属于生态环境保护的范畴，但其功能已不局限于生态价值保护和生态产品提供，或者说其提供的生态产品数量寥寥无几，其保护也相对简单得多：保持就是保护，自然原始存在就是保护，这与生态文明建设要求生态产品的提供还有一定的差距。重点生态功能区还承担着生态文明建设的先行先试，承载着政府和社会对其未来燎原之势的预想和期盼，而这样的地理分布显然是不均衡的：一方面限制开发区由于发展的需要会给生态保护平添难度；另一方面禁止开发区生态产品提供、生态保护示范的意义不具有代表性。此外，中东部地区的优化开发区和重点开发区，区域内局部地区生态开发与保护的地位是不可取代的，尤其是该区域内在发展森林业、提高森林覆盖率方面大有可为。但由于其经济发展的功能定位，很容易无视、忽视生态建设和生态产品提供。因此，重点生态功能区的划定应当充分考虑地域均衡，考量生态系统的整体统一性，而不能局限于既有经济发展程度和产业布局的现实。

（四）重点生态功能区利益分配边界不清

基于对经济发展和生态建设与环境保护存在冲突的认识，且在二者的冲突中经济发展处于显而易见的强势地位，重点生态功能区应当确立一元功能目标，即只追求区域内的生态利益，而不包括经济利益。在当下的规划中，尤其是在省一级的规划中，重点生态功能区的利益追求是生态环境保护和经济发展并举的二元模式。尽管经济发展所占分量有限，比重弱小，但在实施中，经济发展会被无形放大，得到更多的关注和青睐，而生态建设会被有意无意地弱化、忽视。因为经济利益是可私化、可分割、可被个人支配控制的具体利益，其能激发个人的价值追求和目标兴趣，并愿意为其投资付出。而生态利益相对具有宏观性、抽象性、整体性，常以公共物品的形态存在。基于常规的经济理性，个人不会心甘情愿地为公共物品的形成付费或者买单，而更愿意寻找搭便车的机会。政府，特别是地方政府的经济理性也会主导、影响其决策或者政策实施，也同样会忽视公共生态利益而追逐本位经济利益。重点生态功能区既承担生态建设的任务，又兼顾经济发展的目标，看似实现了经济发展和环境保护的双赢，本质上却是削弱、忽视生态建设而单一追求经济效益的单线条发展。即便有双赢的效果和成绩，也可能是统计、粉饰出来的。重点生态功能区的这种利益分配格局与区分，或许考量了这些地区的历史发展现状、工业产业分布与布局、人口居住与聚集等现实客观条件，但这些客观条件不该成为重点生态功能区功能定位中经济利益和生态利益分配和确定的依据，因为其在一定程度和范围对生态建设发展形成的阻却，是重点生态功能区设立和功能定位应当考虑的克服因素，而不是顺势而为，立足现实。

在公共利益和私人利益的分割定位方面，重点生态功能区应当突出公共利益，这一方面是基于本地区生态建设示范效应的考量，另一方面也是由生态利益本身的属性和特点决定的。生态利益很大程度上属于公共物品，纯粹的公共物品很难找到私化的有效路径，这决定了其提供、保护应当由政府等公共决策者投入创造或者承担。虽然政府在提供生态利益的具体过程中可以通过法律、政策等手段借助市场的力量，但这只能作用于具体的利益领域和方面，如森林业的发展、水资源的保护、环境容量的利用等，这些领域可以借助交易手段以提高利用和产出效率，但必须在政府的主导下分领域、分区域、小范围地展开，总体上还是由政府主导并推进实施。总之，重点生态功能区生态建设应由地方政府担纲，同时尝试由私人承担局部的责任，前提是该局部范围的生态发展能够与特定私人的经济利益获取与追求有效对接。把公共生态产品的提供和创造交给政府，把个人经济利益的追求和实现交给社会，将个人经济利益追求的领域和范围引导到政府公共产品提供和创造的领域和轨道上来，实现生态价值和经济价值、公共利益和私人利益既切割分明又有机结合，经济利益的实现搭构在生态发展的总体框架之下，形成推进生态文明建设和发展的合力。

四、新时代我国重点生态功能区制度的完善路径与设想

重点生态功能区制度在我国已经实施十多年。虽然取得了一定的效果，

但整体绩效仍有差距。这一方面是由于这项制度尚属首创，就全国而言仍处于探索之中；另一方面是由于生态文明建设本身是一个曲折漫长的过程，许多具体建设内容不可能一蹴而就，急功近利往往功亏一篑。因此，需要总结实践经验，及时补救制度漏洞和不足，以求得可持续性的生态文明建设成效。

（一）调整功能定位，明确重点生态功能区功能的唯一性

基于经济发展与环境保护、生态建设内在冲突的考量，重点生态功能区应当只承担生态建设功能，只负责环境保护和生态物品提供，不承担经济建设功能。唯有如此，才能使这些地区全身心致力于生态建设和环境保护。对此，国家《规划》中的限制开发区，确定其承担农产品提供的功能。省级规划则普遍确定"重点生态功能区的主体功能是保障农产品供给安全和生态系统稳定，同时在明确主体功能的前提下，科学引导能源和矿产资源开发，支持发展与当地资源环境相适宜的特色产业"❶，这种功能定位显然存在与生态建设不一致、不协调之处。首先，重点生态功能区的主体功能是保障农业生产，农业也属于经济产业而非生态产业，农业发展必然伴随农药、化肥、除草剂等物质的使用，也伴随着一定程度的水土流失和生态破坏，这和其生态功能的定位是矛盾的。其次，在明确主体功能的前提下还要引导能源和矿产资源开发，这就使生态功能作为主体功能的定位开了一条缝隙，一不小心会冲刷成豁口，撼动生态功能的主体地位，在实践中形成经济建设与生态建设的"本末倒置"。因为矿产资源开发必然伴随着地表水土流失和植被破坏，从而破坏既有的生态分布和生态现状。就能源开发而言，即使风能、太阳能等可再生能源，其开发利用也依然伴随着环境污染和生态破坏。而且，从河南省划定的重点生态功能区的自然条件来看，也不一定完全适合开发风能太阳能。《河南省主体功能区规划》所称的能源开发，或许是能源矿产资源的开发，本质上仍然是传统经济产业的范畴。

不可回避的是，重点生态功能区也同样面临发展问题，当地民众和全国人民一样怀有对美好生活的向往和追求。在将其功能定位于生态建设时，经济发展的路径如何设计也是一个重要层面。对此，应当针对区域内自然地理条件、居民居住分散程度等特点，由政府统一规划布局，安排分散居住的居

---

❶ 《河南省主体功能区规划》，豫政〔2014〕12 号文件。

民异地搬迁或者集中居住。异地搬迁能够使居民离开原来的居住环境，既能为生态建设腾出地理空间，又能在新的居住地找到符合政策要求的经济发展之路。实在不具备搬迁条件的居民可以就地集中居住，把人们活动对环境的影响最大限度地降低。在经济产业发展方面，政府应当引导本地居民从事旅游业、森林业等产业行业。从经济学的角度看，旅游产品属于可拥塞物品，旅游资源的开发利用也对生态环境有一定的影响和破坏，因此旅游业不能无序开发，应当在政府的统筹安排下有计划、有步骤地渐次推进。对森林业的发展，也应当走出传统"木头经济"的认识理念，以生态经济取代之，将森林的生态价值通过评估确认为林权人的私人利益，通过生态补偿或者交易使之转化为个人的经济收益，使林权人利益的实现不再以森林采伐为条件，育林人利益关注点由死树走向活林。这样，才能实现公共生态价值和私人经济利益的有效对接，让老百姓在呵护"绿水青山"中获得自己的"金山银山"。如果没有对"金山银山"的向往和青睐，则守护"绿水青山"的内生动力必然不足。

（二）调整整体布局，增强重点生态功能区分布的科学性

无论是国家层面还是各省层面，重点生态功能区的划定都或多或少地受行政区划的影响，各省更是直接划定"重点生态功能县"，即根据地区经济发展和生态基础，整建制地将部分县全域划定为重点生态功能区。河南省的重点生态功能县沿西部山区到西南部再到南部，呈半包围状分布，涵盖了全省大部分山区地带。这样的分布从地理上不利于充分发挥重点生态功能区的示范作用，或者说不能通过辐射效应很好地覆盖全省，与经济发展由传统模式全方位向绿色转型的要求并不对应。首先，划定的重点生态功能县传统生态基础厚重，山区森林植被覆盖率高，进一步发展森林业的空间相对有限，而森林业发展是生态文明建设的重中之重。因此，重点生态功能区应当充分考虑其均衡性，包括地理空间的均衡，也包括不同生态类型的均衡。森林业的发展具有全域性，如何全方位提高森林覆盖率，包括退耕还林政策的完善和拓展等，离不开重点生态功能区的制度支撑。对此，重点生态功能区划定时应作出充分考虑。其次，重点生态功能县的划定不仅要考虑既有的经济社会发展现状和生态基础，还要考虑自然生态系统的整体统一性。以河南为例，河南省地处中原，是海河、黄河、淮河三大水系发源地或者流经地，长江在

河南也有较大范围的流域面积,南水北调中线干渠穿境而过。呵护四大水系水体,特别是黄淮河的水质,不仅是河南省的问题,更是事关全国整体大局的问题。河南省地位特殊,如何践行习近平主席提出的"推动黄河流域高质量发展"❶的要求,任重道远。因此,还应当考虑以水系、水域、湖泊等局部、区域生态系统为基础划定重点生态功能区,形成地域、区域和流域相结合的重点生态功能区,实现重点生态功能区的全省网络覆盖,沟通各不同重点生态功能区域的有机联结,不能使其成为生态孤岛,更不能使其成为生态碎片。最后,考虑到自然生态系统的特征和规律,在划定重点生态功能区时可结合自然生态系统的分布,适当突破行政区划的限制,而以山脉坐落、河流走向、物种集聚等自然生态要素为基础,尽量减少、避免行政区划对自然生态系统的切割与截断,增强生态功能区建设的立体效果,保持生态系统的自然完整性,因为"自然存在最好"。❷即使是生态保护和改造行为,从自然的视角看也是一种"破坏",因为这种保护和改造本质上体现的是人类意志。

(三)建立科学的考核评估与扶持机制

对重点生态功能区的考核内容,应当由传统的经济考核走向生态考核。传统考核内容是经济发展速度、GDP 增长幅度等,这些内容和生态建设的目标是相悖的。因此,重点生态功能区应当考核生态产品提供情况、生态文明建设指标完成情况,包括森林覆盖率提高、退耕还林面积、空气质量污染指标的好转情况等,甚至当地居民搬迁集中居住、基础设施建设生态化程度、人们绿色生活低碳出行的观念和意识提高等,都应当涵盖在考核的范围之内。当然,并不是所有的生态指标都能够列入考核的范围,如物种、植被的恢复保全程度,生态保护所带来的气候状况好转等,这些内容具有宏观性、抽象性,也不仅取决于一地一域的努力和付出,其好转、变化也很难与具体的养护行为对接起来。对 GDP 的考核是次位的,不应当简单考核其增长的速度、幅度,甚至应当允许负增长,而且一定要坚持绿色 GDP 理念,不仅看数量的增加幅度,还要关注其背后资源的消耗量、环境容量的使用量等,以经济产出量和资源要素和环境容量的投入量之比作为考核数据。

---

❶ 习近平. 在黄河流域生态保护和高质量发展座谈会上的讲话 [J]. 求是,2019(20):4.
❷ [美] B. 康芒纳. 封闭圈 [M]. 侯文蕙译. 兰州:甘肃科学技术出版社,1990,26.

在对重点生态功能区的扶持方面，目前主要采取财政转移支付的手段，属于财政支持的范畴。这种单纯以财政拨付的方式来解决重点生态功能区地方政府的"生存"问题，不仅会增加财政负担，而且不具有可持续性，不利于激发地方政府和个人的主观能动性。拨款流程中的"跑冒滴漏"，也会使资金的使用效率大打折扣。因此，应逐步改变既有的财政拨款办法，改拨款为付款，实行拨款数额和生态绩效结合的办法，使省级政府和重点生态功能区之间的财政拨付演变成为财政赎买。具体办法是以年度为单位，在全面考核地方生态产品提供情况和数量的基础上，按照一定的方法和路径对其生态产品进行价值评估，参照评估的价值数额决定拨付款数额，使财政拨款的数额和地方生态建设的实际绩效结合起来。

除了行政手段之外，还可以考虑借助市场手段配置生态资源。市场的配置绩效人尽皆知，但如何将市场手段运用到生态产品配置领域尚无成例。对此，可以建立统一开放的生态产品交易市场，政府规定可交易的具体品种，市场对全社会开放，私人作为交易主体广泛参与其中。作为先行先试，可以先进行活林交易、风电光电等非化石能源产品的用能权交易，不仅能吸引社会资本投入生态建设领域，还可对全社会生态理念的建树起到引领和倡导作用。

结　语

生态文明建设任重道远。重点生态功能区制度作为其先行尝试，意义深远。因此，应当调整重点生态功能区的整体分布，增强重点生态功能区的覆盖性、辐射性；重点生态功能区的划定应充分考虑原始山岭、水系、森林等自然生态要素的分布，形成以自然生态原状为基础的重点生态功能区；重点生态功能区应充分凸显对生态产品提供、生态状况改善的追逐和重视，尽量限缩经济发展的区域范围，尤其是尽量发展无污染低能耗的经济产业。在保证重点生态功能区域发展的可持续性方面，应当借助市场的机制和力量提高产出效率，吸引社会资本对生态领域的投入，逐步减少对财政资金的依赖。

新时代我国企业环境信用评价制度研究

梁增然[*]

习近平总书记在党的十九大报告中明确指出"健全环保信用评价、信息强制性披露、严惩重罚等制度"。企业环境信用评价制度是环境规制的一种制度建设形式，而建立与发展企业环境信用评价制度，逐步健全与完善企业环境信用评价机制是打赢环境污染攻坚战，实现政府、企业和公众环境共治，改善环境质量的重要保障，在党的十九大再次作出加快生态文明体制改革、建设美丽中国重大部署的情况下，意义尤其重大。本文中的企业环境信用评价，是指环保部门根据企业环境行为信息，按照规定的指标、方法和程序，对企业环境行为进行信用评价，确定信用等级，并向社会公开，供公众监督和有关部门、机构及组织应用的环境管理手段。❶

一、国家层面企业环境信用评价制度的发展脉络

在我国，企业环境信用评价制度建设时间并不久远，但一些相关法律、行政法规、部门规章和其他规范性文件（见表1）已经先后制订、公布与实

---

　　* 作者简介：梁增然，法学博士，郑州大学法学院讲师，硕士生导师。
　　❶　环境保护部、发展改革委、人民银行、银监会：《企业环境信用评价办法（试行）》（环发〔2013〕150号）。

施，国家层面的企业环境信用评价制度的建立与发展进程比较迅速。

在有关企业环境信用评价的社会信用体系建设上，2007 年 3 月，《国务院办公厅关于社会信用体系建设的若干意见》（国办发〔2007〕17 号）提出，要"建立信用信息共享制度，逐步建设和完善以组织机构代码和身份证号码等为基础的实名制信息共享平台体系，形成失信行为联合惩戒机制，真正使失信者'一处失信，寸步难行'"。2011 年 7 月，《中共中央、国务院关于加强和创新社会管理的意见》（中发〔2011〕11 号）提出，要"建立健全社会诚信制度"。2013 年 12 月，中共中央办公厅印发的《关于培育和践行社会主义核心价值观的意见》（中办发〔2013〕24 号）提出，要"加强政务诚信、商务诚信、社会诚信和司法公信建设，开展道德领域突出问题专项教育和治理，完善企业和个人信用记录，健全覆盖全社会的征信系统，加大对失信行为的约束和惩戒力度，在全社会广泛形成守信光荣、失信可耻的氛围"。2014 年 6 月，国务院印发的《社会信用体系建设规划纲要（2014—2020 年）》（国发〔2014〕21 号）提出，在推进重点领域诚信建设上，要"建立企业环境行为信用评价制度，定期发布评价结果，并组织开展动态分类管理，根据企业的信用等级予以相应的鼓励、警示或惩戒。完善企业环境行为信用信息共享机制，加强与银行、证券、保险、商务等部门的联动"。2016 年 5 月，国务院发布的《关于建立完善守信联合激励和失信联合惩戒制度加快推进社会诚信建设的指导意见》（国发〔2016〕33 号）提出，要按照褒扬诚信、惩戒失信、部门联动、社会协同、依法依规、保护权益突出重点、统筹推进的基本原则，"加快推进社会信用体系建设，加强信用信息公开和共享，依法依规运用信用激励和约束手段，构建政府、社会共同参与的跨地区、跨部门、跨领域的守信联合激励和失信联合惩戒机制"。

针对企业环境信用评价制度建设，2005 年 11 月，国家环保总局印发的《关于加快推进企业环境行为评价工作的意见》（环发〔2005〕125 号）规定，"从 2006 年起，各省、自治区、直辖市要选择部分地区开展试点工作，有条件的地区要全面推行企业环境行为评价；到 2010 年前，全国所有城市全面推行企业环境行为评价，并纳入社会信用体系建设"，"企业环境行为评价指标体系，包括企业污染物排放行为、环境管理行为、环境社会行为、环境守法或违法行为等方面"，并且规定对企业"环境行为进行综合评价定级。评价结果通常分为很好、好、一般、差和很差，为方便公众了解和辩（辨）识，以

绿色、蓝色、黄色、红色和黑色分别进行标示，并向社会公布"。2007 年
7 月，国家环境保护总局、中国人民银行、中国银行业监督管理委员会《关
于落实环保政策法规防范信贷风险的意见》（环发〔2007〕108 号）提出各级
环境保护等有关部门，要"加强环保和金融监管部门合作与联动，以强化环
境监管促进信贷安全，以严格信贷管理支持环境保护，加强对企业环境违法
行为的经济制约和监督，改变'企业环境守法成本高、违法成本低'的状
况"，并且要求"各级环保部门应当按照环保总局与人民银行制定的统一标
准，提供可纳入企业和个人信用信息基础数据库的企业环境违法、环保审批、
环保认证、清洁生产审计、环保先进奖励等信息"，"人民银行及各分支行要
引导和督促商业银行认真落实国家产业政策和环保政策，将环保信息纳入企
业和个人信用信息基础数据库，防范可能的信贷风险"。

党的第十八大提出"加强政务诚信、商务诚信、社会诚信和司法公信建
设"以后，企业环境信用评价制度建设步伐进一步加快，较之以往，企业环
境信用评价制度明显健全与完善。2013 年 12 月，环境保护部、国家发展改革
委、中国人民银行、中国银监会印发的《企业环境信用评价办法（试行）》
（环发〔2013〕150 号）第 3 条规定："污染物排放总量大、环境风险高、生
态环境影响大的企业，应当纳入环境信用评价范围。"环境信用评价范围包括
环境保护部公布的国家重点监控企业等九大类企业。第 7 条规定，环保和其
他有关部门要"密切合作，共同构建环境保护'守信激励、失信惩戒'机
制"。在企业环境信用评价内容上，该办法第 11 条规定："企业环境信用评价
内容，包括污染防治、生态保护、环境管理、社会监督四个方面。"在企业的
环境信用评价等级上，第 12 条规定："企业的环境信用，分为环保诚信企业、
环保良好企业、环保警示企业、环保不良企业四个等级，依次以绿牌、蓝牌、
黄牌、红牌表示。"2014 年 4 月，十二届全国人大常委会第八次会议修订的
《环境保护法》第 54 条规定："县级以上地方人民政府环境保护主管部门和其
他负有环境保护监督管理职责的部门，应当将企业事业单位和其他生产经营
者的环境违法信息记入社会诚信档案，及时向社会公布违法者名单。"2014 年
8 月，国务院公布的《企业信息公示暂行条例》（国务院令第 654 号）第 18
条规定，县级以上地方人民政府及其有关部门应当对企业建立健全信用约束
机制。2014 年 11 月，《国务院办公厅关于加强环境监管执法的通知》（国办
发〔2014〕56 号）强调"建立环境信用评价制度，将环境违法企业列入'黑

名单'并向社会公开，将其环境违法行为纳入社会信用体系，让失信企业一次违法、处处受限"。2014年12月，环境保护部印发的《企业事业单位环境信息公开办法》第5条规定："环境保护主管部门应当根据企业事业单位公开的环境信息及政府部门环境监管信息，建立企业事业单位环境行为信用评价制度。"2015年4月，国务院印发的《水污染防治行动计划》（国发〔2015〕17号）提出，要"加强环境信用体系建设，构建守信激励与失信惩戒机制，环保、银行、证券、保险等方面要加强协作联动，于2017年底前分级建立企业环境信用评价体系"。2015年11月，环境保护部、国家发展改革委发布的《关于加强企业环境信用体系建设的指导意见》（环发〔2015〕161号）提出，"到2020年，企业环境信用制度基本形成，企业环境信用记录全面建立，覆盖国家、省、市、县的企业环境信用信息系统基本建成，环保守信激励和失信惩戒机制有效运转，企业环境诚信意识和信用水平普遍提高"。并且提出要"推动建立环保守信激励、失信惩戒机制"，"使守信者处处受益、失信者寸步难行"。2018年5月，国务院办公厅印发的《国务院办公厅关于开展工程建设项目审批制度改革试点的通知》（国办发〔2018〕33号）提出要"加强信用体系建设"，强调要"建立工程建设项目审批信用信息平台，建立黑名单制度，将企业和从业人员违法违规、不履行承诺的不良行为向社会公开，构建'一处失信、处处受限'的联合惩戒机制"。2018年6月，《中共中央 国务院关于全面加强生态环境保护坚决打好污染防治攻坚战的意见》（中发〔2018〕17号）提出，要"健全环保信用评价、信息强制性披露、严惩重罚等制度。将企业环境信用信息纳入全国信用信息共享平台和国家企业信用信息公示系统，依法通过'信用中国'网站和国家企业信用信息公示系统向社会公示"。

表1　国家有关企业环境信用评价法律、行政法规、部门规章和其他规范性文件

名　称	颁布（公布）机关	颁布（公布）时间	备注
关于加快推进企业环境行为评价工作的意见	国家环保总局	2005 - 11 - 21	环发〔2005〕125号
国务院办公厅关于社会信用体系建设的若干意见	国务院办公厅	2007 - 03 - 23	国办发〔2007〕17号

名　称	颁布（公布）机关	颁布（公布）时间	备注
关于落实环保政策法规防范信贷风险的意见	国家环境保护总局、中国人民银行、中国银行业监督管理委员会	2007 - 07 - 12	环发〔2007〕108 号
关于加强和创新社会管理的意见	中共中央、国务院	2011 - 07 - 05	中发〔2011〕11 号
关于加强环境保护重点工作的意见	国务院	2011 - 10 - 17	国发〔2011〕35 号
企业环境信用评价办法（试行）	环境保护部、国家发展改革委、中国人民银行、中国银监会	2013 - 12 - 18	环发〔2013〕150 号
环境保护法	全国人大常委会	2014 - 04 - 24	七届全国人大常委会第十一次会议通过，十二届全国人大常委会第八次会议修订
社会信用体系建设规划纲要（2014—2020 年）	国务院	2014 - 06 - 14	国发〔2014〕21 号
水污染防治行动计划	国务院	2015 - 04 - 2	国发〔2015〕17 号
关于加强企业环境信用体系建设的指导意见	环境保护部、国家发展改革委	2015 - 11 - 27	环发〔2015〕161 号
关于建立完善守信联合激励和失信联合惩戒制度加快推进社会诚信建设的指导意见	国务院	2016 - 05 - 30	国发〔2016〕33 号
关于对环境保护领域失信生产经营单位及其有关人员开展联合惩戒的合作备忘录	国家发展改革委、人民银行、环境保护部等	2016 - 07 - 20	发改财金〔2016〕1580 号
关于全面加强生态环境保护 坚决打好污染防治攻坚战的意见	中共中央、国务院	2018 - 06 - 24	中发〔2018〕17 号

二、我国企业环境信用评价制度建设的特色

从企业环境信用评价制度建立与发展情况来看，国家层面企业环境信用评价制度建设具有以下三个比较明显的特点。

（一）企业环境信用评价制度建设凸显国家政策导向重要作用

党中央、国务院高度重视社会信用体系和环境信用评价体系建设。2002 年 11 月，党的十六大提出，要整顿和规范市场经济秩序，健全现代市场经济的社会信用体系。2003 年 10 月，党的十六届三中通过的《中共中央关于完善社会主义市场经济体制若干问题的决定》提出，要"建立健全社会信用体系。形成以道德为支撑、产权为基础、法律为保障的社会信用制度"。2006 年 3 月，十届全国人大四次会议通过的《国民经济和社会发展第十一个五年规划纲要》提出了加快建设社会信用体系的重点。2007 年 10 月，党的十七大提出，要"加快形成统一开放竞争有序的现代市场体系，发展各类生产要素市场，完善反映市场供求关系、资源稀缺程度、环境损害成本的生产要素和资源价格形成机制，规范发展行业协会和市场中介组织，健全社会信用体系"。2011 年 3 月，十一届全国人大四次会议通过的《国民经济和社会发展第十二个五年规划纲要》提出了加快社会信用体系建设的总体要求。2012 年 11 月，党的十八大提出，要"加强政务诚信、商务诚信、社会诚信和司法公信建设"。2013 年 11 月，党的十八届三中全会提出，要"建立健全社会征信体系，褒扬诚信，惩戒失信"。2014 年 10 月，党的十八届四中全会提出，要"加强社会诚信建设，健全公民和组织守法信用记录，完善守法诚信褒奖机制和违法失信行为惩戒机制"。2016 年 3 月，十二届全国人大四次会议通过的《国民经济和社会发展第十三个五年规划纲要》提出，要"建立企业环境信用记录和违法排污黑名单制度"。2017 年 10 月，党的十九大提出，要"推进诚信建设和志愿服务制度化，强化社会责任意识、规则意识、奉献意识"。2018 年 2 月，党的十九届三中全会通过的《中共中央关于深化党和国家机构改革的决定》提出，要"加强信用体系建设，健全信用监管，加大信息公开力度，加快市场主体信用信息平台建设，发挥同行业和社会监督作用"。

这些政策反映了环境信用体系建设的国家意志，为我国企业环境信用评

价制度建设发挥了重要的导向作用，正因为有了这些方针政策，才推动了我国企业环境信用评价制度建设。比如，在这些政策导向作用下，通过《关于加快推进企业环境行为评价工作的意见》《企业环境信用评价办法（试行）》《企业事业单位环境信息公开办法》《关于加强企业环境信用体系建设的指导意见》《中共中央 国务院关于全面加强生态环境保护坚决打好污染防治攻坚战的意见》等法律法规和规范性文件的制订与实施，我国的企业环境信用评价制度得到了建立与发展。

（二）企业环境信用评价制度建设实行双向互动模式

在中央与地方分权❶的背景下，国家的制度创建通常采用两种行为模式：一是自下而上的（bottom - up）创建模式。地方之间基于合作或者竞争关系先行建立相关制度，最终推动国家在相关制度上的确立，此即制度创建上的自下而上的创建模式。相较于自上而下的压力型推动，自下而上的推动进路更有利于制度的自主式扩散，借助于"地方政府"这一"实验室"，中央最终找到能发挥作用的创新制度并在全国范围推行。国外对于制度的创建通常采用的就是这种模式，比如，美国硫化物排放交易制度的创建模式，国外已有学者对其作出结论。奥茨认为，美国1990年《清洁空气法修正案》中有关硫化物排放交易的规定，正是基于此前数州已经实施了各自不同排放交易模式的经验。在国家尚未推行某项制度时，如果地方政府事先成功地实施了该项制度，这一地方模式往往会紧接着成为中央层面推行此项制度的模板。❷ 为什么采用这种模式？罗德纳认为，"地方介入国家政策制定程序，有利于克服官僚主义惰性"❸。二是实验（laboratory）创建模式。实验创建模式是一个地方尝试新的经济社会制度，其实验的成功经验可以为其他地方学习和借鉴的制度创建模式。这一模式概念较早能追溯至布兰代斯大法官一段极为著名的论断："若某个州（在公民同意的前提下）甘当实验室，勇于尝试新的经济与

❶ 有关我国中央与地方分权的考察，参见郑永年. 中国的"行为联邦制"：中央—地方关系的变革与动力 [M]. 北京：东方出版社，2013.

❷ Wallace E. Oates. An Essay on Fiscal Federalism [J]. Journal of Economic Literature，1999，37（3）：1120 -1149.

❸ Jenna Bednar. The Political Science of Federalism [J]. Annual Review of Law and Social Science，2011，7（1）：273.

社会制度，而无需其他各州承担风险，这对联邦国家是一件幸事。"❶ 奥茨还认为，在不完整信息的背景下，地方政府通过边做边学（learning – by – doing），从解决社会、经济问题的各种实验中可以获得潜在的利益。❷ 由于地方政府更加了解当地的经济发展水平、技术水平、公众偏好以及其他特有的地方性条件，因而有优势去创造出更适合当地的制度。而地方政府所创造出的创新性制度，由于其所蕴含的制度优势而可能为其他地方所学习与借鉴，从而进一步扩散创新性制度在地区之间的传播。❸ 因此，实验创建模式又被称为水平式创建模式。我国企业环境信用评价制度建设同时体现以上两种模式。

1. 自下而上的制度建设

江苏省自 2000 年起最早在部分地区尝试行了企业环境信用评价相关工作，有些地区还创新性地采用从优到劣依次用绿、蓝、黄、红、黑五种颜色来标明企业环境信用等级评价结果的方法。作为中部地区工矿资源型城市的安徽省铜陵市也开展了企业环境信用评价试点工作，并于 2003 年 10 月和 2005 年 3 月分别公布了 2002 年度和 2004 年度的工业企业环境信用等级。这些地方较早建立和实施了企业环境信用评价制度，在探索和实践企业环境信用评价制度上充当了先锋。但是，在企业环境信用评价制度建设起始阶段，国家层面仅有对建设项目进行环境信用评价制度的原则性要求，并无制度建设具体内容，地方试点的制度建设也是浅层次的，所以，企业环境信用评价在全国范围内，从制度建设到制度实践都基本上是一种"期待"的状态。

在国家法律政策推动作用下，企业环境评价制度建设与实践工作在一些地区陆续展开。比如，广东省《重点污染源环境保护信用管理试行办法》（2006 年）规定，对重点污染源环境保护信用评价可以选取 12 项环境保护信

---

❶ New State Ice Co. v. Liebmann, 285 U. S. 262, 311 (1932).

❷ Wallace E. Oates. An Essay on Fiscal Federalism [J]. Journal of Economic Literature, 1999, 37 (3): 1132.

❸ 斯特莫普夫指出，地方政府在采用一项新政策时，会产生有用的信息，信息的正外部性因而也会弱化地方政府制度创新的内在动力，出现所谓规则搭便车的现象。Koleman S. Strumpf, Does Government Decentralization Increase Policy Innovation?, Journal of Public Economic Theory, Vol. 4, No. 2, 2002, p. 208. 加勒持有相反的观点，认为创新规制的正外部性不一定会减削弱地方制度创新的动力。Brian D. Galle, Joseph K. Leahy, Laboratories of Democracy? Policy Innovation in Decentralized Governments, Emory Law Journal, Vol. 58, Issue 6, 2009, p. 1333.

用评价指标，分别以绿牌、黄牌和红牌标示出"环保诚信企业""环保警示企业"和"环保严管企业"三类不同环境信用等级的企业，对不同评级结果的企业可以采取不同的环保管理、环境鼓励或惩罚措施。《中山市污染源环境保护信用管理办法》（2006年）率先确定了强制参与环境信用评价的企业范围，明确了强制参与企业和自愿参与企业各自的评价标准与评价方法，并且将企业内部的环境管理制度也纳入其中。深圳市采用的是市人居委和区环保局两级评审制，不再对国控和省控污染源进行重复评价，并且在省环保局规定用绿、黄、红三种颜色标示企业环境信用等级的基础上又增加了蓝色等级，用其代表环境信用合格企业。佛山市甚至还专门针对本地区汾江河流域的重点企业，制定了环境信用评价管理办法。

上述地方的先行先试以及由其带动各地建立与实施的企业环境信用评价制度所积累的制度建设经验，反过来又自下而上地推动了更高层次、更高效力和更大适用范围的企业环境评价制度建立与发展。比如，广东省及其广州市较早建立与实施了企业环境行为信用评价制度，基于有关制度及其建设经验相对成熟的原因，环保部委托广州市环保局草拟了《企业环境信用评价办法》。广州市环保局自2011年年底起即着手编制《企业环境信用评价办法（草案）》，环保部等四部委最终于2013年12月联合公布了《企业环境信用评价办法（试行）》，从国家层面统一建立了企业环境信用评价制度，很大程度上就是基于这一背景。

企业环境信用评价制度建设的自下而上的推进模式不仅适用于国家层面，同样适用于省级层面的制度建设。例如，南通市环保局会同价格主管部门于2009年建立了按照企业排污程度实行不同污水处理收费标准的制度：对零排放的绿色企业免征处理费，而对红色、黑色企业则在原有水费基础上每立方米分别加收0.3元和0.5元的污水处理费。此后，又于2014年8月调高了征收标准。南通市把发挥价格杠杆作用纳入企业环境信用评价制度建设的重要内容，这无疑会促使相关企业更加谨慎地执行环境信用评价制度，从而促使高污染高水耗企业转型升级和积极修复信用。受其推动，《江苏省污水处理费征收使用管理实施办法》（2016年）规定在全省全面实行差别化污水处理征收标准的政策。与之相似，江苏省还建立了根据环保信用评价等级试行差别电价制度，同样是借鉴了南通市的相关制度建设经验。

2. 水平式的制度建设

一些地方先行的企业环境信用评价制度建设与实践，以点带面，为水平式建立与发展企业环境信用评价制度发挥了示范引领作用，带动了企业环境评价制度建设与实践工作在各地全面展开，使中央提出的建立企业环境评价制度的要求得以落地生根。比如，在中央层面还尚未出台具体、可操作性制度规定的情况下，广东省于 2010 年 9 月公布的《广东省环境保护厅重点污染源环境保护信用管理办法》，不失为其他地方在建立企业环境信用评价制度上的一个模板，促进了其他地方相关制度的自主性立法。比如，江苏、浙江、湖北、重庆和上海等都是较早建立实施企业环境信用制度的省份，其中江苏、浙江和上海三个省市还共同制订了有关长江三角洲地区的企业环境信用评价标准。这些省市先行实施的企业环境信用评价制度均不同程度地模仿了广东省。第一，在企业环境信用评价程序上，这些省市都仿照了广东省的程序性制度规定，即确定参评企业→收集企业环境信用信息→初评企业环境信用等级→告知企业初评结果→复核并向企业反馈意见→审核确定环境信用评价意见→发布环境信用评价结果的企业环境信用评价；第二，在环境信用评价等级上，广东省从制度规定上将企业环境信用评价结果分为环保诚信、环保警示、环保严管（依次以绿牌、黄牌、红牌来标示）三个等级，这样的做法也被这些省市学习和利用；第三，在对企业环境信用等级分类管理上，这些省市借鉴广东省制度建设经验，通过制度建设均建立了激励与惩罚相结合的奖惩机制，环保、财政、税务、工商等多部门协同合作，依照规定奖励守信企业，处罚失信企业；第四，在企业环境信用评价动态管理上，它们建立了及时调整企业环境保护信用评价等级，视具体情况适时予以信用修复的制度，也是对广东省企业环境信用评价制度的学习与借鉴。各地对于制度的借鉴并非是简单的照抄照搬，相互之间在具体制度内容上会有一定的差别。比如出于制度可操作性的需要，湖南、山东两省将企业环境信用划分为四个评价等级，而浙江、山西和重庆将企业环境信用划分为五个评价等级。无论区分为几个等级，都是为了使公众更加直观地了解企业环境信息，便于对企业环境行为实施监督与管理。水平式建立与发展企业环境信用评价制度，不是只有一个地区的制度建设经验为另外一个或数个地区学习与借鉴，而是所有地区对于制度建设经验的学习和借鉴都是相互的。

《企业环境信用评价办法（试行）》实施以后，我国的企业环境信用评价制度建设进入密集期，企业环境信用评价在全国各地陆续展开。值得注意的是，在此之后，我国企业环境信用评价制度建设进程处于上下互动式，既有国家意志上自上而下的推进，又有地方按照国家意志先行建立具体制度、自下而上地为国家统一建立相关制度提供实践经验。这种上下互动不会止于一次，它是一种循环往复的过程，也只有这样才能使相关制度获得渐进式发展，我国的企业环境信用评价制度才不会停止健全与完善的建设步伐。

（三）企业环境信用评价制度建设呈现多部门合作发展趋势

我国企业环境信用评价制度建设的起始阶段基本上是由环保部门单一主导的，但随后不久，便转变为由环保部门"单打独斗"向多部门通力协作方向的演进。第一，有关制度建设文件的制定主体由单一的环保部门向包括环保部门在内的多部门共同颁布转变。在有关企业环境信用制度建设上，除了《关于加快推进企业环境行为评价工作的意见》由国家环保总局在 2005 年单独发布以外，此后有关企业环境信用评价制度建设的规范性文件均由多个相关部委联合发布。第二，建设企业环境信用评价制度的相关文件，都十分明确地要求多部门合作，注意到了部门协作在制度适用上所能起到的重要作用。比如 2013 年，环保部等四部委制定的《企业环境信用评价办法（试行）》第31 条规定，环保部门在掌握有关企业环境信用信息之后，应当通报给包括同级的发展改革、国资管理、人民银行和商务等有关主管部门，并且还要通报银行、证券、保监机构等。2015 年环境保护部和国家发展改革委公布的《关于加强企业环境信用体系建设的指导意见》，明确了企业环境信用体系建设指导原则、目标任务，并从企业环境信用记录信息范围、企业环境信用记录、企业环境信用信息公开制度、企业环境信用评价、企业环境信用信息系统建设和企业环保守信激励与失信惩戒机制建设等方面提出了指导意见。其中，在企业环境信用体系建设指导原则上，提出要"以企业环境信用信息的归集共享为基础，以企业环境信用信息的公示为方法，以相关部门协同监管、联合惩戒为手段，以提高企业环保自律、诚信意识为目的，建立环保激励与约束并举的长效机制"。在企业环境信用信息系统建设上，提出要"推进环保部门与其他部门之间的环境信用信息共享。环保部门应当分别按照国务院和地方人民政府关于信用信息共享交换的工作部署，将环境信用信息纳入全国统一的信用信息共享交换平台、企业信用信息公示系统和地方公共信用信息平台，实现信用信息互联互通"。在建立环保守信激励、失信惩戒机制上，提出发展改革部门应当完善企业环境信用多部门奖惩联动机制，推动环保部门沟通协调财政、商务、人民银行等有关主管部门或相关机构和行业组织"完善企业环境信用信息共享交换；推动有关部门和机构在行政许可、公共采购、评先创优、金融支持、资质等级评定等管理工作中，根据企业环境信用状况予以支持或限制，使守信者处处受益、失信者寸步难行"。并且明确提出环保部门、发展改革部门应当联合有关部门所应当采取的鼓励性和惩戒性措施。

　　企业环境信用制度建设之所以从单一依托环保部门转向多个部门合作，是因为环境信用制度建设是一项系统性工程，需要环保、金融、财政、税收、工商等各领域各部门的协同与合作。在环境信息不对称的情况下，企业一般不会主动改善自身环境行为，我们也不能完全依靠公众监督或者期待企业基于自身社会声誉而自发地提高其环境表现，所以，有必要通过建立相应的惩戒机制来促使企业提高环境信用程度。建立企业环境失信惩戒机制，仅仅依靠环保部门建立增加执法监察的频次、暂停各类环保专项资金补助或者取消荣誉称号等惩戒机制是不行的，还应当通过相关部门、相关行业，从制度规定上采取包括银行业机构审慎授信、保险机构提高环境污染责任保险费率、取消政府采购资格等系列性举措。在这方面，已有上市环境核查制度的前车之鉴，"在上市公司环境核查制度中，存在企业未获得核查通过却已经上市融资的情况，这也是造成证券市场对正向公告事件反应不显著的原因之一"。❶正是由于环保部门与证监会未能协调配合形成合力，上市公司环保核查结果无法为两个部门所共享，上市环保核查也就无法及时披露环境信息，所以对上市公司环境行为的治理缺乏足够的推动力，致使证券市场准入机制无法发挥应有作用。多部门合作建立企业环境信用评价制度，让多部门参与企业环境信用行为全过程监督与管理，反映了环境治理的时代要求。

---

❶ 胡梦泽，李巍. 上市融资环保核查对证券市场的影响：基于事件研究法的评价 [J]. 环境与可持续发展，2013（5）：36.

三、我国企业环境信用评价制度的实施成效与问题——以河南省为例

（一）河南省企业环境信用评价制度的建设与发展

在国家和一些地方先行建立实施企业环境信用评价制度的示范引领下，河南省也开启了企业环境信用评价制度建设步伐。

1. 全省适用的企业环境信用评价制度建设情况

在开启企业环境信用评价制度建设步伐以后，适用于全省有关企业环境信用评价制度建设的地方法规和政策规范性文件（见表 2）陆续出台。2006 年 5 月，河南省人民政府《关于加强全省社会信用体系建设的指导意见》（豫政〔2006〕28 号）提出要"加强企业信用建设"。2009 年 11 月，河南省人民政府《关于加快推进全省社会信用体系建设的通知》（豫政〔2009〕93 号）提出要"加快推进全省社会信用体系建设"。2014 年 3 月，河南省人民政府《关于加快推进社会信用体系建设的指导意见》（豫政〔2014〕31 号）明确了信用法规体系的指导思想、基本原则和工作目标，在提出要"建立健全信用法规体系，依法开展信用信息征集、披露和使用工作"的同时，强调要"抓紧制定出台我省公共信用信息管理、失信行为联合惩戒等规范性文件，建立失信企业黑名单制度"。

在环境保护部等部委联合印发《企业环境信用评价办法（试行）》（环发〔2013〕150 号），从国家层面具体建立企业环境信用评价制度以后，河南省企业环境信用评价制度建设速度提升。2014 年 3 月，河南省环境保护厅办公室《关于加强企业环境信用行为信息采集工作的通知》（豫环办〔2014〕28 号）提出要高度重视企业环境信用行为信息公开工作，并且明确了企业环境信用行为信息采集范围、内容，以及企业环境信用行为信息采集方法与责任分工。2015 年 9 月，河南省环境保护厅印发的《河南省企业环境信用评价管理办法（试行）》（豫环文〔2015〕193 号）规定了企业环境信用评价对象和评价标准、评价程序、奖励措施等制度内容，并且在附件中明确了《河南省企业环境信用等级评价评分标准（暂行）》。比如，围绕具体制度建设，该办

法第 6 条规定："本办法先行在全省国控、省控重点监控企业和辐射类企业推行，待经验成熟后，在其他重点企业推行；鼓励其他企业自愿参加，逐步增加参评企业数量。"第 7 条规定，企业环境信用等级评价每年评价一次，"按照企业环境信用状况，综合评分在 100—91 分之间的为 5A 级，90—81 分之间的为 4A 级，80—71 分之间的为 3A 级，70—60 分之间的为 2A 级，60 分以下的不予评级"。2017 年 11 月，河南省环境保护厅办公室《关于开展企业环境信用评价工作的通知》（豫环办〔2017〕120 号）提出，本次企业环境信用等级评价企业，包括 2016 年度废水、废气、污水处理厂等国家重点监控企业，具体评价可执行《河南省企业环境信用等级评价评分标准（暂行）》，评价主体为各省辖市、省直管县（市）环保局，具体组织开展辖区国家重点监控企业环境信用等级评价。为进一步明确企业环境信用等级评价企业范围，2018 年 2 月，河南省环境保护厅《关于印发 2018 年国控、省控重点排污单位名单的通知》（豫环文〔2018〕29 号）逐一列明了 2018 年度河南省国控、省控重点排污单位。2018 年 7 月，河南省环境保护厅等 6 部门联合印发的《河南省企业事业单位环保信用评价管理办法》（豫环文〔2018〕217 号）第 8 条规定，环保信用评价参评单位是重点排污单位、纳入排污许可证、危险废物经营许可证管理的企业事业单位等。第 10 条规定，"企业事业单位环保信用评价指标包括单位环境管理信息、环保行政管理信息、环保信用激励信息等三个方面"。第 11 条规定："企业事业单位的环保信用级别分为诚信、良好、警示、不良四个级别，在省环保信用评价管理系统中依次用绿、蓝、黄、黑标识。"第 12 条规定，有单位或其直接负责的主管人员和其他直接人员犯破坏环境资源保护罪、违反法律法规造成较大及以上环境事件等七种情形之一的，可以直接评定为"环境信用不良单位"。2018 年 10 月，河南省环境保护厅办公室《关于贯彻落实河南省企业事业单位环保信用评价管理办法的通知》（豫环办〔2018〕159 号）提出，从 2018 年 10 月 25 日起在全省范围内正式启动环保信用评价工作。

表2　河南省有关企业环境信用评价地方法规和政策规范性文件

名　　称	公布机关	公布时间	备注
关于加强全省社会信用体系建设的指导意见	河南省人民政府	2006 – 05 – 25	豫政〔2006〕28 号
关于加快推进全省社会信用体系建设的通知	河南省人民政府	2009 – 11 – 26	豫政〔2009〕93 号
关于加快推进社会信用体系建设的指导意见	河南省人民政府	2014 – 03 – 25	豫政〔2014〕31 号
关于加强企业环境信用行为信息采集工作的通知	河南省环境保护厅办公室	2014 – 03 – 25	豫环办〔2014〕28 号
河南省企业事业单位环境信息公开实施方案	河南省环境保护厅	2015 – 03 – 27	豫环文〔2015〕50 号
河南省企业环境信用评价管理办法（试行）	河南省环境保护厅	2015 – 09 – 23	豫环文〔2015〕193 号
关于开展企业环境信用评价工作的通知	河南省环境保护厅办公室	2017 – 11 – 29	豫环办〔2017〕120 号
河南省企业事业单位环保信用评价管理办法	省环保厅、省发改委等六个部门	2018 – 07 – 25	豫环文〔2018〕217 号
关于贯彻落实河南省企业事业单位环保信用评价管理办法的通知	河南省环境保护厅办公室	2018 – 10 – 22	豫环办〔2018〕159 号

2. 省辖市区域适用的企业环境信用评价制度的实施成效

总体来说，省辖各市都能按照国家和河南省相关制度规定开展企业环境信用评价工作，但在国家和河南省相关制度的具体化及其具体实施上又有所不同，从主要的具体化制度建设与实践情况来看，大体可划分为以下四种类型。

第一种，在《河南省企业环境信用评价管理办法（试行）》公布实施之前，已按照国家环保总局《关于加快推进企业环境行为评价工作的意见》等具体建立并实施企业环境信用评价制度的省辖市，如平顶山、许昌和三门峡市。这三个省辖市都在全省范围内先行建立了具体化企业环境信用评价制度，并且具体制度采用了出台"企业环保信用评价办法"的制度建设形式，这意味着制度的适用对象范围不局限于国家环保总局《关于加快推进企业环境行为评价工作的意见》实施之前所曾经规定的规划或者建设项目，而是扩展到了"企业"概念意义上的企业。比如，作为河南省企业环境保护信用等级评价试点的平顶山市，自2011年3月便开始实施的《平顶山市企业环境保护信用等级评价实施办法（试行）》从环境管理、达标排放、总量控制、社会行为、守法情况、环境绩效等六个方面，把企业环境信用分为以3星、2星、1星、黄牌、黑牌进行标示的五个等级，并且规定，对于被评为3星和2星的企业，环保部门对其优先安排环保专项资金，上市环保核查、环境科技项目立项可以享受相关减免、优惠政策；对于黄牌、黑牌企业，环保部门将其列入重点监管对象，停止受理其扩建项目环评，限制其使用环保专项资金，并在评先、信贷、上市、认证等方面均不对其出具肯定性证明。

再比如，在时间上，企业环境信用评价制度建设走在全省前列的三门峡市。早在2012年4月，三门峡市环保局就颁布了《三门峡市企业环保信用评价办法（试行）》，对环境信用评价指标、程序、管理等方面作出了规定。比如，为有利于多方监督与管理，促使企业改进环境行为，该办法规定，对于参评企业环境行为的评价等级的划分，可以将评价等级区分为环保守法企业、环保警示企业、环保严管企业，并依次以绿牌、黄牌、红牌进行标示。此外，为在化解金融风险的同时也能利用金融杠杆促进在经济结构优化基础上的节能减排，三门峡市银行业根据有关制度规定，按照企业环境信用等级确定信贷支持方向，这不失为一种通过发展绿色信贷来构筑环境安全防线的做法。三门峡市在后来的制度完善过程中也作出了一定的努力。比如，三门峡市环保局在其2018年3月公布实施的《三门峡市环境保护系统信用体系建设实施方案》中，提出要建立企业环境信用评价"红黑榜"、环评机构及从业人员信用管理等项制度的主要任务，并且针对几项制度的建立分别提出了具体要求。比如针对企业环境信用评价"红黑榜"制度的建立，提出要"推行企业环境行为信用评价制度，定期发布评价结果，根据企业的信用等级予以相应的鼓励、警示或惩戒"；针对环保失信企业法人、实际控制人、主要股东及关联人的惩戒制度的建立，提出要做好辖区内国控、省控企业环境信用评价工作，"对环境违法企业要列入'黑名单'并向社会公开，将其环境违法行为纳入社会信用体系，让失信企业一次违法、处处受限"。

许昌市也是较早建立实施企业环境行为信用评价制度的省辖市。2012年12月，许昌市人民政府印发了《许昌市环境保护工作绩效考核暂行办法》和

《许昌市企业环境行为信用评价办法》,其中《许昌市企业环境行为信用评价办法》第 4 条规定,"企业环境行为信用评价划分为五个等级,即:很好、好、一般、差、很差。为了便于了解和辨识,以绿色、蓝色、黄色、红色和黑色分别进行标示"。第 5 条规定,企业环境行为信用评价的对象包括严重超标和超总量控制指标排污的、使用有毒有害原材料的以及贮存和使用辐射源的等类型的企业和单位。第 11 条规定,企业环保行为信用等级评价每年评定一次,环保部门对取得环境行为信用评价等级的企业实行动态化管理,对黄色、红色、黑色信用等级企业,相应增加检查频次,加大执法检查力度,督促企业改进升级。据此,许昌市环保局还印制了《许昌市企业环境行为信用评价细则》,并于 2014 年首次开展了企业环境行为信用评价工作。在这次参与环境行为评价的 145 家企业中,分别有 30、27、73、11 和 4 家企业依次被评为绿色、蓝色、黄色、红色和黑色 5 个环境行为信用等级,为后来采取激励或惩戒措施提供了依据。此后,许昌市环保局对《许昌市企业环境行为信用评价细则》进行了修订。从此,根据《许昌市企业环境行为信用评价办法》和《许昌市企业环境行为信用评价细则》(2015 年修订),许昌市企业环境行为信用评价进入了一年一次分批实施阶段。截至 2018 年,许昌市已经进行了四个批次的企业环境行为信用评价,逐年评定了一些企业的环境信用等级。比如,2018 年已完结的第四批企业环境行为信用评价中,从环境保护局筛选确定的 699 家参评企业评价结果来看,有绿色企业 224 家、蓝色企业 267 家、黄色企业 143 家、黑色企业 47 家、停产企业 18 家。

第二种,在《河南省企业环境信用评价管理办法(试行)》颁布实施之后,结合自身实际制定具体评价制度措施的省辖市,如鹤壁和郑州市。鹤壁市在省环保厅公布《河南省企业环境信用评价管理办法(试行)》之后,鹤壁市环保局便于 2015 年 12 月及时公布了《鹤壁市企业环境信用评价管理办法(试行)》。该办法根据河南省企业环境信用评价管理办法等有关制度规定,明确了鹤壁市企业环境信用评价对象与评价标准、评价程序和监督管理等制度内容。比如,该办法第 6 条规定,企业环境信用行为评价"先行在全市国控、省控重点监控企业和辐射类企业推行,待经验成熟后,在其他重点企业推行;鼓励其他企业自愿参加,逐步增加参评企业数量。评价企业名单根据实际需要每年予以调整"。第 7 条规定,企业环境行为信用等级评价每年评价一次,根据《河南省企业环境信用等级评价评分标准(暂行)》,综合评分在

100—91 分的为 5A 级，90—81 分的为 4A 级，80—71 分的为 3A 级，70—60 分的为 2A 级，60 分以下的不予评级。第 8 条规定，对于出现环境违法构成环境犯罪、建设项目未进行环境影响评价或环境影响评价文件未按规定通过审批即擅自开工建设等 6 种情形之一的企业不予评级。第 10 条规定，"企业环境行为信用等级每年评价一次，评价周期为一年，每年 3 月份开始上一年度企业评价工作"。此外，该办法还规定了对于不同等级的企业可以采取的激励与惩戒措施。

郑州市并未以"企业环境信用评价办法"的形式出台具体实施企业环境信用评价的制度，但围绕环境保护领域违法失信行为联合惩戒机制建设，专门建立了工业企业、施工扬尘和建筑垃圾清运企业环境信用评价计分办法，企业环境信用评价制度建设起步较晚，但表现出了强劲的后劲。2018 年 5 月，郑州市政府办公厅印发了《关于对环境保护领域违法失信行为实施联合惩戒的通知》（郑政办〔2018〕58 号），以其附件形式打包出台了《郑州市工业企业环境监管信用评价计分办法（试行）》《郑州市施工扬尘监管信用评价计分办法（试行）》《郑州市建筑垃圾清运企业信用评价计分办法（试行）》等关于联合惩戒环境保护领域违法失信行为的三大新政。比如，《郑州市工业企业环境监管信用评价计分办法（试行）》，主要从信用评价内容及评分标准和信用评价结果运用两个方面规定了相关制度内容。其中第 4 条规定，"工业企业环境监管信用评价包括企业污染防治信息、环境管理信息等指标"。第 6 条规定："工业企业环境监管信用评价记分按照百分制进行，记分周期为每年 1 月 1 日至 12 月 31 日，记分满一周期，扣分情况自动清零，不转入下一周期。"第 7 条规定："环境监管信用评价基准分为 100 分。评价得分在 90 分（含）以上的为环保诚信单位；80 分（含）—90 分的为环保信用良好单位；60 分（含）—80 分的为环保信用警示单位；60 分以下的为环保失信单位。"第 9 条规定，企业环境监管信用评分结果作为对其实行守信激励、失信惩戒的依据，对连续两年评分为 100 分以上，且年度内没有失信记录的企业列为"红榜"的单位实施对其危险废物经营许可证、可用作原料的固体废物进口许可证以及其他行政许可申请事项予以积极支持、优先安排环保专项资金或者其他资金补助等项联合激励措施。第 10 条规定："对被评定分值低于 80 分的环保信用警示的企业，市、县两级环境监察部门将其列为重点监督检查对象，提高监督检测抽查频次，按照规定加强监督、监测、监控管理。对工业企业信用评分扣减到 80 分时，由环境监管部门对失信单位实施警示，对其下达书面告诫通知；扣减到 70 分时，对失信单位实施约谈；对评定结果低于 60 分的企业，列入'黑榜'失信名单，通过政府网站或相关媒体进行公示，推送至市信用办按照规定组织市信用建设成员单位实施联合惩戒。"第 11 条规定，对评分低于 60 分的"黑榜"失信企业，对其实施下列惩戒措施：企业黑榜信息在市环保局网站进行公示（期限一年），公示期内责令其向社会公布改善环境行为的计划或者承诺，按季度向实施环境信用评价管理和直接对该企业实施日常环境监管的环保部门书面报告企业环境信用评价中发现问题的整改情况；期限内未整改完成的公示期向后顺延，直至信用修复为止。不仅如此，第 12 条还作出了如何惩戒"黑榜"失信企业法定代表人、主要负责人和负有直接责任人员的制度规定，第 14 条还作出了如何建立"黑榜"修复机制的制度规定。除此之外，三个办法还分别附设了信用评价量化计分明细或计分标准。制度规定出台以后，郑州市随即进入制度实施阶段，并于 6 月 3 日很快通报了部分施工项目、项目建设单位、项目施工单位、项目监理单位、建筑垃圾清运企业及其运输车辆的环境信用评价情况，此后一些企业或施工项目的环境信用评价陆续展开并且及时公开了评价结果，使环境信用评价制度落到了实处。为完善相关制度，经过市政府组织相关单位对上述文件内容进行修订，郑州市人民政府办公厅于 2018 年 10 月印发了《关于印发大气环境信用评价计分办法的通知》（郑政办〔2018〕92 号），在原有制度的基础上又充实了《郑州市工业企业环境监管信用评价计分办法（试行）》《郑州市施工扬尘监管信用评价计分办法（试行）》《郑州市建筑垃圾清运企业信用评价计分办法（试行）》的相关制度内容。比如新修订的《郑州市工业企业环境监管信用评价计分办法（试行）》第 15 条规定，失信主体失信行为涉及距离上一次信用修复时间不到 1 年，或者 3 年内信用修复累计满 2 次等情形之一的不予环境信用修复。第 16 条规定，信用修复必须符合失信信息公示或者查询期限最短不少于 3 个月、违法失信行为已接受行政处罚并得到有效整改等条件。

第三种，在《河南省企业环境信用评价管理办法（试行）》颁布实施之后，正在研究制定企业环境信用评价办法的省辖市，如焦作市。其实，焦作是很早尝试企业环境信用制度的省辖市。比如，焦作市人民政府办公室于 2004 年 6 月制定的《焦作市企业环境行为信息公开化管理实施方案》规定，要建立重点企业污染控制报告会制度，对 36 家企业，按照企业环境行为优劣程度评出 5 个环境信用等级，公开其环境行为信息。评级结果分为优秀、良好、一般、较差、差 5 个等级，依次以绿色、蓝色、黄色、红色、黑色标识。当企业环境信用评价制度建设进行到 2017 年以后，为建立一般性企业环境信用评价制度需要，焦作市人民政府于 2017 年 2 月在其印发的《关于打赢水污染防治攻坚战的意见》中提出，要"研究制定《焦作市企业环境信用评价办法》，构建守信激励与失信惩戒机制"的要求。目前，《焦作市企业环境信用评价办法》并未见诸媒体，意味着还在研究制定之中。

第四种，直接施行《河南省企业环境信用评价管理办法（试行）》的省辖市，比如驻马店市和洛阳市。《河南省企业环境信用评价管理办法（试行）》于 2015 年公布实施，驻马店市并未将其具体化，在本市未具体制定企业环境信用评价办法的情况下，直接将这一管理办法运用于企业环境信用评价之中。比如驻马店市环保局关于 2016 年企业环境信用评价的公示，公示了五家重点企业环境信用评价结果，评价的依据就是《河南省企业环境信用评价办法（试行）》。2018 年 8 月，驻马店市环保局在其关于企业信用评价公示（县区企业）中，公示了 27 家县区企业的环境信用评价结果，评价时也主要依据了《河南省企业环境信用评价管理办法（试行）》。洛阳市的企业环境信用评价也是如此。2015 年 12 月，洛阳市通过环境评价公布了首批 51 家 5A 级企业名单，评价的依据也主要是《河南省企业环境信用评价办法（试行）》。

（二）河南省企业环境信用评价制度建设中的问题

河南省企业环境信用评价制度的建立与发展，对构建政府为主导、企业为主体、社会组织和公众共同参与的环境治理体系发挥了重要作用。然而，相关制度建设时间比较短暂，并且制度的建立与发展是一个渐进的过程，从制度内容及其实践情况来看，环境信用评价制度建设还存在一些不健全、不完善的问题。

1. 企业环境信用评价制度建设侧重于原则性要求

在河南省人民政府《关于加强全省社会信用体系建设的指导意见》（豫政〔2006〕28 号）提出要"加强企业信用建设"以后，河南省先后制订并出台了一些有关企业环境信用评价制度建设的规范性文件。但是，直至 2015 年 9 月出台《河南省企业环境信用评价管理办法（试行）》之前，这些文件都比较侧重于企业环境信用评价制度建设原则性要求，少有企业环境信用评价制度具体内容，而且有关制度主要适用于规划和建设项目，对于"企业"概念意义上的企业进行环境信用评价未必适用。在《河南省企业环境信用评价管理办法（试行）》出台之后，这类问题明显减少，但并非没有。比如《河南省企业环境信用评价管理办法（试行）》关于"待经验成熟后"在其他重点企业推行和"鼓励其他企业自愿参加"的规定，仍然是原则性的。

2. 企业环境信用评价制度难以实现制度建设目的

现以《河南省企业环境信用评价管理办法（试行）》为例作以简要说明。该办法从评价对象与评价标准、评价程序和奖惩措施等方面具体建立了企业环境信用评价制度，相对以往这是一大进步。制定实施管理办法的主要目的，就是要强化企业环境监管，充分发挥社会舆论监督作用，激励企业持续改进环境行为，这在其第 1 条中已有明确的表述。但从具体制度内容来看，未必能够为实现这一目的提供制定保障。比如第 6 条规定，"本办法先行在全省国控、省控重点监控企业和辐射类企业推行，待经验成熟后，在其他重点企业推行；鼓励其他企业自愿参加，逐步增加参评企业数量"。至于何为经验成熟，鼓励措施如何，未见该办法或其他相关规范性文件予以明示。这就意味着该办法实施三年有余，企业环境信用评价对象范围至今还局限于国控、省控重点监控企业和辐射类企业，除此之外的重点企业和其他企业还未纳入环境信用评价范围。这就是说，未纳入环境信用评价范围的企业是强化环境监管企业之外的，既然是这样，该办法意欲的强化环境监管、发挥社会舆论监督作用、改进环境行为，在实践中势必会遭受打折的境遇。

3. 企业环境信用评价制度未必能够实现惩戒作用

现仍以《河南省企业环境信用评价管理办法（试行）》为例。比如该办法第 7 条规定，按照评分高低，可以将企业环境信用划分为 5A、4A、3A、2A四个等级，60 分以下的不予评级。对于不予评级企业的认定，该办法第 8 条规定，出现因环境违法构成环境犯罪、建设项目未进行环境影响评价或环境影响评价文件未按规定通过审批而擅自开工建设等情形之一的，不予评级。对于不予评级企业如何惩罚？根据该办法第 16 条的规定，将环境信用等级 2A以下企业"列为现场执法检查重点企业，各级环保部门加大监督检查和监察频次，同时，不参与环保部门组织的评优评先等资格"。事实上，不予评级意味着对其没有等级上的认定，环境问题严重企业的环境行为信息反而被掩盖，这恰恰在一定程度上迎合了一些企业本不想参加环境信用评价的动机，如果是这样，还谈何企业环境信用评价制度的惩戒作用？

4. 企业环境信用评价制度效力不高

《企业环境信用评价办法（试行）》等法律、行政法规和部门规章的颁布，意味着我国通过立法在国家层面建立了企业环境信用评价制度，有关制度在全国范围内普遍适用。为实施有关制度，在省人民代表大会及其常务委员会还未颁布地方法规，省政府还未制定地方政府规章的情况下，从省级层面制订并出台了《河南省企业环境信用评价管理办法（试行）》和《河南省企业事业单位环保信用评价管理办法》等。然而，《河南省企业环境信用评价管理办法（试行）》等都是省政府所属部门制定的，有关制定规定达不到地方政府规章的最低法律位阶，因而难免遇到效力不高和执行不力的问题。

5. 企业环境信用评价制度未能有效建立第三方参与评价机制

《河南省企业环境信用评价管理办法（试行）》第2条规定，企业环境信用评价是指环境保护行政主管部门"根据企业的环境行为信息，按照一定的评价标准和程序，对企业环境信用进行综合评价定级"；《河南省企业事业单位环保信用评价管理办法》第2条规定："本办法所称企业事业单位环境信用评价，是指环保部门根据企业事业单位环境信息，按照环保信用评价标准和程序，对其环保信用进行评价定级，并向社会公开环境评价信息的管理手段。"可见，两个办法所称的企业环境信用评价就是环保部门对企业进行环境信用评价，所界定的环境信用评价的实施主体的指向仅有环保部门。当然，《河南省企业环境信用评价管理办法（试行）》第11条规定，评价企业名单和初评结果通过在省环保厅网站上公示的形式征求公众意见，以及《河南省企业事业单位环保信用评价管理办法》第21条规定参评单位和其他单位、公众等对初评结果如有异议，可在公示期满后十个工作日内向负责评级环保部门的上一级环保部门提出异议，似乎也有让第三方参与的意思表示，但这样的参与不是关键性的初评过程的参与，而仅仅是知道初评结果以后的事情，在事实上这与将实施环境信用评价的主体仅限于环保部门别无二致。企业环信用评价需要经过明确评价范围、具体评价、划分初评等级、进行公示和确定评价结果等环节，各个环节都有一定的专业技术含量。进行环境评价，特别是在具体评价阶段，如果没有专业技术上的考量，就难以确保环境评价的公平、公开与公正。

四、我国企业环境信用评价制度的完善建议

（一）细化企业环境信用评价制度内容

在企业环境信用评价制度建立实施的起始阶段，出现规范性文件对于制度内容规定得不具体，甚至常有部分文件仅有原则性要求、少有具体内容的问题。但是随着制度建设的逐步推进，特别是在国家《企业环境信用评价办法（试行）》公布实施以后，相关制度内容就应当尽量细化，使其在具体实施中具有可操作性。这就意味着有关规范性文件无论出台于《办法》公布实施前后，只要继续实施，并且已经发现存在制度建设过于原则问题的，就要尽快对其进行修订。法律的生命力在于实施，作为具有约束力的规范性文件也是如此。如果规范性文件关于制度的规定过于原则，不便于实施，也就失去了生命力。细化企业环境信用评价制度内容要区分不同情况，针对不同情况采取不同的细化措施。比如《河南省企业事业单位环保信用评价管理办法》第 9 条规定的鼓励其他企业事业单位自愿参加，逐步增加参评企业数量，就缺少具体鼓励措施，解决类似在制度建设上仅有原则性规定问题的建议，就是要视其是否积极参与环境信用评价，从市场准入、信贷支持、授予荣誉等方面建立具体可行的鼓励其参与企业环境信用评价的制度措施。

（二）发挥企业环境信用评价制度应有的惩戒作用

"惩戒"这一偏正词组由"惩"和"戒"二字组成，"惩"是"惩罚"，"戒"是戒备或者防备，至于惩戒之意就是通过惩罚过错来防备未来发生不当行为。而企业环境信用评价制度中的"惩戒"，意即按照制度规则对企业进行环境信用评价，通过对低等级企业进行处罚，使其在环境行为上有所戒备，预防不良环境行为继续发生。这里的处罚不是行政上责令停产停业或吊销许可证之类的行为罚，也不是罚款或没收财物之类的财产罚，而是公开其较低

的环境信用等级，使其名誉受损的声誉罚。这样的处罚似乎仅仅触及皮毛，其实直击了内里。因为一旦声誉受损，便会处处受限，这种"疼痛"是难以忍受的。如欲从中解脱出来，唯有履行环境责任，改善环境行为，提高环境信誉。意欲如此，就要对现有制度进行修订。

（三）建立企业环境信用评价第三方参与机制

企业环境信用评价制度未能建立第三方参与评价机制，分析其原因，一方面是第三方评估机构成长缓慢，第三方评估机构参与企业环境信用评价的条件尚未成熟，一时还不适于对其作出独立开展具体评价工作的制度规定；另一方面则是企业环境信用评价相关制度的缺失制约了第三方评估机构的成长，第三方评估机构在企业环境信用评价未必能够担当，反过来又淡化了相关制度的建立与发展。但这并不意味着不应该也不需要引入第三方参与环境信用评价机制，恰恰相反，未来企业环境信用评价制度建设，更应该注重于社会评估机构等第三方参与环境信用评价机制的建立与发展，以保障环境信用信息评价者具有中立性，不受企业等外部条件左右，做到企业环境信用评价结果客观、真实与准确，能够经得起时间的检验。在建立第三方参与评价机制方面，许昌市已进行有益尝试。比如，许昌市建立了一个名为"企业环境行为信用评价工作领导小组办公室"的专门负责企业环境信用评价的工作机构，具体评价时，邀请人大代表、政协委员、行业专家和市工商联等有关人员参加，并将整个评价工作向前扩展到具体评价之前参评企业的确定，向后延伸到初评结果公示以后有关异议的处理。这对于通过企业环境信用评价制度建设建立第三方参与环境信用评价机制是具有借鉴意义的。

国际法编

论新时代中国特色社会主义涉外经济法律体系[*]

郭德香^{**}

一、新时代中国特色社会主义涉外经济法律体系的理论内涵

（一）新时代中国特色社会主义涉外经济法律体系的内涵

新时代习近平主席围绕坚持中国特色社会主义法治道路、建设中国特色社会主义法治体系、统筹推进国内法治和涉外法治等问题，作出了一系列重要指示，具有重大意义。在"十四五"规划开局之际，完善好中国特色社会主义涉外经济法律体系是建设中国特色社会主义法治体系的应有之义。涉外经济法律体系是指由涉外经济法律规范所组成的、涉及不同层面、相互联系并以法规内容作为归纳标准的有机整体。❶ 可以说，我国的涉外经济法律规范

　　* 本成果系国家社科基金项目"国家安全视域下金融数据跨境流动的法律规制研究"（21BFX121）的阶段性成果。

　　** 作者简介：郭德香，郑州大学法学院教授，博士生导师，主要研究方向为国际经济法学、民商法学、国际关系学。

❶ 李茜. 关于建立我国涉外经济法规的构想［J］. 中州学刊，1993（2）：4.

中渗透了许多例如宪法、国际经济法、民商法等不同法律部门中的涉外经济法律条文，而涉外经济法律体系正是因为这些多层次的涉外经济部门法的有机联系才得以形成。一个科学的涉外经济法律体系应当是一个层次清晰、架构合理、种类齐备、运行高效、有机融合的涉外经济法律群体。要想形成这一完备的体系，决不能把中央、地方及部门、区域割裂开来，而应当实现从上到下、从整体到部分的全面联动，切实做到在中央的统一领导下，各个地方依照自己本土的区位优势制定单行法律、法规。只有这样，做到各个区块的有机融合，使其相互联系、彼此贯通，涉外经济法律体系才能"化静为动"，摆脱"一潭死水"的境地，进而在这一动态的全方位互动中不断向前，与时俱进，最终形成完善的新时代中国特色社会主义涉外经济法律体系。

（二）新时代中国特色社会主义涉外经济法律体系的理论基础

中国特色社会主义法律体系是以宪法为基础建立的，涉外经济法律体系无疑是其中一个重要的组成部分。在中国特色社会主义涉外经济法律体系中，各个涉外经济部门法规之间调整的对象是相同的，我们可以称之为"同质性"。[1] 在"同质性"的支配之下，这些不同层次的法规拥有一个共同的目的，即透过涉外经济关系来直观地揭示其本质以及运动的规律。因此，可以说"同质性"是构成涉外经济法律体系的客观基础，如果欠缺"同质性"这一理论要素，则不能构成涉外经济法律体系。加之，"经济基础决定上层建筑"，中国走向世界的脚步不会停歇，我国发展的步伐愈来愈强而有力，中国特色社会主义已经翻开了新的一页。习近平总书记在中国共产党第十九次全国人民代表大会上的发言中指出，我们要"推动形成全面开放的新格局"，强调"开放带来进步，封闭必然落后"。[2] 这一系列的讲话，为涉外经济法律体系的进一步完善注入了强大动力。与此同时，社会实践不断更新，新问题、新情况层出不穷，这就要求现有的涉外经济法律体系必须进行革新以适应不断发展的社会现实。在这一要求之下，涉外经济立法会日渐丰富，渐趋完备，这就为涉外经济法律体系的进一步完善提供了现实基础。

---

[1] 李茜. 关于建立我国涉外经济法规的构想 [J]. 中州学刊，1993（2）：44.
[2] 汪洋. 推动形成全面开放新格局 [N]. 人民日报，2017-11-07（4）.

二、新时代中国特色社会主义涉外经济法律体系的建设现状

目前，新时代有中国特色的社会主义涉外经济法律体系已初步建成，主要包括我国制定的涉外经济法律制度以及我国作出的涉外经济法治安排。

（一）新时代我国制定的涉外经济法律制度

1. 竞争保护法律制度

就目前而言，《反垄断法》和《反不正当竞争法》是我国竞争法领域的两部主要法律。2008 年 8 月 1 日实施的"经济宪法"，即《反垄断法》❶ 重点对企业之间订立的垄断协议、滥用市场支配地位、影响正当竞争的经营者集中等行为作出了限制。2018 年 8 月 1 日《反不正当竞争法》正式生效实施，其主要针对混淆以及仿冒、商业贿赂、虚假宣传、侵犯商业秘密、商业诋毁、不正当的有奖销售以及互联网不正当竞争行为进行了限制。自诞生以来，它们在保护和鼓励公平竞争、维护经营者和消费者的合法权益、保障国内经济大循环的行稳致远等方面作出了显著的贡献，其中有部分条款对涉外领域的垄断及反垄断、不正当竞争及反不正当竞争等方面作出了规定，对于维护涉外经济领域的有序竞争提供了有力的法律保障。

2. 外商投资法律制度

1978 年以来，在"改革开放"背景下，我国为更快地进入国际市场、熟悉国际规则，先后颁布了《中华人民共和国中外合资经营企业法》《中华人民共和国中外合作经营企业法》《中华人民共和国外资企业法》等多部外资法。但近年来，我国经济发展迅猛，全球经济局势动荡，缺乏统一性、层次不清晰、内容冗杂的原有法律体系愈来愈跟不上全面深化改革及进一步扩大开放时代的潮流，这就导致了外资在我国的发展前景不甚明朗，其活力也受到了

---

❶ 王煜佳. 试论经济全球化新形势下我国涉外经济法律制度的调整对策［J］. 法制与社会，2009（1）：18.

抑制，同时，市场这一在资源配置中起决定作用的因素无法最大限度地得到发挥。在多个因素的共同作用下，2020 年我国一部统一的《中华人民共和国外商投资法》（以下简称《外商投资法》）正式诞生并生效实施，该法被确定为新时代我国外商投资领域的基础性法律。

3. 贸易法律制度

贸易促进及管理制度、贸易救济制度共同构成了贸易法律制度。我国的《对外贸易法》《涉外法律关系适用法》《民法典》《出口管制法》等共同构成了贸易促进及管理法律制度。如今，国际贸易格局已发生根本变化，表现为货物贸易产业不断优化，服务贸易的比重也得到了极大提升。整个生产力体系方面的变化，正在影响和产生新的世界贸易规则，贸易促进及管理的相关法律制度成为贸易发展、贸易促进的重要倚仗。

《反倾销条例》《货物进出口管理条例》《反补贴条例》《保障措施条例》加上在"两反一保"出口应诉、壁垒调查以及行政复议等方面的 24 项部门规章，共同构成了我国的贸易救济法律体系。在上述内容中，几部条例是我国以 WTO 贸易救济制度的规则作为准绳而制定的。随着经济全球化程度的不断深化，我国在贸易救济实践领域的难题日渐增多。因此，以商务部牵头的对我国贸易救济调查领域的 24 项部门规章的修订工作已经在有条不紊地展开。目前，《反倾销和反补贴调查听证会规则》《反倾销问卷调查规则》和《倾销及倾销幅度期间复审规则》三部新的规章已经问世。

4. 金融及外汇管理制度

金融及外汇管理制度是新时代中国特色社会主义涉外经济法律体系的一个重要组成部分，是我国制定的涉外经济法律制度之一。金融领域的法律制度主要有《中国人民银行法》《商业银行法》《证券法》《保险法》《票据法》《信托法》《银行业监督管理法》《反洗钱法》《证券投资基金法》等，我国没有专门的涉外金融法，调整涉外金融关系的规定散见于具体法规之中。此外，还有一些间接调整金融关系的规定在《民法典》等法律中，它们共同组成了我国的涉外金融法律制度。

2019 年以来，为方便社会公众查询使用，国家外汇管理局更新了《现行有效外汇管理主要法规目录》（以下简称《目录》），《目录》共收录截至 2019 年

6 月 30 日发布的外汇管理主要规定 223 件。《目录》按照综合、经常项目外汇管理、资本项目外汇管理、金融机构外汇业务监管、人民币汇率与外汇市场、国际收支与外汇统计、外汇检查与法规适用、外汇科技管理八大项目分类，并根据具体业务类型分为若干子项。新增入《目录》文件主要涉及支付机构外汇业务管理、跨国公司跨境资金集中运营管理等，主要有《中华人民共和国外汇管理条例》《个人外汇管理办法》《境内外汇账户管理规定》《境外外汇账户管理规定》等，共同构成了我国外汇管理法律制度，是涉外经济法律体系的重要组成部分。

（二）新时代我国作出的涉外经济法治安排

我国作出的涉外经济法治安排主要包括加入世界贸易组织（WTO）、签署《区域全面经济伙伴关系协定》（RCEP）、完成中欧投资协定的谈判等协调区域经贸规则安排，以及建立自由贸易试验区和自由贸易港法律制度、"一带一路"法律制度等其他制度安排。

1. 加入世界贸易组织（WTO）

2001 年 12 月 11 日，中国成为世界贸易组织的第 143 个成员国。当时，中国对外开放正处于新的发展阶段，中国加入世界贸易组织，是中国实行改革开放、推进现代化的历史必然，也是进一步推进全方位、多层次、宽领域开放的重要契机。这是一个开放的时代，中国加入世贸组织，不仅促进了中国经济的发展，也促进了亚洲和世界经济的繁荣。

中国加入世贸组织后，积极履行入世承诺，进一步开放市场，践行自由贸易理念，履行在知识产权保护和透明度领域的职责，显示出大国的真正责任意识和风范。我国所采取的一系列举措促进了贸易自由化，推动了多边贸易体制的正常运行，使国际社会向一个更加开放、自由和包容的方向发展。根据美国驻华商会发布的《2021 年中国报告》，在华外资企业对中国经济发展前景持乐观态度，75% 的受访企业对未来两年中国市场前景持积极态度，81% 的企业认为 2021 年中国市场将实现正增长。❶ 如今，在华设立的外资企

❶ 外交部. 中国美国商会报告反映出中美经贸关系互利共赢本质 [EB/OL]. (2021 - 03 - 10) [2021 - 04 - 26]. http：//world. people. com. cn/n1/2021/0310/c1002 - 32048282. html.

业已超过 100 万家，2020 年中国成为全球最大的外资流入国。以市场化、法治化、国际化为方向，中国改善营商环境的步子在加快。世界银行发布的《2020 营商环境报告》显示，中国营商环境在全球 190 个经济体中排名第 31位，中国连续两年被世界银行评为全球营商环境改善幅度最大的十大经济体之一。❶

2. 批准区域经贸规则 RCEP

2020 年 11 月 15 日，RCEP 正式签署，意味着世界上最大的自由贸易区正式诞生，RCEP 对亚洲地区的经济一体化具有重要意义。RCEP 是区域自由贸易体制的新模式，对我国建立全面法治国家起到了积极的推动作用。中国一直保持着国内改革和国际监管理念并重的做法，此举为我国与 RCEP 规则的顺利衔接奠定了基础。

中国批准 RCEP 和加入 WTO 都经历了马拉松式的谈判过程，但中国批准 RCEP 的难度与入世难度大不一样。入世是中国的重要选择，但当时中国的市场经济还不发达，中国的法治建设刚刚开始，这对当时的中国而言无疑是一个巨大的挑战。如今，中国已加入世贸组织近二十年，经过长期的积累和改革，中国的经贸体制已不断完善，逐步与有关国际规则接轨，国内营商环境日益市场化、合法化，在此背景下，中国签署 RCEP 相对容易一些。

从艰难加入 WTO 到如今我国积极推动 RCEP 的谈判和批准，我国从国际规则的加入国到国际规则的创始国，从被动地加入到如今积极推动国际规则的制定，我国日益走到世界舞台的中央，为全球治理贡献自己的力量，展现大国风采。

3. 完成中欧投资协定的谈判

中欧投资协定于 2013 年正式启动，共经过了七年时间，35 轮谈判，2020年 12 月 30 日，中欧国家元首和政府首脑共同宣布按期结束中国投资协定的谈判。❷ 中欧投资协定的达成对双方而言都是一个历史性突破，也是中国全球

---

❶ 新华社. 世界银行 23 日发布的《2020 营商环境报告》显示，中国营商环境在全球 190 个经济体中排名第 31 位，较去年的第 46 位大幅提升 [EB/OL]. (2019 – 10 – 24) [2021 – 04 – 26]. http：//www. gov. cn/xinwen/201910/24/content_5444374. htm.

❷ 罗珊珊. 平衡高水平互利共赢的投资协定 [N]. 人民日报，2020 – 12 – 31 (6).

化的新里程碑。这不仅表明了中国推进高水平开放的决心和信心，还将积极促进贸易自由化、投资便利化，为经济全球化注入新的动力。

中欧投资协定的达成，可以促进中国与欧盟在环境与气候高层对话和中欧数字领域高层对话的持续发展，推动中欧绿色伙伴和中欧数字伙伴关系的提升。中欧投资协定在环保、新能源汽车等领域作出了市场准入的承诺。此外，协定的达成有利于欧盟在中美之间发挥更大的作用。欧盟作为第三方，可以促进中美之间的对话和合作，并召开中美欧三方会议，以便三方就对抗疫情、全球卫生系统、气候变化等关键问题展开讨论，推动全球治理改革。

4. 其他涉外经济法律制度安排

新时代中国特色社会主义涉外经济法律体系由涉外经济法律制度与区域经济法治安排组成，国内法治与涉外法治协调推进，共同服务于我国的经济建设。区域经济法治安排除以上区域经贸规则外，还包括一些其他制度安排，主要如下。

第一，自由贸易试验区和自由贸易港法律制度。2013 年起，我国开始实施自由贸易试验区战略。❶ 我国的自贸试验区法律建设把重点放在了经济社会治理方式的改革上，这就使得其与国内外已有的经济特区有了较为明显的区分。该战略实施以来，我国把促进贸易便利化、投资自由化、政府职能的转变作为工作重心，取得了显著的成就。截至 2020 年 9 月，中国已分 6 批次批准设立了 21 个自贸试验区（港），初步形成了"1+3+7+1+6+3"的基本格局，形成了东西南北中协调、陆海统筹的开放态势，推动形成了我国新一轮全面开放格局。❷

2017 年 10 月 18 日，习近平在十九大报告中指出，要赋予自由贸易试验区更大改革自主权，探索建设自由贸易港。2018 年 4 月 13 日，党中央决定支持海南全岛建设自由贸易试验区，支持海南逐步探索、稳步推进中国特色自由贸易港建设。2020 年 6 月 1 日，中共中央、国务院印发了《海南自由贸易港建设总体方案》。2020 年 12 月 31 日，经国务院批准，国家发展改革委员

---

❶ 李光辉. 加快实施自由贸易区战略 ［EB/OL］. （2017 - 04 - 21）［2021 - 04 - 26］. http：// theory. people. com. cn/n1/2017/0421/c40531 - 29226224. html.

❷ 陈炜伟，谢希瑶. 我国自贸试验区再扩容 ［EB/OL］. （2020 - 09 - 21）［2021 - 04 - 26］. https：//baijiahao. baidu. com/s？ id = 1678437927729477251&wfr = spider&for = pc.

会、商务部发布第 39 号令，全文发布《海南自由贸易港外商投资准入特别管理措施（负面清单）（2020 年版）》，自 2021 年 2 月 1 日起施行。❶ 如今，我国无论是自贸试验区的建设还是自由贸易港的建设都取得了较大的成功，并在自由贸易试验区和自由贸易港内逐步建设起相应的法律制度，共同丰富了新时代中国特色社会主义涉外经济法律体系。

第二，"一带一路"倡议法律制度。2013 年开始，"一带一路"倡议就已经孕育诞生，在经历提出概念、论证倡议、设计制度、搭建框架这四个阶段以后，"一带一路"倡议的初步架构已经基本形成，其制度建设和发展模式在一定意义上直接影响着 21 世纪全球经济治理的最终结果。❷ "一带一路"倡议的快速推进，离不开党和中央的高度支持，另外，国际形势的变化也是推动倡议形成的一个重要原因。贸易增长速度在全球范围内放缓，保护主义、逆全球化思潮涌动成为欧美国家对外贸易的趋势，面对此种压力，欧美国家开始质疑经济全球化的正当性，并把这些不利结果归结于经济全球化。经济民族主义情绪高昂、中小国家经济利益受损，巨大的阴影开始笼罩在国际贸易自由化的进程之中。

在这一消极背景之下，中国提出的"一带一路"倡议缓解了国内外的经济压力的同时，也是带有中国思维的国际安全观、发展观、秩序观的体现。"一带一路"倡议的提出给了欧美国家为逆全球化而找寻借口的行为一记沉重的反击，为维护倡议沿线国家的自身发展利益作出了贡献。从本质上来讲，"一带一路"倡议的提出与国际法的目标是一致的，都是使各个国家能够在经济全球化的浪潮之下得到最大程度的发展。对于我国而言，提出"一带一路"倡议，是符合本国发展国情的，与此同时，也使中国在国际舞台上展现了自身的风姿，使更多的人能够看到中国企业的身影。在国际层面，"一带一路"倡议的提出进一步完善了国际法内容，此外，以"一带一路"战略为基础签订的各项条款已经成为调整和规范各国之间经济交往的法律准则，在国际社会上得到了普遍的认同。

"一带一路"倡议是中国对全球贡献的独特智慧，我国应充分吸收和归纳"一带一路"倡议实施过程中的各项经验，使之成为一项具有普遍指导意义的

---

❶ 国家发展改革委、商务部发布 2020 年版海南自由贸易港外资准入负面清单［EB/OL］．（2020 - 12 - 31）［2021 - 04 - 26］．http：//baijiahao．baidu．com/s？id = 1687595236803336042&wfr = baike．

❷ 苏格．全球视野之"一带一路"［J］．国际问题研究，2016（2）：1 - 2.

法律制度，并将其纳入涉外经济法律制度建设的过程之中，为我国新常态下经济行稳致远提供有力支撑。

三、新时代中国特色社会主义涉外经济法律体系的特点

（一）新时代中国特色社会主义涉外经济法律体系面临新情况

1. 国内发展开创新局面

2021 年是"十四五"规划的开局之年，是我国全面建成小康社会进而向社会主义现代化建设迈进的第一年，国内经济发展开创新局面，各种活力竞相迸发。自党的十九大报告以来，我国对坚持和发展社会主义的基本方略作了更加具体的安排，即要更加全面坚持深化改革、坚持新发展理念、坚持全面依法治国、坚持推动构建人类命运共同体，对外经贸及其法治建设的发展方向、发展方式、发展动力等基本问题也包含在其中。构建新时代中国特色涉外经济法律体系是我国更好地扩大开放、发展开放型经济、加速实现贸易强国目标的重要组成部分，我们必须以新时代中国特色社会主义思想为指导，以十九大指出的基本方略为根本遵循，全面、系统地进行中国特色社会主义涉外经济法律体系的进一步建设和完善。

2. 国际社会复杂多变、机遇与挑战并存

首先，经济全球化潮流不可阻挡。人类只有一个地球，人类也只有一个未来。这句话映射在经济领域，就体现为经济的全球化。随着科技的进步，各国间经济发展的需求不断增长，国家与国家之间的经济联系日益密切，每一国家都成为全球经济链条上的重要一环。在这一国际经济大势的推动之下，只有更好地"走出去"、与他国进行良性的经济交往，才能使我国的经济拥有蓬勃的生命力，才能使经济更加健康、可持续地发展。

其次，世界经济格局动荡不安。2018 年美国开始奉行"美国优先"原则，自此以后，其以"单边主义"为政策对诸多国家加征进口关税，点燃了各国的怒火。除此之外，美国还企图通过发动贸易战来追求经贸的平衡。这一举动给全球价值链条以及产业链条中的利益相关者造成了极大损害，同时

使世界自由经贸格局遭受了重创，阻碍了经济全球化的进程。另外，美国还频繁地发起贸易调查，限制对外投资和出口行为。现阶段，中美贸易摩擦不断升级，二者之间的竞争逐步由技术、利益方面向体制和观念方面过渡。加之英国脱欧对世界经济形势所带来的影响，在这种种因素的共同作用下，世界经济格局变幻莫测、动荡不安。

最后，多边贸易体制遭受强烈冲击。以规则为基础的多边贸易体制自从世界贸易组织成立以来就成为经济全球化发展的奠基石，它维护了世界贸易秩序，使国际贸易得到了长足的发展。但是，现阶段，世界各国的发展水平存在一定的差距，这就导致了不同国家的价值诉求以及利益取舍必然会出现分歧，造成多边贸易的落实难以保持一致。在特朗普担任美国总统期间，这种现象尤为明显。特朗普不仅要求美国退出 WTO，甚至造成上诉机构濒临瘫痪，❶ 严重拉缓了经济全球化的正向发展进程。加之近几年来，TPP、TTIP、TISA 等区域性经济发展协定被欧美一些国家极力推崇，出现了多边主义碎片化现象。以上数例都揭示了多边贸易体制正在遭受着负面冲击。

（二）新时代中国特色社会主义涉外经济法律体系焕发出强大活力

1. 初步形成了宽领域、多层次、高水准的涉外经济法律制度体系

自中华人民共和国成立以来，为了加强与世界各国的交往，我国的涉外经济立法活动从未间断。我国涉外经济法律制度一路走来，立足、针对不同阶段的国情，努力使自身的变革适应这个不断更新的社会。终于，经过一次次的实践到理论再到实践的过程，一个宽领域、多层次、高水准的涉外经济法律体系已经逐步形成，为新时代中国特色社会主义法律体系的更加完善作出了不可忽视的贡献。

2. 我国以双边和多边的方式积极参加国际经济贸易规则的制定和争端解决

中国自加入 WTO 以来，始终以世界贸易组织规则作为自己行为规范的标

---

❶ 尹哲. 俄媒：美国让 WTO 濒临瘫痪 多国酝酿反击［EB/OL］.（2018 - 06 - 03）［2021 - 04 - 26］. http：//news. sina. com. cn/w/2018 - 06 - 03/doc - ihcmurvf5962275. shtml.

准，通过多边或者双边的方式参与国际间的交往，为世界贸易的发展贡献着自己的力量。除此之外，中国的涉外经济法律制度也为国际经贸规则的制定提供了参考，注入了新鲜血液。例如，在争端解决方面，我国自入世以来始终坚持WTO的争端解决机制，从不食言、认真履行裁决，并与重要合作伙伴建立了定期磋商机制，积极参与国际经贸规则的制定和国际争端解决制度的完善。

（三）新时代完善中国特色社会主义涉外经济法律体系是迫切需要

1. 新时代完善中国特色社会主义涉外经济法律体系是建设法治国家的需要

建设法治国家需要统筹好国内法治和涉外法治，全面依法治国涵盖国内和国际两个大局。❶ 坚持统筹推进国内法治和涉外法治，协调推进国内治理和国际治理，是习近平法治思想的时代逻辑和核心要义之一。依法治国是党领导人民治理国家的基本方略，我国的对外经济交往须有法可依，要将法治原则贯彻于每一项重大部署和政策之中。党的十九大报告把全面依法治国作为新时代中国特色社会主义的基本方略，作为我国迈入新时代国家治理的重中之重，在全面推进开放新格局中必然要将其贯彻到底。进入新时代，我们要明确全面开放主要是指中国对世界的开放，这标志着更加广阔、更加有深度的经济交往将会出现在各个国家之中。因此，涉外经济法治建设的重要性在中国全面开放格局形成进程中的重要性不言而喻。

2. 新时代完善中国特色社会主义涉外经济法律体系是展现"大国角色"的需要

当今世界各国间的经济交往日益密切，中国应当在这一时代背景之下更好地展现自身的"大国角色"。在不断深化对外开放的进程中，国际法治建设的作用必须进一步彰显。习近平总书记在对人类前途命运以及国际发展大势作出深刻的思考后，提出了建设"一带一路"的伟大构想，这一方案是中国不断扩大对外开放及与世界各国开展经济合作的创新形式，而中国对 WTO 多边体制的坚定维护、对推进区域贸易及投资协定谈判的支持态度，则集中体

---

❶ 王轶. 坚持统筹推进国内法治和涉外法治［N］. 人民日报，2021 - 3 - 19（11）.

现在高水平贸易和投资自由化、便利化政策之上。海南自由贸易港的建设，是中国更大程度地将国际贸易投资规则纳入自身的规则体系架构过程中的鲜明展现。可见，我国的涉外法治建设与国际规则的不断完善不是割裂开来，而是相互借鉴、融会贯通的。需要明确的是，要想形成全面开放的新格局，中国的国际法治建设进程绝不能落后，这不仅是我国国内法治的迫切需要，也是当今特殊国际背景下中国维护以法治为核心原则的全球治理体系的使命和担当。

3. 新时代完善中国特色社会主义涉外经济法律体系是参与全球治理的需要

在构建具有中国特色的涉外经济法律体系的过程中，更多的国家愿意实现从"旁观者"到"参与者"角色的转变，参与中国全面开放的建设进程之中。不言而喻，这一举措为全球经济治理贡献了中国智慧。共建"一带一路"倡议一经提出，我国就立刻开展了积极行动，得到了全球 140 多个国家和 80 多个国际组织的支持和参与，使优惠惠及了"一带一路"沿线各国。与此同时，更多的国家发现了其中的闪光点，愿意参与进来，拓宽了我国对外开放的道路。我国涉外法规都包含了"涉外""国际"等因素，在规则的制定上始终以全开放的实际需要为出发点，又严格地以国际法规、国际原则为依据，做到了与国际法治保持一致。❶ 在这一过程中，我们依靠国际法治、运用国际法治，展现了我国的大国风范，也使得我国的大国角色更加深入人心。同时，中国更深一步的扩大对外开放必将为国际法治的发展带来长足的积极影响。

四、新时代中国特色社会主义涉外经济法律体系映射的价值导向

（一）立法层面的价值导向

1. 公平

习近平总书记在党的十九大报告中明确指出，要进一步清理、废除妨碍

---

❶ 曾令良. 国际法治与中国法治建设［J］. 社会科学，2015（10）：143.

统一市场和公平竞争的各种规定和做法。完善公平竞争制度、建立高标准市场体系也在《中共中央关于坚持和完善中国特色社会主义制度推进国家治理体系和治理能力现代化若干重大问题的决定》中被重点强调。此外，"公平"二字在新实施的《外商投资法》中也多次出现。竞争中性原则也强调在市场经济中各经济主体之间享有平等的竞争优势。由此，我们不难看出，"公平"这一基础价值在涉外经济立法活动中是至关重要的。只有有了公平的竞争环境，投资者的各项权益才会有稳定的保障，可以说，公平是涉外经济立法的灵魂。

2. 自由

"市场在资源配置中起决定性因素"可以说是对"自由"一词的完美诠释。当前，国际经济发展势如破竹，贸易投资的自由化、便利化已成为国际社会的共同追求，而国际投资自由化在国际投资中所占的分量与日俱增，渐趋成为国际投资领域的一个重要原则，该原则意味着涉外市场主体的合法商业活动能够受到法律的保护而不受干预。在涉外经济方面，涉外经济活动的繁荣程度与政府的干预息息相关：干预过多会使涉外经济活动的活力降低，而干预过少则会导致市场失灵。因此，我们要清楚地认识到，这种自由不是绝对的自由，而是一种市场主导与政府调控的相对自由。可以看出，虽然法律自由价值的追求在涉外经济立法活动中不是无条件的，但是这种追求自由的价值却是绝对的。❶

3. 效率

毋庸置疑，任何领域的立法实践都有一个共同的目的指向，即促进社会的正向发展，涉外经济的立法也是如此。构建涉外经济法律体系是为了更好地维护我国的涉外经济利益，追求社会整体效益的提高。要想尽快实现这一目标，一套行之有效的运行体系必不可少，在这一目标的实现过程中，效率是其内涵。只有效率提升了，那些减缓社会发展速度的束缚、阻隔、桎梏才会被打破，生产力才能提高，才能为经济的发展奠定稳固的社会基础。

---

❶ 李宁. 从《外商投资法》的出台看涉外经济立法的价值追求与变迁［J］. 青年与社会，2020（4）：125.

（二）实践层面的价值导向

1. 切实性

基本国情反映了一个国家社会经济发展水平的真实情况，也是党和政府在不同阶段制定方针政策最为客观的现实依据。毛泽东也曾指出："认清中国的国情，乃是认清一切革命问题的基本的根据。"因此，中国特色社会主义法治体系的建设要从实践出发，立足于社会主义初级阶段这一基本国情。作为法治体系中必不可少的组成部分，涉外经济法律体系建设也要以此为导向，同时，不仅要以本国的经济发展现状及前景作为依据，也要具有全球视野，适应瞬息万变的国际经济发展大势，统筹好国内国际两个大局，真正做到"着眼当下、放眼未来"。

2. 可操作性

党的十八届四中全会强调了科学立法的问题。❶ 那么，什么样的法可以称为科学的法呢？应当将是否具有可操作性作为衡量一个法是否是科学之法的标准。一部高质量的法律，可操作性必须要强，即能够对具体的法律事项以及法律关系作出指引，有针对性地解决相关问题。涉外经济层面的立法也应当具有这一价值追求，通过归纳问题解决的相关过程，形成一个具有普遍指导意义的、切实可行的制度。如果一项法律制度缺乏了可操作性，它就犹如一潭死水，是没有生命力可言的，促进社会发展更是不可企及的空想。

（三）社会层面的价值导向

1. 维护国家经济安全及利益

任何立法活动的目的都是使国家利益最大化。在我国涉外经济法律体系的构建过程中，必须把国家利益放在首位，在不损害他国经济利益的基础上，追求本国经济利益的最大化。反之，如果一项法律制度不能为国家的经济发

---

❶ 李适时. 完善立法体制（学习贯彻党的十八届四中全会精神）［EB/OL］.（2014 - 11 - 26）［2021 - 04 - 26］. http://politics. people. com. cn/n/2014/1126/c1001 - 26093266. html.

展作出贡献，甚至阻碍经济的持续、健康发展，那么，这项制度毫无积极意义可言。一个国家的经济安全从根本上来说，是经济制度以及经济发展体制共同作用的结果。换言之，只有把经济制度这一地基打牢，我国的经济安全才能够得以维系。上述内容表明，我国在构建涉外经济法律体系时，必须坚持国家利益至上，并将其贯穿于整个法律建设的过程之中，只有这样，我国在对外经济交往的过程中才能够有底气、有力量，更好地在国际社会中作出贡献。

2. 促进经济发展

涉外经济法律体系调整的对象是我国与他国在国际经济交往方面产生的经济法律关系。我国与他国进行经济交往的根本目的就是希望在与他国的良性互动中促进本国经济的长远发展，因此，在构建涉外经济法律体系的过程中，应当充分考虑如何才能维持我国经济的平稳运行，并且稳中求进，使我国的经济更快、更高质量地发展，并将该思路作为引领立法的价值导向，推动我国涉外经济立法一步步走向完善。

五、新时代完善中国特色社会主义涉外经济法律体系进程中出现的问题以及解决路径

（一）我国制定的涉外经济法律法规不健全，部分领域立法还存在空白，应尽快进行补充和完善

当前，我国的涉外经济法律体系建设还存在一些明显的短板，例如，在涉外经济法律体系中，部分领域的立法工作比较滞后，尤其是对外贸易和投资领域的法律制度亟须更新，阻断立法、反干预、防渗透立法等还存在较大缺失，无法满足我国新一轮的对外开放的需要以及有效应对百年未有之大变局所带来的挑战，亟待尽快解决。

新时代完善中国特色社会主义涉外经济法律体系，统筹推进国内法治和涉外法治，要加快涉外经济相关立法工作，完善涉外经济法律法规。一是要着重完善对外贸易和投资领域的法律制度，健全外商投资准入前国民待遇加负面清单管理制度，健全外商投资国家安全审查、反垄断审查、国家技术安

全清单管理、不可靠实体清单等制度。二是要加强对外商投资者合法权益的保护，包括依法严厉打击知识产权侵权行为等。三是要加快进行阻断立法、反干预、防渗透等方面立法，建立中国法的域外适用法律体系，健全现行法律域外适用的标准和程序，并有效运用世界贸易组织解决争端的机制和规则，更好地运用法律手段维护我国的主权、安全和发展利益。

（二）我国作出的涉外经济法治安排规则尚不健全，配套措施不够完善，应加快健全涉外经济法治安排的规则，促进区域经济良性循环

自由贸易试验区和自由贸易港的建设以及"一带一路"倡议是统筹国际国内经济双循环的典型案例，取得了良好的效果。但是，目前自由贸易试验区和自由贸易港以及"一带一路"倡议的相关经贸规则尚不健全，无论是预防和解决国际经贸争端的规则，还是区域内的权利配置规则，都尚不健全，法律服务、人才引进等配套措施也不完善，这种情况阻碍着区域内的经济循环效率的提高，影响着经济发展的成效。

我们要加快健全我国作出的涉外经济法治安排中的相关规则，完善配套措施，理顺经济发展秩序，提高经济的循环效率，促进经济发展。在此基础上，通过涉外经济法治安排使我国的优秀经贸规则"走出去"，加强我国经贸规则的域外效力，推进涉外法治建设，为国际治理提供中国经验。此外，我们还要将已经加入或签订的涉外经贸规则进行内化吸收，帮助企业进行合规建设，完善国内法治建设，依法推动经济高质量发展，全面深化改革。

（三）我国运用国际经济法规则表达国家利益、抵御风险、影响并塑造国际经济法规则与实践的能力不足，应尽快提高运用国际经济法规则维护国家利益的能力

目前，我国涉外经济法律体系的建设以及相关经济规则大多是从国外移植过来的，国内对相关经济规则尤其是涉外经贸规则尚未完全内化吸收，运用规则表达国家利益和抵御风险的能力不足。此外，尚有一些国际经济规则没有移植过来，无法为我所用进行反制。而我国的一些内生经济规则还没有"走出去"，无法获得国际社会的认可，从而使得我国在国际经贸关系中容易处于被动状态，而企业在"走出去"的过程中也因为不熟悉经贸规则而频频受挫。

　　在我国力倡国际法治和坚持以规则为基础的多边主义立场的当下，相关部门需要将国家主张在符合国际经济规则的前提下来表达，将国家利益通过国际经济规则建立的机制来维护。这需要我们积极运用我国的价值观和利益取向去制定涉外经济法律，进一步完善我国的涉外经济法律体系，对在国际经贸中频频使用的规则进行吸收内化并制定反制措施，如针对美国的"长臂管辖"制度，我们既要将之吸收内化为我们的工具，维护我国的利益，又要制定相应的反制措施，阻断外国不合理的法律规制。而我国也不乏内生的优秀制度，对于这些制度，我们要积极探索其域外适用路径，使我国的国际经贸规则更多、更快地"走出去"。

人类命运共同体理念的国际法阐释

马志强　张梓良*

面对越来越密切的国家之间的关系，越来越复杂的困扰世界的难题，国际社会愈发感觉应对能力不足，而中国提出的构建人类命运共同体，给国际社会指明了一个明确可行的方向。人类命运共同体理念不仅是对人类社会发展的重要判断，更是一种先进的国际法理念。该理念的提出是对国际法传统概念"国际社会"及"国际共同体"理念的提高与升华，对于国际法的发展有着深刻的影响。基于此，有必要在厘清人类命运共同体理念的内涵与价值的基础上，考察人类命运共同体理念对国际法本位及社会基础的影响，并探索人类命运共同体理念法制化的基本路径。

一、人类命运共同体理念的形成

人类命运共同体理念是中国的古老智慧在当代社会中的运用，是中国对国际社会的深度认识。"人类命运共同体"比"国际关系"和"国际社会"等概念显得更加关注"人类"本身，所以更加突出"人本主义"。

---
* 作者简介：马志强，郑州大学法学院副教授，法学博士，博士生导师，研究方向：国际法学。张梓良，郑州大学法学院硕士研究生，研究方向：国际法学。

在处理国家关系时，中国承袭传统文化，把天下大同作为自己的理想目标。党的十八大报告把这种思想总结为人类命运共同体意识，在追求本国利益时兼顾他国合理关切，在谋求本国发展中促进各国共同发展。2015 年 9 月，习近平主席出席第 70 届联合国大会一般性辩论并发表重要讲话，强调继承和弘扬联合国宪章宗旨和原则，构建以合作共赢为核心的新型国际关系，打造人类命运共同体。2017 年 10 月 18 日，习近平总书记在十九大报告中提出，坚持和平发展道路，推动构建人类命运共同体。2018 年 3 月 11 日，第十三届全国人民代表大会第一次会议通过的宪法修正案，将《宪法》序言第 12 自然段中"发展同各国的外交关系和经济、文化的交流"修改为"发展同各国的外交关系和经济、文化交流，推动构建人类命运共同体"。"推动构建人类命运共同体"，是十九大报告中的重要内容，写入了中国共产党章程，也写入了我国宪法，意义深远。

人类命运共同体理念是遵从时代的需求，顺应经济的发展而提出的。在愈来愈复杂的国际关系背景下，它既是一种政治理念，又是一种对国际法发展的指导理念。当下，国家之间已经变得越来越需要合作、希望合作，并且国与国命运深度关联、相互依赖。这种深度依赖实际上就是国家间利益在某种程度上的相对一致性。全球化进程正在加速推进，似乎没有任何力量能够阻止。困扰世界的新冠肺炎疫情、恐怖主义、毒品犯罪、环境污染、难民危机等全球性问题，都不是一个或几个国家就能解决的，同时，这些困扰世界的问题也是全球化进程中影响人类全面发展的问题。面对这些世界性问题，国家被连接起来了，命运也被连接起来了，人类命运共同体理念应运而生。它对于推动世界各国深化合作、共赢发展，通过多边多元路径变革全球治理体系将具有重大影响。

二、人类命运共同体理念的国际法内涵

人类命运共同体理念是对国际关系和人类前景的擘画，符合各国人民愿望和根本利益，具有丰富的国际法内涵，体现在国际法之各领域。

（一）持久和平

和平是国际法追求的基本目标，亦是构建人类命运共同体之前提性条件。

第二次世界大战给人类社会带来了惨痛的灾难，人们经过反思"二战"的教训，将和平解决国际争端确定为国际法的一项基本原则，并在 1945 年《联合国宪章》中予以明确，其也是禁止武力威胁或使用武力原则之引申。❶ 此原则提出后，人类社会虽未再次发生如"一战""二战"这样世界范围的战争，但是区域冲突不断。个别国家为维护其霸权主义，以保护人权、维护所谓的"普世价值"为借口，对国际法和平解决国际争端原则之例外情形扩大解释，以武力干涉别国内政，导致国际武装冲突不断发生。在此国际背景下，中国提出应在国际社会构建起人类命运共同体，且将持久和平置于人类命运共同体理念的五大支柱之首。人类命运共同体理念之核心在于要在国家与国家之间构建起同舟共济、平等相待之伙伴关系，即秉持走"对话而不对抗、结伴而不结盟"❷ 的外交新理念。在持久和平观要求下，应舍弃完全的国家私利观，树立国际共同体意识，始终以实现国际社会持久和平为基点，秉持善意对国际法进行解释和适用。❸

（二）普遍安全

安全是人类结成社会后最为迫切的要求。古人类为抗击野兽和气候灾害而结成部落，这是人类为安全而结成集体的最直接的体现。现代法律的基本价值之一就在于保障公民的人身、财产安全，这也是国际法的重要价值和首要任务，被确定为《联合国宪章》之宗旨。目前，国际安全问题仍然突出，恐怖主义抬头，各种非传统安全问题层出不穷，国际社会虽制定了诸多维护国际安全的条约，但安全问题仍没能得到彻底解决。人类命运共同体理念中的普遍安全观，要求世界各国应按照《联合国宪章》关于维护国际安全的相关规定遵守和落实，尊重和履行安理会所作出的维和等方面的决议，合力构建国际安全网体系，加强安全领域内的合作。

（三）共同繁荣

共同繁荣是人类命运共同体理念的重要部分，同时，促进国际经济繁荣

❶ 梁西. 国际法 [M]. 武汉：武汉大学出版社，2011 年，第 58 页。

❷ 杨洁篪. 推动构建人类命运共同体 [C] //党的十九大报告辅导读本. 北京：人民出版社，2017：91.

❸ 徐宏. 人类命运共同体与国际法 [J]. 国际法研究，2018（5）：3 – 14.

发展亦是国际法之根本目标。当前，经济全球化已成为不可逆的历史趋势，这给世界各国的发展创造了诸多历史机遇。但是，目前全球经济发展过程中仍存在许多问题，如：逆全球化思潮涌起，贸易保护主义抬头，全球经济发展不平衡，南北差距拉大等。面对这些挑战，人类命运共同体理念中的共同繁荣观提倡各国应当互惠互利，打破贸易壁垒，"推动经济全球化朝着更加开放、包容、普惠、平衡、共赢的方向发展"。● 在共同繁荣观的指引下，国际法应当创造更加公平、开放的具有活力的国际经济制度，应当在法律层面上建构更加包容和透明的多边贸易体制，以更好地保障国际经济的健康、稳定发展。

（四）开放包容

开放包容是指对待不同文明应当持豁达态度，求同存异，这是人类命运共同体理念的文明价值，亦是国际法的人文根基。回顾世界历史，"西方文化中心主义"在世界近现代文明发展历程中始终占据统治地位。虽然《联合国宪章》确立了尊重世界文明多样性这一原则，但审视当前人类文明的发展状况，可以清晰地看到不同文明之间的冲突仍然十分剧烈，国际社会的意识形态冲突仍然不断。这种缺乏文明包容性的思想是导致目前国际冲突的原因之一。因此，国际社会必须要在求同存异、兼容并包之理念基础上推行国际法治，以开放包容之精神共建人类文明家园。

（五）清洁美丽

解决全球环境问题，建设生态地球，实现人类可持续发展是国际法的重要研究领域，同时，营造清洁美丽的全球生态文明亦是人类命运共同体理念之生态追求。生态文明建设始终是现代国际社会的重要课题，而可持续发展理念是建设生态文明的理论表达。可持续发展理念提出后，国际社会缔结了关于气候变化、生物多样性等环境保护领域的诸多国际条约，这为建设清洁美丽的地球家园提供了国际法保障。中国结合古老的生态环境保护理念——"天人合一"与"和谐共生"观念，提出了建设清洁美丽家园的主张，为地

● 习近平. 决胜全面建成小康社会 夺取新时代中国特色社会主义伟大胜利——在中国共产党第十九次全国代表大会上的报告 ［C］//中国共产党第十九次全国代表大会文件汇编. 北京：人民出版社，2017：47.

球生态文明建设和可持续发展提出了中国方案，贡献了重要力量，我国越来越成为"全球生态文明建设的重要参与者、贡献者、引领者"。❶

人类命运共同体理念并非空洞的理论，其在国际法中有着具体的表现，如《联合国宪章》将全体人类结合为一个密不可分的整体，有关国际条约明确国际海底区域及外层空间为全人类所共有，南极应当为全体人类之利益方可被开发和利用。

此外，在国际环境保护、世界文化多样性及生物多样性等领域缔结了诸多国际条约，深刻体现了"共同体"理念。

三、人类命运共同体理念对国际法核心问题之理论价值

人类命运共同体理念契合当代国际法发展大势，为国际法树立了更高的价值目标，对国际法的发展起着理论引领作用。

（一）人类命运共同体理念对国际法调整对象之影响

关于国际法中体现的人本主义，有学者认为，人本主义的国际法以人的价值需求为立法目标，追求人的幸福，最重要的是一种精神追求和价值需要。❷ 而国际法"国本主义"认为，国际法整体应以主权国家的独立和彼此尊重为开展关系的尺度。国际法最开始以国家为调整对象，那么国际法的调整对象会不会因为人类命运共同体理念的提出而改变呢？人类命运共同体表面上看是"人类"的共同体，实质上人类命运共同体中的"共同体"仍是以国家为单位的，强调对人的尊重和人本意识，是为了每个人的良好发展。人类命运共同体理念的人本化倾向，是在坚持国家主权与独立的基础上更关注人的利益。

习近平总书记多次在外交场合提及并强调推动构建人类命运共同体，并提出国家间具体合作的措施。事实上，真正能够推动社会进步或者人类进步的，不是个人之间的相互合作，而是有组织地引导人们所进行的高效合作。目前，正是国家承担了这部分职能，通过国家间的合作，使每个人从中受益。

---

❶ 十九大报告辅导读本编写组. 党的十九大报告辅导读本［M］. 北京：人民出版社，2017：6.
❷ 何志鹏. 全球化与国际法的人本主义转向［J］. 吉林大学社会科学学报，2007（1）：113–120.

从这一点上，应当承认人类命运共同体与国际社会一样也是以国家为成员单位。对于关系全人类发展的问题，都是以国家为单位进行磋商并出台措施，比较典型的就是相互以国家身份缔结条约，进而实施条约。

人类命运共同体在一定程度上可以说是一种世界利益融合，是一种值得追求的国际社会状态。人类命运共同体理念下的国际法的调整对象仍然主要是国家之间的关系，但要考虑到各国人民的价值需要和精神追求。

（二）人类命运共同体理念对国际法社会基础认知之价值

对于国家之间关系的认识，近代存在三种不同的理论，分别是霍布斯的现实主义、康德的理想主义以及格劳秀斯的国际主义，它们对国际关系认识的发展起着不可磨灭的作用。

霍布斯的著作《利维坦》集中体现了其现实主义思想。霍布斯认为，人与人之间能力差距的不明显以及相互之间的竞争天性，导致了个人之间的战争，国家之间的猜忌、不信任及敌对的姿态。国家之间的利益是相互排斥的，国家可以自由地追求其目标，不受任何道义以及法律的限制。❶ 康德指出，全世界可以形成一个国际社会，实现国家之间的普遍友好和谐。❷ 格劳秀斯的观点其实是霍布斯和康德观点的折中。他认为，人类对于有组织的生活状态一直很向往，这种需要让法律的出现有了坚实的基础，但法律都是以国家为单位制定的，仅仅考虑本国利益，只有国家间相互协商才能制定出符合世界各国共同利益的法律。制定国家间的法律或规则并不是要消灭国家的主权地位并用一个世界国代替，而是为了在国际交往中便于合作，寻求共同利益，最终实现全社会效益和每个国家利益均衡。❸ 因而，国际主义主要阐明了国家与国家之间既有冲突又有合作，在利益上既有一致性又有矛盾性。

共同体的形成应当有两个基本要件，即物质层面要件和精神层面要件。物质层面，如相似相联系的血缘、地缘背景等；精神层面，如道德观和价值观等。在物质层面，不同国家在全球化背景下具有共同利益、整体利益。具有共同利益或整体利益的世界各国之间，存在着"'荣损与共'、利益相连的

---

❶ 赫德利·布尔. 无政府社会 [M]. 张小明，译. 北京：世界知识出版社，2003：19－20.
❷ H. S. 赖斯. 康德政治著作选 [M]. 金威，译. 北京：中国政法大学出版社，2013：84－99.
❸ 赫德利·布尔. 无政府社会 [M]. 张小明，译. 北京：世界知识出版社，2003：21.

'连带效应'"。❶ 在精神层面，国家间由于历史文化的差异，尽管在很多方面存在不同，但是自由、正义的理想是相一致的，发展、进步的追求是相同的。所以，人类命运共同体理念符合国际现实基础，而这一现实基础也是国际法存在和向前发展的基础。

（三）人类命运共同体理念对国际法本位之影响

法律的"本位"是什么，目前还没有准确的、被普遍认可的定义。但是，一般来说本位指向的是价值取向、目的。世界各国之间的关系很大一部分是根据国际条约的签订而一步步确定的，所以，这些条约是研究国际法到底是国际社会本位的法还是国家本位的法的参照。《维也纳条约法公约》第53条规定："条约在缔结时与一般国际法强制规律抵触者无效。"可以看出，条约的价值取向并不是国际社会利益，因为"国际法强制规律"是一个不确定性的标准，各缔约国往往会倾向自己国家的利益，而不会主动追求国际社会的利益。例如，美国倡导并缔结了很多的国际条约，也退出了很多重要的国际条约，都是在考虑本国的最大利益，美国政府从不掩饰条约应符合本国利益的立场。

国际社会中，各国都是有主权的国家，目前不存在也难以存在一个超越世界各国之上的政府，各国也不会让出一部分主权给该"世界政府"以实现世界融合。故而，国内社会与国际社会的不同之处在于，国内社会可以实现国内社会本位，而国际社会难以实现国际社会本位。中国在提出构建人类命运共同体时，并没有弱化各国主权，而是一直强调各国主权平等，认为主权是国家利益的可靠保证。如2014年7月在巴西国会的演讲，2017年1月在日内瓦《共同构建人类命运共同体》的演讲中，习近平总书记强调主权和尊严必须得到尊重。

在强调国家主权的前提下，国家本位的国际法是不会轻易发生根本性改变的。但是，也要认识到，当今世界，各国之间的交往越来越密切，相互依赖性越来越强，各国之间只有依赖程度大小的不同，不存在不依赖别国而独自发展的情形。在国际社会中，无论强国还是弱国，相互合作，坚持国际社会本位理念，维护国际社会的共同利益，实现国家的共同发展，才是人类发

---

❶ 邱耕田. "命运共同体"：一种新的国际观［N］. 学习时报，2015－06－08（2）.

展的长久之计。从这个角度上讲，人类命运共同体理念可能会慢慢地推动国际法在将来更多考虑国际社会整体利益，向着国际社会本位的方向前进。

（四）人类命运共同体理念对国际法体系化发展之促进

我们虽然会经常用到"国际法律体系"一词，但是事实上国际法并不像一国之国内法一样具有严密的逻辑体系，相反，国际法是很不成体系的。❶ 原因主要有两个：第一，世界各国在全球范围都是各自独立运作，没有一个统一的组织形态或权力构架，国际条约的制定有较大的任意性；第二，国际法的各个分支领域的发展自成一体，没有相互的协调机制。

随着世界各国交往日益密切，国际关系日益复杂，散乱无章的国际法在价值目标、理念等方面便出现了分歧甚至对立。当国家同时承担两个相互冲突的义务时，就会发生应优先履行哪一个义务的问题。例如，WTO 争端解决中出现的 WTO 法与环境法、人权法冲突的现象。❷ 国际法的散乱和不成体系将严重阻碍国际法实现其应有的价值。

国际社会没有一个绝对权威的执法机构，对于国际法的执行，只能根据其内容的正当性以及对国际社会的意义大小来决定。在这种共同认知下，那些能够最大限度地展现国际社会共同利益的国际规范，就有着实际执行上的更高"效力"。所以，人类命运共同体理念作为一种体现国际社会共同利益的价值向导，为国际条约今后的制定和缔结统一了标准，并且这种标准容易为各国认同并接受。同时，在此基础上，国际法的各个分支能够相对统一于该理念中，减少立法的分散化、碎片化，从而促进国际法的体系化发展。

四、人类命运共同体理念法制化转化路径

人类命运共同体理念的提出顺应了经济全球化和区域一体化的经济社会发展潮流，是应对世界政治、经济、文化、社会、生态等诸领域挑战的富有中国智慧的科学方案。但理念必须首先转化为科学化的体制安排，之后经过

---

❶ 张辉. 国际法效力等级问题研究 [M]. 北京：中国社会科学出版社，2013：13 - 16.
❷ 张辉. 人类命运共同体——国际法社会基础理论的当代发展 [J]. 中国社会科学，2018 (5)：43 - 68.

顶层设计和细节谋划构建起科学合理的制度体系，方能发挥其功能，实现其理论价值。❶ 理念转化为制度，特别是转化为法律制度需经过科学的研究和体系化的设计。具体来说，人类命运共同体理念的法制化主要有国内法转化路径与国际法转化路径两种，两者相辅相成，共同推动人类命运共同体理念向着法制化方向发展。

（一）国内法转化路径

1. 实现各国法律趋同化

经济全球化已成为不可逆转的趋势，国际社会日益成为你中有我，我中有你的命运共同体，"国际共同体"已取代"国际社会"成为各国关系的形象表述。全球经济一体化要求有与之相适应的规则、规范与执法标准，这就需要国际法规范与国内法规范互补互促。因此，构建人类命运共同体，需要各国不断推进法律改革，实现各国国内法的趋同化，以实现国内法治与国际法治的交融贯通，共同服务于全球经济一体化这一世界潮流。❷

人类命运共同体理念转化为国内法的路径之一，是实现各国法律趋同化。"法律趋同化"理论首先由李双元先生提出，是对"法律全球化"理论的补充与升华。法律趋同化，是指在全球经济、政治、文化交往不断密切的背景下，基于国家间相互交往的需要，世界上不同国家的法律逐渐相互吸收、渗透，因而不断趋于一致的现象。❸ 法律趋同化不只是法律条文的相似性发展，更应是法律理念、价值及文化的趋同化发展。法律趋同化是世界经济一体化的重要保障，也是构建人类命运共同体的重要途径。具体来说，法律趋同化的实现方式可分为两种，即直接方式与间接方式。❹ 直接方式是通过将所缔结的国际条约或吸收的国际惯例转化为国内法，以实现条约缔约国或惯例接受国之间在国内法上的统一。间接方式是根据国际社会的共同理念或普遍实践改造本国国内法体系，从而使世界各国的国内立法活动在国际社会的共同价

---

❶ 汪永清. 把治国理念转化为制度、体制和机制［J］. 求是，2007（24）：37 - 38.

❷ 李赞. 建设人类命运共同体的国际法原理与路径［J］. 国际法研究，2016（6）：48 - 70.

❸ 李双元. 全球化进程中的法律发展理论评析——"法律全球化"和"法律趋同化"理论的比较［J］. 法商研究，2005（5）：153 - 161.

❹ 李赞. 建设人类命运共同体的国际法原理与路径［J］. 国际法研究，2016（6）：48 - 70.

值观的引导下进行，以实现各国国内法的趋同。这一方式已在欧洲联盟中得到实践。在欧洲联盟各成员国内部，欧盟法与各国国内法并行，一方面欧盟法指导各成员国国内法的改革和变通适用；另一方面各成员国的国内法也在填补欧盟法所未规定的空白区域。

2. 构建和完善中国特色国际法治观

人类命运共同体理念的提出进一步使中国的国际法治观受到世界各国的关注，中国的国际法治观在我国参与国际规则的博弈上也发挥了引领作用。因此，要结合中国国际法理论和实践，以人类命运共同体理念作为理论创新的先导，将国内相关法律规则、有关政策与以《联合国宪章》为基础的国际法律机制实现衔接并共同推进，从而完善中国特色国际法治观，实现中国特色国际法治观的新飞跃。

随着"一带一路"倡议的提出，我国正向世界舞台中心大步前行，全方位、多领域的国际法治迫切需要中国智慧和中国方案。❶ 推进国际关系实现相互尊重、互利共赢及公平公正，应以人类命运共同体理念为基础，高举国际法的旗帜，既要对国际法的现状有准确的认知，又能够对国际法的发展方向作出明确的判断，使国际法治与国内法治形成有效的衔接机制，❷ 构建和完善中国特色的国际法治观。

3. 推进人类命运共同体理念与外交融合

推动构建人类命运共同体，既是习近平总书记外交思想的精髓，也是自党的十八大以来中国在对外交往中的重大理论成果。2018 年 3 月，"推动构建人类命运共同体"被写进宪法，在国家法治上属于新时期我国外交政策理念的最高宣言及表现，也是我国外交跃进新时代的重要标志之一。❸ 随着我国国际地位的不断上升及国际影响力的不断扩大，我国外交将与国际法的发展共同迈入新的阶段。人类命运共同体理念与我国外交工作的融合，将进一步强化国际法在外交工作中的引领作用，推进我国整体外交实力的提高。我国外

---

❶ 彭芩萱. 人类命运共同体的国际法制度化及其实现路径 [J]. 武大国际法评论，2019（4）：7 - 19.

❷ 赵骏. 全球治理视野下的国际法治与国内法治 [J]. 中国社会科学，2014（10）：85.

❸ 黄惠康. 国际法的发展动态及值得关注的前沿问题 [J]. 国际法研究，2019（1）：3 - 14.

交理论最新成果的传承与发展，需以人类命运共同体理念为引导，对世界法治文化取其精华、去其糟粕，构建和完善中国特色的国际法观，令我国的外交实践发挥其应有的公平正义之价值。❶

（二）国际法转化路径

为了使人类命运共同体理念在全球一体化进程中发挥其应有价值，必须将这一理念转化为国际法制度，并以此规范各国之间的关系，使中国在全球治理的过程中发挥更为重要的作用。

1. 将人类命运共同体理念转化为国际法语言

人类命运共同体理念转化为法律制度是一个漫长的过程，在此之前应当将该理念转化为国际社会所能普遍接受的国际话语。这一方式在"二百海里海洋权"概念转化为国际法语言时得到了实践。此概念首先由拉丁美洲一些国家提出，后经 1952 年智利、秘鲁与厄瓜多尔在圣地亚哥举办的国际会议上所通过的《关于海洋区域的圣地亚哥宣言》，而逐渐被一些亚洲和非洲国家所接受，最终在《联合国海洋法公约》中以此为基础确立了专属经济区制度。❷人类命运共同体理念的国际法转化亦可参照此方法，先使人类命运共同体理念在国际舞台上不断得以宣示，再在国际社会普遍熟知的基础上，采用法律语言将此理念进行细化，如此方能最终使该理念法律制度化。

2. 重视政府间国际组织的国际法制定职能

人类命运共同体理念转化为国际话语大多注重的是国际心理层面，而最直接使该理念发挥作用的途径是缔结相关国际条约，其中最重要的是缔结普遍性的国际公约。国际公约相比区域性条约来说，约束的国家范围更广，更为重要的是国际公约可能被视为国际习惯法律化而对公约非缔约国亦产生效力。❸ 国际公约的缔结过程，多为政府间国际组织提议并组织各国进行谈判，

---

❶ 人类命运共同体课题组. 人类命运共同体的国际法构建 [J]. 武大国际法评论，2019（1）：1 – 28.

❷ 陈德恭. 现代国际海洋法 [M]. 北京：海洋出版社，2009：144 – 149.

❸ 车丕照. "人类命运共同体" 理念的国际法学思考 [J]. 吉林大学社会科学学报，2018（6）：15 – 24.

在谈判基础上完成。在诸多政府间国际组织中，联合国具有核心地位，因此，在构建人类命运共同体时，必须充分发挥联合国主导国际造法的职能。表面上看，承担联合国国际造法职能最为重要的部门是安理会，但安理会受《联合国宪章》的限制，主要是通过"维持国际和平及安全"的决议，所涉及的领域较窄，这大大影响了其造法功能。实际上，联合国大会在推动国际公约的制定过程中发挥着重要作用，其虽不具备严格意义上的国际造法职能，但将某一议题提交给相关委员会讨论的行为，往往意味着一项国际公约制定的开端，有学者甚至认为其"在国际法发展方面具有核心作用"。❶ 基于此，中国在推动构建人类命运共同体时，应当关注联合国大会在推动国际法制定过程中的重要作用，积极向联合国大会提出议题，使人类命运共同体理念在具有了国际话语的基础上，能够进入联合国专门委员会的讨论，以促成其法制化目标。

3. 发挥非政府组织推动缔结国际条约的作用

非政府组织在一般情形下不代表国家的意志，因而无资格缔结国际条约，但其在国际条约缔结过程中具有积极推动作用。例如在日内瓦四公约的缔结过程中，红十字国际委员会就发挥了关键作用。我国非政府组织在 20 世纪末特别是 21 世纪初得到了迅速壮大，目前已成为重要的国际社会事务参与者。❷基于此，应支持非政府组织合法的国际活动，鼓励其积极参与国际事务，积极宣扬人类命运共同体理念，增强人类命运共同体理念在国际社会中的影响力。

结　语

人类命运共同体理念是中国在当前复杂的国际背景下提出的致力于解决困扰人类社会诸多国际问题的重要理论，为国际社会一体化发展提供了中国智慧及中国方案。这一理念关注全人类的共同福祉，推动国际法向着以国际

---

❶ Boyle A，Chinkin C. The Making of International Law ［M］. Oxford：Oxford University Press，2007：116.

❷ 吕晓莉. 中国非政府组织的国际化路径研究 ［J］. 当代世界与社会主义，2012（6）：118 – 123.

社会为本位的方向转变，更朝着"人本主义"的趋势发展，对国际法之核心内容的发展具有十分重要的促进作用。因此，必须要坚持人类命运共同体理念，积极推动这一理念的法制化进程。但理念的法制化不是一蹴而就的，而是一个渐进的过程。因此，法律学界必须连同相关专业人士，用规范化的法律语言将其细致描绘，早日实现人类命运共同体理念的体系化、制度化、法律化，以使其对于人类命运的固有价值得到有效发挥。

新时代我国跨境贸易便利化制度的构建与完善

马　舟*

　　当今世界，国际贸易的内涵与外延都在不断丰富与扩大，以标准合作持续提升双多边贸易便利化水平，是促成全球贸易快速增长的重要因素。就我国而言，无论是"一带一路"倡议的推进还是自贸协定的谈判与落实，都需要贸易便利化给予支撑。党的十九大报告提出，"促进贸易和投资自由化便利化，推动经济全球化朝着更加开放、包容、普惠、平衡、共赢的方向发展"。❶商务部 2012 年、2017 年分别印发了《对外贸易发展"十二五"规划》与《对外贸易发展"十三五"规划》，都明确将"提高对外贸易便利化水平"作为外贸发展的保障措施。WTO《贸易便利化协定》的制定及对我国的生效成为我国构建跨境贸易便利化制度的重要契机。在单边主义日益制约世界经济开放性发展的背景下，我国应通过改进海关等职能部门的监管措施、完善海关等职能部门的监管制度，不断提升跨境贸易便利化水平，以进一步优化营商环境。

---

　　* 作者简介：马冉，郑州大学法学院副教授、硕士生导师。
　　❶ 习近平. 决胜全面建成小康社会　夺取新时代中国特色社会主义伟大胜利［EB/OL］.（2012 – 10 – 18）［2021 – 08 – 29］. http：//cpc. people. com. cn/19th/n1/2017/1018/c414305 – 29594530. html.

一、贸易便利化的概念及相关国际规则的发展

（一）贸易便利化的概念

1. 内涵界定：海关与跨境制度的简化与标准化

从词源上看，国联时期 1921 年的《过境自由公约与规范》（*Convention and Statute on Freedom of Transit*）❶ 与 1923 年的《关于简化关务手续的国际公约》（*International Convention Relating to the Simplification of Customs Formalities*）❷，被公认为是贸易便利化方面最早的国际法渊源。经过联合国贸发会（UNCTAD）、世界贸易组织（WTO）、世界海关组织（WCO）等国际性合作机制的充分探讨与相关工作，贸易便利化的概念日渐成熟完善起来，目前国际上对贸易便利化概念的认识大体分为狭义与广义两类。前者以世界贸易组织（WTO，1998 年）与联合国贸发会（UNCTAD，2001 年）的官方表述为代表：贸易便利化是指对国际贸易程序（包括国际货物贸易流动所需要的数据的收集、提供、交流和处理过程中涉及的活动、做法与手续等）的简化与协调。❸ 后者是近年来贸易自由化理念在降低非关税壁垒时频频遭遇国家主权挑战而明显乏力的背景下，以便利化原则部分替代自由化理念，并在此基础上，将影响贸易交易的整个环境作为便利化考虑的内容，例如投资环境问题、透明度问题、适用法律和规定的协调问题以及基础设施标准化和改善问题等，并且随着网络信息技术的发展，又将电子数据传输、支付、保险及其他金融要求、企业信息等纳入其中，几乎包括了贸易过程的所有环节。

---

❶ 本公约及所附规约于 1921 年 3 月 10 日至 4 月 20 日由国际联盟在巴塞罗那召开的通行与过境会议上通过，1922 年 10 月 31 日生效。［EB/OL］.［2021 – 03 – 01］. https：//wipolex. wipo. int/en/treaties/textdetails/12591.

❷ 本公约于 1923 年 11 月 3 日在日内瓦签署，1924 年 11 月 27 日生效。［EB/OL］.［2021 – 03 – 01］. https：//www. cambridge. org/core/journals/american – journal – of – international – law/article/abs/international – convention – relating – to – the – simplification – of – customs – formalities1/63BEF6681E50 D00F428B01203B8344A6.

❸ Andrew Grainger. Trade Facilitation：A Conceptual Review ［J］. Journal of World Trade，2011（1）：41.

虽然近年来，人们越来越多地从影响贸易的所有环节来考虑贸易便利化问题，但过于宽泛的范畴并不利于这一理念在实践中发挥其可能的导向作用，相关的国内管理措施的国际标准就很难确定。因此，一定程度上明确其具体指向，才能将各国去除烦冗规则与简化手续程序的诉求落于实处，制定各国可以共同遵守的行为准则。从各主要国际组织推进贸易便利化的实践来看，无论是狭义还是广义的贸易便利化概念，海关与跨境制度都是问题的核心，海关等边境监管部门对贸易货物通关流程的监管措施均构成贸易便利化内涵的主体，也是衡量一国贸易便利化程度最直观有效的内容。因此从贸易便利化内涵的发展来看，其定义应是在国际可接受的规则基础上，通过通关程序的简化与标准化、法律与政策的协调等方式，减少各国政府对交易流程的监督和管制，从而降低贸易过程中的成本与困难。

2. 内涵关联：便利化与自由化相辅相成

便利化旨在通过清除跨国交易过程中的机制性与技术性障碍，为国际贸易活动创造一种协调、透明和可预见的环境；自由化作为一种基于成熟的经济学模型而形成的价值目标，则主要从各国国内的贸易投资政策法规的制定与实施角度提出消除歧视待遇，并削减关税与非关税壁垒。自由化必然导致影响国际贸易活动的障碍或壁垒逐渐减少或被限制，各国的贸易制度日趋开放；而随着国际贸易规模的扩大和各国及地区间贸易联系的加强，"贸易的非效率"作为一种"隐形"的市场准入壁垒又削弱了自由化带来的效益。因此，便利化是自由化的必然要求与制度保障。随着便利化程度的加深，进出口与投资资金必将更加顺畅无阻，无疑更有利于自由化目标的实现。反过来说，如果没有自由化的前提，各国闭关禁止流通，也就没有便利化存在的意义。通常认为，自由化是目标，便利化是手段，两者各有侧重，相辅相成。❶

从具体制度措施角度看，随着各国关税的普遍降低，削弱非关税壁垒成为推进自由化的重要内容，而恰恰是在这一点上，基于对海关等相关机构具体管理或影响进出口的规制，贸易便利化与贸易自由化存在一定的重合，即便利化所蕴含的简化与标准化同样表现为自由化所要求的放宽与减少约束。

---

❶ 宋纪萍. WTO《贸易便利化协定》及其对中国通关法律制度建设的启示［J］. 郑州大学学报（哲学社会科学版），2018（5）：29.

便利化不再仅作程序上的考量，除了强调简化进出口手续、优化审批监管程序外，还包含取消可能造成市场扭曲的歧视性待遇、大幅减少政府对贸易投资主体的各种限制、提高贸易投资者待遇等方面的内容，谋求建立合理有效的市场监督机制，创造便利化的营商环境。

（二）WTO《贸易便利化协定》

1. WTO《贸易便利化协定》的制定与性质

贸易便利化在成为 WTO 专项议题之前，已在联合国体系内得到关注，但形成国际趋势还是基于 WTO 的有效介入。WTO 成立后，随着各国对贸易推动 GDP 增长逐渐形成共识，不必要及烦冗的海关规则与手续要求对贸易的负面效应在关税日渐降低的情况下日益成为各国关切的焦点；同时为真正实现自由贸易政策的价值，有必要将各种新型非关税壁垒纳入多边贸易体系形成一个更加一体化的规制方式。因此，制定一个有效且有拘束力的贸易便利化法律规则体系以真正便利国际贸易，成为国际贸易法改革的焦点议题。

早在 1996 年 WTO 第一次部长级会议（新加坡）中，欧盟等发达成员就提出要在 WTO 中谈判多边投资框架协议，包括贸易与投资，贸易与竞争政策，贸易便利化，以及政府采购透明度这四个新议题（简称新加坡议题）。但由于高关税壁垒依旧是当时国际贸易的主要障碍，贸易便利化议题便被暂时搁置。在 2001 年 WTO 第四次部长会议上通过的《多哈部长宣言》中，贸易便利化被列入新一轮多边贸易谈判的议程。2013 年 12 月，WTO 第九次部长级会议（巴厘岛）通过了《贸易便利化协定》（*Agreement on Trade Facilitation*，简称 TFA）。协定在其前言中强调了之前部长级会议对贸易便利化的要求，即"使得包括过境货物在内的货物的流动、放行及清关便捷"。2017年 2 月 22 日，卢旺达、阿曼、乍得和约旦等 4 个世贸成员向 WTO 递交了TFA 的批准文件。至此，批准 TFA 的成员已达 112 个，超过协定生效所需达到的世贸成员总数三分之二的法定门槛，协定正式生效并对已批准协定的成员正式实施。

相比于世界海关组织（WCO）公认的"技术性组织"性质，WTO 的法律导向性更为明显；因而不同于 WCO 所制定的公约多由各成员国自主选择参

加而缺乏强制执行力，TFA 同其他 WTO 一揽子协定一样对所有 WTO 成员具
有法律拘束力，并按照其规定适用 WTO 争端解决以确保其法律执行力。该协
定以 WTO 与 WCO 的密切合作为背景，为全球范围内贸易便利化措施的推进
重新设置了法律框架。❶

2. WTO《贸易便利化协定》的结构与内容

TFA 包括三个部分，第一部分（第 1—12 条）包含加快货物（包括运输
中的货物）流动、放行通关的条款。这一部分基于对贸易便利化的狭义界定，
澄清并发展了《1994 年关税与贸易总协定》（GATT1994）第 5 条（过境通行
自由）、第 8 条（进出口费用和手续）、第 10 条（贸易法规的公布与实施）
的相关内容，在以海关为主的边境管理机构监管方式与相关基础设施建设方
面提供了强制性或可供参照的法定标准，同时也规定了海关合作的内容。第
二部分（第 13—22 条）是特殊与差别待遇条款，基于此，发展中与最不发达
成员被允许自主决定何时实施协定中的便利化措施，并确定协定中哪些措施
条款属于仅在得到技术援助与能力建设支持的基础上才得实施的规定。根据
特殊与差别待遇，成员必须将协定第一部分中的措施条款进行分类，并按照
协定设置的具体时间表通知其他 WTO 成员。分类以自身实施协定的能力为标
准，具体表现为过渡期的长短及是否需要援助与支持。第三部分共两个条款，
第 23 条是建立贸易便利化永久性委员会的条款，要求成员也要成立相应的国
内机构来方便国内协调及协定条款的实施。第 24 条是关于协定具体实施安排
的最终条款，按照其第 10、11 款，发展中与最不发达成员依据协定第 15 条
所做的分类具体承诺也应属于协定的组成部分。除却第三部分的两个条款，
TFA 第一部分和第二部分其实是对贸易便利化问题进行了二分法，前者是对
贸易便利化的一般规定，后者则是实施贸易便利化的特殊待遇规则。❷

---

❶ 作为海关领域唯一的国际组织 WCO，在技术方面与其形成了良好的合作互补关系。WTO 将与
海关业务密切相关的《海关估价协定》与《原产地规则协定》的两个技术委员会都设在 WCO 就是最
好的证明。

❷ 宋纪萍. WTO《贸易便利化协定》及其对中国通关法律制度建设的启示［J］. 郑州大学学报
（哲学社会科学版），2018（5）：30.

二、中国跨境贸易便利化制度构建的必要性

（一）履行 WTO《贸易便利化协定》义务的必然要求

TFA 的生效实施打破了缺乏强制执行力的跨境贸易便利化国际规则的僵局，为跨境贸易便利化国际法规范的形成奠定了框架基础。中国早在 TFA 生效前的 2014 年 6 月 30 日就正式提交我国在该协定项下的 A 类措施通报，2015 年 9 月 4 日正式完成接受 TFA 议定书的国内核准程序，成为第 13 个接受议定书的成员。

在我国通过各种海关特殊监管区域、自由贸易园区等国内先行先试区域逐步推进通关便利化改革的初期阶段，TFA 的制定与生效无疑为我们提供了必要的法定标准与发展目标。2014 年我国第一次提交的 A 类措施（普遍性义务，生效后应立即实施的条款）通报中，我国仅将协定第一部分中的确定和公布平均放行时间（第 7.6 条，非义务性规定）、设立单一窗口制度（第 10.4 条，非义务性规定）、货物临时进口与出入境加工（第 10.9 条，义务性与非义务性混合规定）❶ 以及海关合作（第 12 条，非义务性规定）排除在 A 类措施之外;❷ 2017 年 7 月 6 日，我国再次提交的措施通报中将之前排除的条款都指定为 B 类措施（需经过一定过渡期才实施的条款），并均给出了预定实施时间;❸ 2017 年 11 月 23 日，我国通过提交补充性通知，修改了之前提交的 A 类措施，不再将货物临时进口与出入境加工（第 10.9 条，义务性与非义务性混合规定）排除在 A 类措施之外，且将被排除在 A 类措施之外的海关合作的规定缩小了范围，仅包括信息交流（第 12.2 条，非义务性规定）及信息的提供（第 12.6.1 条，非义务性规定);❹ 2018 年 2 月 14 日，我国在提交的措

---

❶ 该条款规定成员应按照国内法规允许临时出入境的货物全部或部分减免进口税费，并对"进口加工"与"出口加工"的概念进行了界定。

❷ Communication from China, Notification of Category A Commitments under the Agreement on Trade Facilitation, WT/PCTF/N/CHN/1（1 July 2014）.

❸ Communication from China, Notification of Category Commitments under the Agreement on Trade Facilitation, G/TFA/N/CHN/1（6 June 2017）.

❹ Communication from China, Notification of Category Commitments under the Agreement on Trade Facilitation Addendum, G/TFA/N/CHN/1/Add. 1（24 November 2017）.

施通报中对之前指定的 B 类措施均确定了一致的最终实施时间，即 2020 年 2 月 22 日。❶ 对照国内相关法规制度与贸易便利化措施实施状况，这些承诺对我国各级海关等边境机构提出了更高要求。我们应以提交承诺内措施条款的不同约束力为指导，改进通关便利化措施，尽快设立预清关、特别放行、后续稽查、推进信息化应用等属于 TFA 的普遍义务性要求的制度；适度引入预裁决、风险管理、授权经营者计划等属于 TFA 鼓励的便利化措施，构建通关便利化法律制度。❷

（二）对标世界银行标准优化营商环境的重要内容

企业在进行各类经济活动所需的时间和成本等条件属于营商环境，良好的营商环境无论是对于企业自身的发展还是对一国经济的发展都有着十分重要的作用。❸ 自 2003 年首份《全球营商环境报告》发布以来，世界银行所主持制定的这份有关世界范围内大部分经济体内部营商环境境况的评测报告因其具体明了的十项标准、国际范围内可比等特征，已成为衡量一国国际经贸竞争实力的重要依据。其中跨境贸易是世界银行指标体系中商业监管领域的一项重要内容。根据 2019 年的报告，中国跨境贸易全球排名第 65 位，上升了 32 位。❹ 但与经合组织高收入国家相比，我国在进出口单证合规、边境合规时间和成本方面尚存有较大的提升空间。报告每年还引入提升跨境贸易便利度上改革突出的经济体所采用的制度措施先进经验，为我国进一步改革便利化措施指明了方向。

2018 年国务院印发了《优化口岸营商环境促进跨境贸易便利化工作方

---

❶ Communication from China, Notification of Category Commitments under the Agreement on Trade Facilitation Addendum, G/TFA/N/CHN/1/Add. 2 (14 February 2018).

❷ 2019 年 8 月 2 日、2020 年 1 月 8 日、2020 年 1 月 13 日我国向 WTO 贸易便利化委员会通报称我国已分别于 2019 年 7 月 19 日、2019 年 12 月 30 日、2020 年 1 月 12 日全面实施了 TFA 第 10.4 条（单一窗口），第 12.2 条（信息交流）和第 12.6.1 条（信息提供）以及第 7.6 条（平均放行时间的确定和公布），均提前于原定的 2020 年 2 月 22 日。参见 Communication from China, Notification of Category Commitments under the Agreement on Trade Facilitation Addendum, G/TFA/N/CHN/1/Add. 3 (7 August 2019); Communication from China, Notification of Category Commitments under the Agreement on Trade Facilitation Addendum, G/TFA/N/CHN/1/Add. 4 (10 January 2020); Communication from China, Notification of Category Commitments under the Agreement on Trade Facilitation Addendum, G/TFA/N/CHN/1/Add. 5 (15 January 2020).

❸ 陈立虎、李睿莹. 试论中国自贸园区立法中的贸易便利化制度 [J]. 东吴学术, 2017 (1): 151.

❹ 商务部. 中国跨境贸易营商环境指标跃升至 65 位 [EB/OL]. (2019 - 10 - 24) [2021 - 02 - 01]. http: //www.mofcom.gov.cn/article/i/jyjl/e/201910/20191002907364.shtml.

案》，优化口岸营商环境工作情况将纳入国务院督查范围，督查考核结果向社会公布，对推进不力的地区和部门进行问责。因此，各地方部门要认真落实任务牵头和配合责任，加强协作配合，合理安排进度，加大政策宣传力度，建立健全督导考核机制，确保各项方案措施落实到位。❶

（三）充分发挥自贸试验区/自由贸易港功能的核心环节

无论是自贸试验区，还是自由贸易港，都是在一国管辖范围内划出特定区域，准许外国商品豁免关税自由进出。其实质是各国为发展国际贸易，便利货物流通，而在海关管理方面作出的让步和协调。所以，自贸试验区/自由贸易港建设的关键在于海关建设，共性在于简化通关手续，加快货物流通，促进通关便利化。我国至今已设置包括海南自由贸易港在内的 21 个自贸试验区，❷ 建设虽各有特色，但通关便利化作为基本要求，使得各个自贸试验区均成为我国构建贸易便利化制度的前沿阵地。

纵览各个自贸试验区的建设实施方案，创新通关监管服务模式、实施贸易便利化措施等体现推动通关监管领域体制机制创新的内容都构成自贸试验区的主要任务与措施。2014 年至今，国务院先后发布了六批关于做好自贸试验区改革试点经验复制推广工作的通知，贸易便利化均作为专项领域构成改革试点经验的重要组成部分，涉及多项具体改革措施;❸ 2018 年国务院发布

---

❶ 彭茂佳、高源、程茜. 对标世行提升我国跨境贸易便利度［J］. 商场现代化，2019（19）：57

❷ 具体包括中国（上海）自由贸易试验区、中国（广东）自由贸易试验区、中国（天津）自由贸易试验区、中国（福建）自由贸易试验区、中国（辽宁）自由贸易试验区、中国（浙江）自由贸易试验区、中国（河南）自由贸易试验区、中国（湖北）自由贸易试验区、中国（重庆）自由贸易试验区、中国（四川）自由贸易试验区、中国（陕西）自由贸易试验区、中国（山东）自由贸易试验区、中国（江苏）自由贸易试验区、中国（广西）自由贸易试验区、中国（河北）自由贸易试验区、中国（云南）自由贸易试验区、中国（黑龙江）自由贸易试验区、中国（湖南）自由贸易试验区、中国（安徽）自由贸易试验区、中国（北京）自由贸易试验区以及中国（海南）自由贸易港等共计21个自贸区。

❸ 国发〔2014〕65号文涉及的改革事项共29项，其中贸易便利化领域包括全球维修产业检验检疫监管、检验检疫通关无纸化等5项；国发〔2016〕63号文涉及的改革事项共19项，其中贸易便利化领域包括国际海关经认证的经营者（AEO）互认制度、出境加工监管等7项；商资〔2017〕515号文涉及的改革事项共5项，其中贸易便利化领域包括会展检验检疫监管新模式、进口研发样品便利化监管制度、海事集约登轮检查制度等3项；国发〔2018〕12号文涉及的改革事项共30项，其中贸易便利化领域包括铁路运输方式舱单归并新模式、海运进境集装箱空箱检验检疫便利化措施、进境保税金属矿产品检验监管制度等9项；国函〔2019〕38号文涉及的改革事项共17项，其中贸易便利化领域包括海运危险货物查验信息化、国际航行船舶进出境通关全流程"一单多报"、海关业务预约平台等6项；国函〔2020〕96号文涉及的改革事项共37项，其中贸易便利化领域包括飞机行业内加工贸易保税货物便捷调拨监管模式、跨境电商零售进口退货中心仓模式等7项。

的《关于支持自由贸易试验区深化改革创新若干措施的通知》（国发〔2018〕38号文）中"提升贸易便利化水平"部分具体包括国际贸易"单一窗口"标准版、保税监管、保税仓储、海关税款保证保险等19项措施。2020年6月中共中央、国务院印发的《海南自由贸易港建设总体方案》更是将贸易自由便利当作制度设计的首要任务，提出以贸易投资自由化便利化为重点构建海南自由贸易港政策制度体系。2021年4月26日商务部等20部门联合印发了《关于推进海南自由贸易港贸易自由化便利化若干措施的通知》（商自贸发〔2021〕58号）。从在特定区域放宽原油、食糖等进口资质和数量管理，到支持海南自贸港积极发展数字贸易，共涉及28项措施，同时将贸易便利化领域从货物贸易扩展到服务贸易。2021年6月10日第十三届全国人大常委会第二十九次会议通过的《中华人民共和国海南自由贸易港法》不仅在总则第4条再次提及贸易投资自由化便利化是海南自由贸易港建设的重点，更以专章的方式（第二章）规定了贸易自由便利条款，将包括通关便利措施在内的各类成熟经验上升为法条，有利于海南自由贸易港贸易便利化措施的全面推进与深化。2021年8月2日，国务院发布《关于推进自由贸易试验区贸易投资便利化改革创新若干措施的通知》（国发〔2021〕12号），在放开国际登记船舶法定检验、开展进口贸易创新、释放新型贸易方式潜力、推进"两头在外"保税维修业务、提升医药产品进口便利度等方面提出了贸易便利化相关措施。

三、中国跨境贸易便利化制度的构建实践

贸易便利化的基本要求就是简化和协调贸易程序，海关等职能部门在制度安排与具体措施方面进行了多种尝试，使得企业单证成本实质性降低，跨境贸易营商环境显著优化。

（一）贸易便利化制度安排

1. 职能部门合作监管

依据《国务院关于印发落实"三互"推进大通关建设改革方案的通知》（国发〔2014〕68号文），海关与检验检疫部门打破行政职能划界，对涉及贸易货物通关的监管措施进行整合，全面推进"一站式作业"，形成"三个一"

通关模式，即"一次申报（一次录入、分别申报）、一次查验（一次开箱、关检依法查验／检验检疫）、一次放行（关检两方'一机双屏双控'查验、双指令放行）"。为实现口岸管理相关部门之间的信息互换、监管互认、执法互助，海关与检验检疫业务全面融合，共同推出规范化合作监管制度，以实现"五统一"，即统一申报单证、统一作业系统、统一风险研判、统一指令下达、统一现场执法。目前这些合作制度已全面推广至我国各个口岸，进入实质性操作阶段，大幅度提高了通关效率。

2018 年 3 月，第十三届全国人民代表大会第一次会议批准通过了《深化党和国家机构改革方案》，在国家质量监督检验检疫总局的职责重新整合的基础上，组建了中华人民共和国国家市场监督管理总局，而原属于国家质量监督检验检疫总局的出入境检验检疫管理职责和队伍划入海关总署。❶ 对跨境贸易的发展而言，关检融合存在明显的积极作用：不仅解决了一个口径对外的问题，而且在政府部门需要缩减但其职能又必须存在的情况下简化了内部流程手续，长远看也有利于各地海关在施行新零售、保税备货等跨境电商进出口模式时商检标准的统一。

2. "一线逐步彻底放开"，"二线安全高效管住"

按照各个自贸试验区的建设方案，自贸试验区一律实施特殊的海关监管制度，即秉承"一线放开""二线管住"的最终思路，海关与检验检疫部门相继设置了分界监管，区内自由的模式。货物进出不同分界线，物流、仓储、状态监管、税收等一系列应对措施均有不同要求，具体包括对自贸试验区和境外之间进出货物，允许自贸试验区内企业凭进口舱单信息将货物先行提运入区，再办理进境备案手续，即"先进区、后报关""快验车道""进境检疫""区内自行运输""批次进出、集中申报"等通关便利化的改革举措；对自贸试验区和境内其他区域之间进出货物，实行智能化卡口、电子信息联网管理模式，完善清单比对、账册管理、卡口实货核注的监管制度。并在一线出境、二线入区环节推进口岸物流信息电子化，制定完善不同运输方式集装箱、整车货物运输电子数据交换报文标准，实现内外贸集装箱堆场的电子化

---

❶ 本文对于我国跨境贸易便利化法律制度的梳理包括 2018 年之前的政策措施，因此下文涉及机构改革之前质检总局的规章与行政规范性文件。

海关监管；且推动海运提单换提货单电子化，使企业在报关环节不再提交纸质提单或提货单，在主要远洋航线实现海关与企业间的海运提单、提货单、装箱单等信息电子化流转。

3. 企业分类监管制度

海关总署与国家质检总局基于职能监管的不同要求，针对企业均制定了分类管理的办法。海关总署先于2014年颁布了《中华人民共和国海关企业信用管理暂行办法》（海关总署第225号令）和《海关认证企业标准》，后于2018年5月1日起施行了新的《中华人民共和国海关企业信用管理办法》（海关总署第237号令），2021年3月1日起开始施行新的配套标准——《海关认证企业标准》（海关总署2020第137号文）。依照上述规定，海关按照运输方式对水运物流、航空物流及公路物流企业分别设置了认证标准，并基于此推行"经认证的经营者（AEO）"❶互认制度，即海关对信用状况、守法程度和安全措施较好的企业进行认证，为通过认证的企业提供通关便利，包括缩短通关时间，降低通关成本等。通过与不同国家海关之间签订AEO互认协议❷的方式，相互给予对方AEO企业优惠便利措施。不同级别的海关部门通过派驻协调员，使辖区内的高级认证企业和一般认证企业同时享受国内及货物出口国海关最高等级通关便利措施，获得更高的国际竞争力。AEO认证不仅适用于进出口企业和报关企业，对于跨境电商和快件运营人来说，同样需要关注AEO认证，以实现通关便利。2019年《关于公布〈海关认证企业标准〉的公告》（海关总署2019年第229号文），专门就"跨境电子商务平台企业"和"进出境快件运营人"规定了认证的专项标准，并对上述两类企业申请AEO认证的相关要求进行了明确。❸

---

❶ 《中华人民共和国海关企业信用管理办法》第30条规定，"经认证的经营者（AEO）"，指以任何一种方式参与货物国际流通，符合本办法规定的条件以及《海关认证企业标准》并且通过海关认证的企业。

❷ 目前我国已与新加坡、韩国、中国香港、中国台湾、欧盟、瑞士、新西兰、日本、白俄罗斯、塞尔维亚等42个国家或地区签署了AEO互认的合作协议。参见海关总署［EB/OL］.［2021 - 03 - 01］. http://www.customs.gov.cn/qgs/hgjckxytxjszl/gjaeohr48/3346294/index.html.

❸ 跨境电子商务平台企业应当同时符合《海关认证企业标准》中的通用标准、进出口货物收发货人和跨境电子商务平台企业单项标准；进出境快件运营人应当同时符合《海关认证企业标准》中的通用标准、报关企业和进出境快件运营人单项标准。参见安永观察. 反思与前瞻——后疫情时期的海关AEO与出入境检验检疫［EB/OL］.［2021 - 05 - 01］. https：//www.sohu.com/a/377329264_676545.

根据国家质检总局 2009 年修订的《出口工业产品企业分类管理办法》（质检总局第 113 号令）、2013 年发布的《关于〈出入境检验检疫企业信用管理办法〉的公告》（质检总局 2013 年第 93 号文）及 2015 年制定的《出入境检验检疫报检企业管理办法》（质检总局第 161 号令），检验检疫部门对进出口企业、代理报检企业等实施信用管理和分类管理。检验检疫部门推行相关企业 AA、A、B、C、D 五级分级制，并结合产品风险等级，分别采用特别监管、严密监管、一般监管、验证监管、信用监管五种不同检验监管方式，使企业享受不同的通关便利待遇。关检融合后，检验检疫的相关规范与要求已经融入企业 AEO 认证中。《关于实施〈中华人民共和国海关企业信用管理办法〉有关事项的公告》（海关总署 2018 年第 178 号文）与《出入境检验检疫企业信用管理办法》进行对接，主要从企业信用信息采集、企业信用状况认定以及分类管理措施适用等三个方面，引入了 AEO 认证过程中出入境检验检疫方面的合规审核要素。❶

4. 跨境贸易电子商务监管

综合近年来我国跨境电商进出口贸易的发展态势，我国无疑已经成为全球跨境电子商务发展最活跃的国家之一，❷ 海关等职能部门正逐步制定并完善其监管措施，促进跨境贸易电子商务的便利化。2018 年 8 月 31 日，第十三届全国人民代表大会常务委员会第五次会议通过了《电子商务法》，该法于 2019 年 1 月 1 日起实施。《电子商务法》第 71 条明确将"提高跨境电子商务各环节便利化水平"作为促进跨境电商发展的重要内容。

---

❶ 主要内容包括：吸收《出入境检验检疫企业信用管理办法》中有关企业信用信息的规定，增加了对产品检验检疫合格率、国外通报、退运、召回、索赔等信息的采集要求。企业有违反国境卫生检疫、进出境动植物检疫、进出口食品化妆品安全、进出口商品检验规定等行为，被追究刑事责任的，海关将认定为失信企业；企业在申请认证期间因违反前述规定被刑事立案的，海关应终止认证；认证企业涉嫌违反前述规定被刑事立案调查时，海关应当暂停适用相应管理措施。针对一般认证企业、高级认证企业以及失信企业分别适用不同的管理措施，在进出口货物的平均检验检疫抽批比例方面也进行了明确规定。参见安永观察. 反思与前瞻——后疫情时期的海关 AEO 与出入境检验检疫 [EB/OL]. (2021 - 03 - 13) [2021 - 05 - 01]. https://www.sohu.com/a/377329264_676545.

❷ 据 2018 年 5 月在郑州发布的《中国·河南跨境电子商务零售发展蓝皮书》预计，2018 年我国跨境电商交易规模将超过 9 万亿元，占全球交易总额 40% 以上；另据 2020 年 11 月 21 日河南国际数字贸易研究院与社会科学文献出版社联合发布的《跨境电商蓝皮书：中国跨境电商发展报告（2020）》，2019 年中国跨境电商市场规模破 10 万亿元大关，高达 10.5 万亿元，较 2018 年的 9 万亿元同比增长 16.7%。

海关总署 2014 年 7 月 23 日下发的《关于跨境贸易电子商务进出境货物、物品有关监管事宜的公告》(海关总署 2014 年第 56 号文),为解决跨境电子商务与传统商务模式不适合的问题,明晰了政策方面的模糊之处。在政策文件框架下,各地海关先后采取了"9610"跨境出口模式,● 即一般出口模式,破解跨境出口路径难题。海关对跨境货物采取"清单核放、汇总申报"模式办理电子商务零售进出口商品通关手续(通过海关特殊监管区域或保税监管场所一线的电子商务零售进出口商品除外),电商出口商品以邮、快件分批运送,海关凭清单核放出境,定期为电商把已核放清单数据汇总形成出口报关单,电商凭此办理结汇、退税手续,并纳入海关统计。这使真正意义上的跨境贸易电子商务实际操作成为可能。此外,"9610"直购进口模式适用于境内个人跨境网购通关手续的办理,同样按照个人邮递物品征税放行,并纳入海关统计。海关总署 2014 年 7 月 30 日下发的《关于增列海关监管方式代码的公告》(海关总署 2014 年第 57 号文),增列海关监管方式代码"1210",全称"保税跨境贸易电子商务",简称"保税电商",最大的特点即电商将整批货物在无须办理一线出入境通关单相应手续的前提下,就可转入 B 型保税物流中心和海关特殊监管区域。2016 年 12 月 5 日,海关总署发布第 75 号文,决定增列海关监管方式代码"1239",全称"保税跨境贸易电子商务 A",简称"保税电商 A"。不同于"1210",该代码在监管方式上要求货物在一线进境环节要办理通关单的对应手续后,才能进入 B 型保税物流中心和海关特殊监管区域。但第 75 号文明确将包括郑州在内的 10 个跨境电商试点城市排除在外。至此,因暂缓延期规定,对于免通关单的 10 个城市,继续使用"1210"代码模式;对于需要提供通关单的其他城市(非试点城市),则采用新代码"1239"监管模式。2018 年商务部等 6 部委联合印发《关于完善跨境电子商务零售进口监管有关工作的通知》(商财发〔2018〕486 号文),明确了过渡期后跨境电商零售进口有关监管安排,对适用范围内各地❷施行"1210"保税电商进口与"9610"直购进口两种模式,适用范围以外的城市或地区可通

● 2014 年 2 月 7 日海关总署下发《关于增列海关监管方式代码的公告》(海关 2014 第 12 号文),增列海关监管方式代码"9610",全称"跨境贸易电子商务",简称"电子商务"。

❷ 本通知适用于北京、天津、上海、唐山、呼和浩特、沈阳、大连、长春、哈尔滨、南京、苏州、无锡、杭州、宁波、义乌、合肥、福州、厦门、南昌、青岛、威海、郑州、武汉、长沙、广州、深圳、珠海、东莞、南宁、海口、重庆、成都、贵阳、昆明、西安、兰州、平潭等 37 个城市(地区)的跨境电商零售进口业务,自 2019 年 1 月 1 日起执行。

过"1239"保税电商进口 A 模式开展跨境保税电商零售进口业务。"9610"模式下，电商企业或其代理人向海关申报，有关企业将电子订单、支付凭证、电子运单等实时传输给海关，按照个人邮递物品征税放行，并纳入海关统计；"1210"与"1239"模式下，海关凭清单核放，由邮、快件企业分送出区离境，海关定期将已放行清单归并形成出口报关单，并纳入海关统计。过渡期后的监管方案一方面将"暂按个人物品监管"的原则固定下来，明确对跨境电商零售进口商品按照个人自用进境物品监管，不执行首次进口许可批件、注册或备案的要求，保持了监管政策的连续稳定；另一方面，简化的"电子商务＋保税中心＋行邮监管"模式安排显然更有利于提高跨境电子商务的通关效率。其中跨境电子商务进口保税备货模式因涵盖了"三单"数据传输主体、格式标准及比对逻辑，"清单验放"比照一般贸易模式监管，实现了跨境电子商务商品批量入境后零售至国内消费者的全链条监管；有效缩短了包裹配送时间，有效降低了政府监管成本和企业运营成本。

相比于跨境电商监管制度和政策措施较集中的跨境电商零售进出口（B2C）领域，占大部分的跨境电商企业对企业（B2B）业务却一向缺乏针对性监管制度和政策措施，导致跨境电商 B2B 出口业务量无法明确显现，相关企业也无法像跨境电商 B2C 出口企业那样享受对新业态的政策支持措施。为进一步促进跨境电商健康快速发展，2020 年 6 月海关总署发布了《关于开展跨境电子商务企业对企业出口监管试点的公告》（海关总署 2020 年第 75 号文），决定自同年 7 月 1 日起在北京、天津、南京、杭州、宁波、厦门、郑州、广州、深圳、黄埔等地海关开展跨境电商 B2B 出口监管工作试点，重点在技术标准、业务流程、监管模式和信息化建设等方面开展先行先试。就通关便利化而言，跨境电商 B2B 出口企业自此不必再按照传统贸易方式申报通关，而是有了专门的通关方式，即新增的海关监管方式代码"9710"和"9810"。前者全称"跨境电子商务企业对企业直接出口"，简称"跨境电商 B2B 直接出口"，适用于跨境电商 B2B 直接出口的货物；后者全称"跨境电子商务出口海外仓"，简称"跨境电商出口海外仓"，适用于跨境电商出口海外仓的货物。企业可通过"单一窗口"或"互联网＋海关"网上传输交易订单、海外仓订仓单等电子信息，且全部以标准报文格式自动导入，报关单和申报清单均采用无纸化，简化企业申报手续，实现报关全程信息化。单票金额在人民币 5000 元（含）以内且不涉证、不涉检、不涉税的货物，可通过跨境电商出口统一版系统以申报清单的方式进行通关，申报要素比报关单减少 57 项，清单无需汇总报关单，让中小微出口企业申报更为便捷、通关效率进一步提升，助力中小微企业拓展跨境电商出口业务。❶ 在综试区所在地海关通过跨境电商出口统一版通关、且无需出口退税的清单，可申请按照 6 位 HS 编码简化申报，不再汇总申报报关单或备案清单。跨境电商 B2B 出口货物适用全国通关一体化，企业可以选择向属地海关进行申报，货物在口岸地海关进行验放，也可采用"跨境电商"模式进行转关。企业根据自身情况可选择时效更强、组合更优的方式，同时可优先安排查验，在物流以及海关查验方面也可享受较大便利。❷ 根据《关于扩大跨境电子商务企业对企业出口监管试点范围的公告》（海关总署 2020 年第 92 号文），自 2020 年 9 月 1 日起，在现有试点海关基础上，增加上海、福州、青岛、济南、武汉、长沙、拱北、湛江、南宁、重庆、成都、西安等 12 个直属海关开展跨境电商 B2B 出口监管试点。而《关于在全国海关复制推广跨境电子商务企业对企业出口监管试点的公告》（海关总署公告 2021 年第 47 号文）则规定，自 2021 年 7 月 1 日起，在现有试点海关基础上，在全国海关复制推广跨境电商 B2B 出口监管试点。

针对跨境电商这一国际贸易新兴业态的特点与发展实际，质量检验检疫部门在守好质量安全底线的同时，积极创新检验检疫监管模式，在商品属性、准入政策、主体责任等方面，探索建立了相应的企业备案和商品备案制度、风险评估及分析制度、质量追溯和监测制度、企业信用管理制度、生产国标准及第三方检验采信制度等。2015 年 5 月，质检总局下发了《关于进一步发挥检验检疫职能作用促进跨境电子商务发展的意见》，鼓励先行先试，加大制度创新与管理创新，提出了建立跨境电商清单管理制度、构建跨境电子商务风险监控和质量追溯体系的要求。以此为据，部分省市专门跨境电子商务进出口商品检验检疫监管办法中包括有负面清单制度，即以清单形式来界定哪些物品检验检疫环节不能通过跨境贸易电子商务运作，除此以外的法检商品则可。对于能够实施跨境贸易的电子商务网购物品，则通过对进口商品进行风险等级的界定来实施不同查验方式，同时建立了进口跨境电子商务重点商

---

❶ 解读丨跨境电商 B2B 出口监管新模式［EB/OL］.（2020 - 08 - 31）［2021 - 05 - 01］. http：//www. customs. gov. cn/fuzhou_customs/zfxxgk19/2963574/3409693/3414606/index. html.

❷ 林少滨，须捷，等. 跨境电商进出口监管模式对比分析（1210、9610、9710 和 9810）［EB/OL］.（2020 - 04 - 08）［2021 - 05 - 01］. https：//www. sohu. com/a/459581929_100159367.

品、重点项目监管清单。关检融合后，该意见中阐明的管理原则仍作为跨境电商企业在检验检疫方面的重要依据，且对于跨境电商的检验检疫监管逐渐融入了海关监管要求中。《关于跨境电子商务零售进出口商品有关监管事宜的公告》（海关总署 2018 年第 194 号文）以 2016 年第 26 号公告为底稿，基于关检融合的背景增加了多项检验检疫条款，例如：海关对跨境电子商务零售进出口商品及其装载容器、包装物按照相关法律法规实施检疫；对需在进境口岸实施的检疫及检疫处理工作，应在完成后方可运至跨境电子商务监管作业场所；海关对跨境电子商务零售进口商品实施质量安全风险监测等。

（二）贸易便利化具体措施

1. 海关措施

海关方面通常从简化通关流程、优化海关监管两大方面推动贸易便利化，以优化营商环境。前者主要包括通关无纸化改革，推行"两单一审"，统一简化备案清单格式、简化通关随附单证，"批次进出、集中申报"，区域通关一体化，保税展示交易，集中汇总纳税以及依照海关总署的相关文件，实行预审价、预归类、原产地预确定、提前申报、担保验放、税费电子支付等各种通关便利措施。后者主要包括加工贸易工单式核销，内销产品返区维修，跨境贸易电子商务服务试点的一般通关模式，按状态分类监管等新的监管模式。2018 年海关总署会同口岸管理各相关部门出台了《提升我国跨境贸易便利化水平的措施（试行）》，提出 18 条针对性举措，涉及优化通关流程、简化单证手续、降低口岸收费、建立完善管理机制等，对我国一直以来的贸易便利化制度建设进行了经验总结，也指明了我国完善贸易便利化制度的方向。另外，为进一步提高服务水平，海关还进行了一些日常行政事务性改革，例如实行节假日、24 小时预约通关服务，落实首问负责制、限时办结制、服务承诺制，完善 12360 海关服务热线和关长接待日制度，为企业通关提供优质高效的服务。

2. 检验检疫措施

检验检疫部门主要从提高日常行政事务效率与创新检验检疫办法两个方面积极推动贸易便利化改革。常规改革主要包括加快推进无纸化通关工作，优化业务流程，开发设置检验检疫工作周期管理系统，借助信息化手段，严格管理每一个工作流程，对于现行的窗口工作进行改造升级，实施一站式窗口服务等；简政放权、缩短审批时限，将 3C 免办审批、口岸卫生许可证签发、出口食品生产企业备案管理、原产地证签发等业务统一下放至自贸试验区等的检验检疫机构。检验检疫创新措施主要包括采信第三方检验结果，对出入境特殊物品实施风险管理，签发中转货物产地来源证，特殊监管区内实施进口货物预检验制度、特殊监管区检验检疫分线监督管理模式，优化动植物及其产品检疫审批，建立保税区检验检疫监管新机制、跨境贸易电子商务检验检疫管理系统等。关检融合后，2018 年 6 月 1 日，海关总署下发的 2018 年第 50 号公告正式生效，全面取消作为进出口法检商品通行证的出入境货物通关单。同时，《中华人民共和国进出口商品检验法》（2018 修订）作出修改，删除"海关凭商检机构签发的货物通关证明验放"，为通关单的取消确立了法律依据。自此，涉及法定检验检疫要求的进口商品，企业可通过"单一窗口"报关报检合一界面向海关一次申报，从而进一步缩短整体通关时间，降低企业通关成本，提升贸易便利化水平。

3. 完善电子口岸，建设单一窗口平台

为提高口岸效率，2006 年国务院办公厅印发了《国家电子口岸建设协调指导委员会工作制度》（国办函〔2006〕87 号文），从电子口岸委组成、电子口岸委组成人员单位主要职责、电子口岸办主要职责、电子口岸委议事制度、全国电子口岸建设信息沟通制度等方面就电子口岸建设工作作出了明确部署。电子口岸是电子口岸执法系统的简称，该系统以口岸通关执法管理为主，运用现代信息技术，借助国家电信公网，将各类进出口业务电子底账数据集中存放到公共数据中心，逐步向相关物流商务服务延伸的大通关、大物流、大外贸的统一信息平台，国家职能管理部门可以据此进行跨部门、跨行业的联网数据核查，企业可以在网上办理各种进出口业务。电子口岸的建设涉及海关等 15 个业务部门，需从中央与地方两个层面建设协调机制。中央层面，电子口岸建设协调指导委员会包括海关总署等 15 个成员单位，下设中国电子口岸数据中心。地方层面，在与海关总署签署《地方电子口岸建设合作备忘录》的框架下，由各地政府主导成立了当地的电子口岸建设协调推动机构，通常都设有一个相当于委员会的领导小组或是联席会议，同时由一个办公室来负

责具体推动，有的地方还建立了实体负责运营。

经济全球化和区域经济一体化的发展对电子口岸的建设提出了新的挑战，"单一窗口"建设已成为国际组织及各国政府推动贸易便利化、促进国际贸易发展的重要手段。海关总署 2016 年印发的《国家口岸发展"十三五"规划》（署岸函〔2016〕111 号文）指出，应依托中央和地方两个层面的电子口岸公共平台，共同打造全国一体化的"单一窗口"环境，并在国务院口岸工作部际联席会议制度❶下统筹推进。中央层面负责"单一窗口"基本功能建设、协调和简化单证格式和数据标准，制定"单一窗口"标准版并免费推广应用，依托中国电子口岸平台与国内各口岸及相关管理部门系统对接，并开展国际合作对接；地方层面依托本地电子口岸按照统一标准推进"单一窗口"建设。"十三五"期间，在进一步拓展跨部门联网应用范围，提高口岸管理部门联合执法和科学决策能力的基础上，我国已逐步建立起覆盖国际贸易全链条，与其他国家和地区互联互通的"中国国际贸易单一窗口"。

四、中国跨境贸易便利化制度构建中存在的问题

TFA 的生效、我国政府"放管服"职能改革及海关等部门以优化营商环境为目标的持续性深化改革，促使我国的跨境贸易便利化水平有了很大的提升。然而从已出台的文件与实施的措施来看，关注的重点仍是通关手续的便利性和快捷性，有关通关法律制度本身的考虑还显薄弱。具体表现如下：

（一）海关立法不充分，层级不高

我国的《海关法》颁布于 1987 年，后经 2000 年、2013 年（同年修订两次）、2016 年、2017 年五次修改，但立法宗旨一直未改，并未明确写入贸易便利化。特别是 TFA 签署生效后，国际上对海关法律制度的适应性提出了更

---

❶ 依据 2015 年国务院发布的《关于同意建立国务院口岸工作部际联席会议制度的批复》（国函〔2015〕97 号文），口岸工作部际联席会议由中央编办、外交部、发展改革委、工业和信息化部、公安部、财政部、环境保护部、交通运输部、农业部、商务部、人民银行、海关总署、税务总局、工商总局、质检总局、林业局、港澳办、铁路局、民航局、外汇局、总参谋部等 21 个部门和单位组成。在国务院领导下，联席会议统筹协调全国口岸工作。研究确定并推进实施口岸重大改革方案和政策措施；协调解决全国口岸改革发展中的重大问题；推进口岸通关中各部门的协作配合；指导和协调全国及各地方电子口岸建设；完成国务院交办的其他事项。

高的要求，我国《海关法》理应在明确监管、征税、统计、缉私四大任务的同时，建立符合 WTO 规则的海关法律监管体系。以贸易便利化为导向的通关监管改革对传统海关执法带来了巨大冲击，但现行《海关法》囿于制定时的经济发展条件与海关传统作业方式的局限，未能对便捷通关模式的创新举措等进行法律意义的界定和规范。虽然《海关法》是我国海关监管的主要法律依据，但实践中海关执法多依照海关规章以及内部文件规定，行政法规较少。而大量的规章和内部文件，往往是针对出现的单个问题设置个别办法来解决，缺乏统筹安排；且不同或相同效力等级的规定之间、由于内部纵横向沟通不够，也在一定程度上存在不协调的问题。

另外，结合 TFA，我国在信息公布、进出口费用与手续，以及过境自由方对企业服务的技术问题上还缺乏统一的标准与具体可操作的规定。

（二）通关便利化监管法规不完善、实施效力不确定

事实上，我国通关法律制度普遍存在着不完善、不确定以及实施随意等缺陷，以"三预"措施为典型。所谓"三预"是指海关通关管理措施中的估价预审价、商品归类预归类、原产地预确定。根据我国现行的海关管理法规，"三预"的具体执行机构都是直属海关或经授权的隶属海关，如不同执行海关作出差别化结论，则由海关总署最终决定。例如，预归类决定的使用因税则号列申报的疑义而存在局限性。商品归类具有很强的专业性和技术性，国际上与国内的编码制度与税则目录等都存在不同程度的滞后性，因此实务中不同的经办海关，甚至是同一执法者不同时期都会产生不同的认定结果。从法律效力上说，预归类决定仅约束作出决定的直属海关；而且预归类决定仅适用于那些法规明确纳入的事项。虽然海关总署的行政裁决可以对上述问题作出最终裁决，但过程复杂，时效性差。因此，实践中"三预"措施很有可能反而降低了通关速度。

原产地与完税价格的确定因现行海关监管程序的不完善存在不利于企业的一些问题。比起规范申报等格式化要求，原产地和完税价格的确认都是海关行使自由裁量权的体现。虽然我国也制定了有关原产地认定的标准与完税价格的确定规则，但相关要求过于笼统，尤其是后者，目前针对海关提起的行政复议或诉讼大多都是对估价的争议。因此应该说，海关等部门内部信息化水平随着共享信息网络系统的建立已经得到了很大的提高，但在管理机制

和实施运作上还缺乏更具操作性的标准规则及深度沟通与协调的机制性安排。TFA 第 7.4 与 7.5 条就货物的清关与放行规定了风险管理与后续稽查。为了保证税收应收尽收、平衡监管与服务，风险管理的理念需贯彻海关通关监管工作的始终，尤其是后续稽查更不能放松。目前海关的风险管理措施与后续稽查安排都尚缺乏明确可行的法规及切实有效的监管模式。

2014 年 12 月 1 日起正式施行的《中华人民共和国海关企业信用管理暂行办法》及 2018 年 5 月 1 日起实施的《中华人民共和国海关企业信用管理办法》将原先由海关总署统一进行的高信用企业认定工作放权给各直属海关，同时规定除了认证企业（AEO 企业）需要企业向海关申请认定外，其他企业信用等级调整都由海关按照客观、量化标准进行动态调整，无需向海关申请。因此直属海关的责任也随着其职能范围的扩充而增大，那么如何在保证贸易安全的基础上给企业以更多可能的优惠，如何在法律框架中促进本地企业信用评级就成为直属海关必须严肃对待的问题。

（三）制度创新系统性、联动性不够

海关实施便利化措施逐步推进了区域通关一体化，企业可以异地报关，集中审单。但通关一体化以口岸运行管理的整体性与统一性为基础，虽然海关总署在制定统一标准方面作出了诸多努力，但各直属海关限于自身职能定位，在具体操作执行上还存在交叉、重叠、脱节等问题，即便是各直属海关不同的创新型便利化措施，也缺乏有效的统一协调机制。特别是如果出现了通关方面的紧急问题，处置流程多、"政出多门"就容易导致效率低下。

贸易便利化不仅涉及海关监管制度创新，还需要工商、税务、外汇等部门协同合作。例如，海关监管模式还需要区域联动和一体化的实际操作流程对接等。全国各地单一窗口建设进程并不同步，系统运行对企业的便利化效果以及各主管智能部门之间的信息共享与处理效果还有待技术提升、部门协调与制度保障。

（四）新型贸易制度改革亟待突破，适应性法规欠缺

作为一种新兴业态，跨境贸易电子商务发展迅速，因讲究时效性，所以尤其注重快速通关。无论是跨境电商批发还是跨境电商零售，都与传统贸易模式差别明显，尤其是后者，其亦货物亦物品的模糊属性更是给监管部门提

出了不小的挑战。如何实现既有利于促进整个行业的健康、有序发展，又能有效保障消费者的利益的监管目标，具体到便利化领域，就是如何确保既能快速通关，又能将商品质量安全风险置于可控范围，是海关部门不得不面对的难题。就海关方面来说，一般通关模式并不能完全应对跨境电商贸易的需要，另外报关具体手续的问题，也不能涵盖与外汇管理、税收管理等各部门进一步联动创新的所有要求。就检验检疫部门来说，跨境电子商务涉及贸易产品因其与传统贸易方式的巨大差异，现有措施很难有效解决其可能出现的质量安全问题，如何将质量安全风险降到最低，还需要依据其具体贸易形态的特点探索新的监管方式。跨境电子商务负面清单与风险监控从模式上确保了安全与高效目标的实现，但具体管理办法上有待细致化，例如针对不同的网购模式，不同类产品的监管方法与要求，电商责任的追究等，都需要按照商务部出台的《关于实施支持跨境电子商务零售出口有关政策的意见》（国办发〔2013〕89号文）等规范性文件制定相应的操作规程。

（五）职能部门协调不足，国际贸易单一窗口运作欠缺法律保障

无论是统计信息共享，还是通关手续办理，目前各地建立的针对跨境电商的综合服务平台还欠缺全国统一的技术标准与操作规范，因此特别需要政府相关部门的通力协作与共同推进。而现有海关内部在有关数据源标准化方面还存在不一致、联通不够的问题。

国际贸易单一窗口功能的完全实现，包括促进各地区平台资源互联互通，与国际接轨，实现与国际范围内其他地区电子口岸网络的协作与融合。电子口岸的建设为单一窗口平台的上线运行提供了必要的基础，但其功能和建设中也存在着一些制约其向单一窗口模式的转化和发展的问题，主要包括对企业服务的技术问题还缺乏统一标准，信息资源一定程度上存在分散、无序的情况，集成和整合信息不够完善，增加了政府与企业的双重成本等。而这些问题的解决除了需要研发技术，推广电子政务方式，更重要的应该是用法律的形式明确技术标准，构建联通合作机制。

（六）国际合作管理分散、合作效果有待提高

随着海关对外合作的纵深发展，国际合作事务中涉及的业务领域逐渐增多，双多边国际合作项目也在不断增加，然而由于海关总署内部各部门及地

方海关就开展对外合作方面欠缺统筹协调，因此国际合作管理分散、模式各异，资源缺乏有效整合利用。TFA 第 8 条"边境机构合作"与第 12 条"海关合作"均对海关等专门机构之间包括信息交换、手续和程序协调在内的合作事项设置了要求，基于此，各成员方的海关将越来越倾向于消除规制性壁垒，彼此就监管结果展开互认。特别是"一带一路"倡议的提出与实施，既是提升我国贸易便利化水平的大好契机，也对我国海关进行通关便利化国际合作提出了实际的挑战，而我国目前的海关法规尚没有涉及这方面的问题。

五、完善中国跨境贸易便利化制度的对策性建议

针对我国跨境贸易便利化制度构建过程中出现的问题，理应树立法治政府的意识，立足贸易便利化的标准性、协调性特征，结合依法行政的要求，整合相关监管法规，并不断改进部门执法措施，使其更为科学合理；同时促使海关估价、原产地规则以及信息数据等技术标准逐步与国际接轨，增强国际合作的实际效果，逐步建立起更加完善的贸易便利化制度。

（一）修订《海关法》，增强海关立法的科学性与合理性

针对海关法律框架设置不合理、法律体系较散乱的问题，迫切需要完善《海关法》这一根本大法及相关的法律法规，为海关的执法提供法律依据和保障。

首先，应在对进出口商给予必要信任的理念基础上，改变往日将进出口商当作走私违法、偷税漏税的假想敌而采取的重管理、轻服务的监管模式，在总则中明确贸易便利化作为海关职责的核心地位；其次，应对便捷通关改革形成的制度性经验与便利化评价指标进行必要的法制化，改变以往多由内部文件或各地规范性文件分散规定的状况，将包括单一窗口、预裁定、边境机构合作等在内的便捷通关模式所涉及的术语进行法律界定与规范；最后，应在设计法规制度时进行充分的事先调查研究、增强商界的充分参与，这也是在依法行政领域实现最大限度科学合理的必然要求。TFA 第 2 条"评论机会、生效前信息及磋商"明确要求成员方应在可行的范围内以与国内法律与法律体系一致的方式向贸易商及其他利益相关方提供参与政策法规制定的机会、公布相关信息，并设置定期磋商制度。我国现行海关法尚未就此作出

专门安排，不仅容易导致海关相关政策法规脱离实际情况，造成不必要的通关障碍，也有违反 TFA 规则之嫌。因此应采用多种渠道、多种方法征求各界意见，进一步提高海关立法的质量。

（二）改进分类管理办法，细化分线监管制度

分类管理的实质是将工作重心由注重最终产品检验转移到加强生产全过程监管，在各项业务管理工作中推广、运用分类管理模式，科学制定标准，细分管理对象，区别管理方式，突出管理重点，逐步实现由粗放型管理向精细化管理的转变，实现由单一型监管向"产品风险分级 + 企业分类"二维监管的模式跨越，努力把执法把关覆盖到出口产品的全过程中，并有效加快企业出口产品的通关速度，提高管理质量和效能，使企业能充分享受到信用监管、验证监管方式带来的便利和优惠。海关部门应遵照国际通行的货物状态分类监管模式，形成监管方案和操作规范。关检融合后，应统筹考虑评定规范、日常监督检查规范、产品风险分级评定规范等，针对风险不同的产品，结合保税货物、非保税货物、口岸货物等出入境的不同货物状态进行分类监管，实行同仓存储，采用"联网监管 + 库位管理 + 实时核注"监管模式；并通过实施标准的细化，与海关对企业的分类进行级别对应，使得企业类别越高，享受的通关便利越多。

2015 年海关总署制定的《加快海关特殊监管区域整合优化方案》中明确提出深化"一线逐步彻底放开"，"二线安全高效管住"的贸易便利化改革。因此，这已经成为应推广至全国海关的根本性监管服务理念。实践中，"一线放开"要落到实处，注重实效；"二线管住"将探索海关、边检、海事等口岸管理部门和查验单位及相关部门监管模式、服务措施的创新，建立高效便捷的货物从自贸区进口内销或转口贸易的管理和通关体制。对处于一线与二线之间的区内而言，应深化功能拓展，实现区内自由。海关需要在确保有效监管的前提下，探索建立货物状态（保税货物、非保税货物、口岸货物）分类监管模式；对企业的管理要从行政管理向企业自主管理转变，备案制要向登记制转变；在严格执行货物进出口税收政策的前提下，允许在特定区域设立保税展示交易平台；对于货物分类监管来说，还需要在开展试点的基础上，加快研究探索与之相配套的税收等相关制度；借助企业动态信息库和统计部门的数据资料，加强对"结关后"货物流和信息流的跟踪监控分析。

（三）对标 TFA 规则要求，完善通关便利化措施

TFA 为全球范围内贸易便利化措施的推进重新设置了法律框架，协定规则及中国提交的 A 类措施通报成为我国贸易便利化制度建设必不可少的国际法制背景。

1. 信息公布

TFA 义务性规则从便利化措施信息提供者角度，扩大了信息公布的范围，除了相关立法，更强调政策透明度；同时 TFA 对应公布信息在公布前的形成程序与公布后的救济方式上，也作了硬性要求，即建立信息生效前评议机制、确立预裁定机制及有效的上诉或审查程序。因此，海关应有计划地制定涉及进出口和过境程序所需的表格和单证、违反进出口或过境手续的惩罚规定、申诉程序等通关便利化政策措施，并予以公布；对应建立信息生效前评议机制的要求，开展前瞻性课题研究，征求海关行政相对人意见，举行听证；基于 2006 年 4 月 1 日起实施的《海关行政执法责任追究暂行规定》及《海关行政执法过错纠正暂行规定》等，建立对预裁定与其他行政执法过程中出现问题的申诉渠道，将海关体系内部的独立的复议程序与其他行政机关的复议程序相衔接。另外，海关还应按照 TFA 鼓励性条款的建议，多途径向社会提供贸易便利化相关信息，特别是通过互联网提供和更新有关进出口和过境程序说明等的信息。

2. 完善货物清关制度、授权经营者计划、海关担保措施

TFA 在货物清关方面的义务性要求包括设立预清关、特别放行、后续稽查、推进信息化应用等制度。我国应结合实际情况，有步骤地进行提前放行与关税保证金的试点工作，制定《海关事务担保条例》实施细则；允许以电子格式提交单证，电子支付关税、国内税、规费和费用，提高货物通关程序的自动化水平；制订相应的后续稽查实施办法，进行个案审计与全面审计相结合，注重过程的透明性并及时向被稽查人通知结果，保证企业快速通关的前提下也为有效打击不法企业、实现公平公正奠定基础。海关还可以依据 TFA 的鼓励性规则，将预裁定制度应包含的范围进行扩展，除了已被国家

《进出口关税条例》❶ 纳入的税则分类与原产地判定外，可以将完税价格确定的方法、标准，关税减免的要求、配额等也纳入可裁定事项。TFA"授权经营者（AO）"概念与世界海关组织提出的 AEO 概念类似，但更加具有约束性。TFA 第 7.7.2 条设定了该类计划非歧视的强制性一般原则，还列举了建议性的特定标准：遵守海关和其他法律法规，具有符合要求的纪录管理系统、充足的财政偿付能力、供应链安全等。海关可在我国《海关企业分类管理办法》等相关国内立法、配套措施的基础上，依照 TFA 的具体标准，进一步制订授权经营者计划，为有实力的企业提供优惠便利。

3. 逐步推进 TFA 鼓励性便利措施

风险管理是海关对进出口企业及货物实施的风险识别、衡量和控制，以达到突出重点、提高监管效率的目的。海关可以参照 TFA 第 7.4 条列举的风险评估标准（HS 编码、货物性质与描述、原产地、货物装运过、货值、贸易商守法记录及运输工具类型等），尝试运用外部审计等手段对企业会计信息、业务流程信息等进行核查，进行区域内风险管理试点工作，并开发风险管理信息系统，方便日后的风险管理操作。

（四）促进机构执法能力建设，协调机构间的监管职责

执法统一是国际公认的行政执法标准，贸易便利化的核心要求：一是标准化，二是协调化。标准化为海关等职能部门执法统一奠定了必要的实体性规则基础，协调化则是海关内部及其与其他职能部门之间沟通合作、统一监管的基本原则。海关执法能力建设是一个综合性课题，既包括从业人员的法律素养的培训，也包括程序方面对监管工作的规范化。关检融合后海关执法的统一与协调问题更为突出，可考虑以能力建设框架一类的规范性文件为载体，对从业人员所需的专业知识与技能等作出统一规定，以方便外界监督，并就人员培训推出系统化的大纲与课程安排。为促进监管部门之间的有效沟通，可考虑建立口岸合作性框架，相互签署合作备忘录，确定沟通负责处室

---

❶ 2003 年 11 月 23 日中华人民共和国国务院令第 392 号公布，后根据 2011 年 1 月 8 日《国务院关于废止和修改部分行政法规的决定》第 1 次修订，根据 2013 年 12 月 7 日《国务院关于修改部分行政法规的决定》第 2 次修订，根据 2016 年 2 月 6 日《国务院关于修改部分行政法规的决定》第 3 次修订，根据 2017 年 3 月 1 日《国务院关于修改和废止部分行政法规的决定》第 4 次修订。

及人员，确立信息数据共享机制等。

（五）建立跨境电商的分类监管制度，不断创新跨境电商便利化监管模式

在守住质量底线的基础上，促进跨境电商的贸易便利化是跨境电商监管的主要目的，根据跨境电商贸易这一新兴业态自身的特点，可以秉承分类监管的基本思路，建立针对性的分类监管制度。首先，跨境电商按照不同标准可以有不同分类，按照贸易流向可分为进口与出口，按照贸易模式则主要分为 B2B 与 B2C。应结合网购保税进出口监管的实践，积极探索 B2B 模式涵盖的企业备案、申报、征税、查验、放行、转关等各个环节的监管制度，以及包括简化进口商品一线入区申报手续，建立适合保税零售业务的账册管理制度，对跨境电商经营主体和商品的事前评估、入区申报、区内监管、出区核销、检测采信、联合执法、事后追溯等闭环监督管理制度在内的 B2C 进出口监管制度，不断创新贸易便利化政策措施，优化营商环境。其次，根据货物分类监管要求设计跨境电商的业务流程和监管模式，同时加强各部门联合监管执法。检验检疫方面，在已有跨境电商负面清单将不适合跨境电商经营的货物排除在外的基础上，采取正面清单与负面清单相结合的方式，对负面清单外的货物依据其风险级别建立正面清单，在一般性的高风险与低风险分类基础上，再分别就不同类型的高风险与低风险货物根据其产品技术特性及涉税价值等进行对应性的监管流程再造。依据国家现有有关危化品、生物医药等特殊物品的管理规范，进一步细化具体清单目录，将查验行为集中于高风险货物，简化低风险货物的通关。针对风险不同的产品分别实施特别监管、严密监管、一般监管、验证监管、信用监管五种主要监管方式；并通过实施标准的细化，与海关对企业的分类进行级别对应，使得企业类别越高，享受的通关便利越多。海关方面，协调推动海关建设通关辅助管理系统，顺畅工作流程衔接，提升贸易便利化水平；促进海关信息化建设，加强对网络服务商和网上支付的监控；可根据跨境电商进出口货物种类繁多、新型产品更新快的特点，探索大类备案制度的具体实施方案；还可授权跨境电商平台定期集中申报，并采用担保形式先放后税等。

注重时效的特征使得跨境电商的检验检疫监管应完全扭转"先检后放"的传统模式，应积极探索并落实将事前备案、分类监管与事后追溯、抽查跟

踪结合的创新监管模式。❶ 一方面向前延伸监管，在产品入境前实现企业与商品的双备案；另一方面向后延伸监管，尤其应重视事后监管所必需的程序设置、工作方法与数据标准等的规范化，建立风险信息、安全评估、消费者投诉举报等后续监管体制，再将相应的信息引入跨境电商企业评定分类等事前备案阶段，形成事后追溯与事前备案之间良性的信息互动。

支持跨境消费纠纷解决机制的探索，尝试建立跨境电子商务纠纷仲裁机构及相应程序，便于消费者权益保护，及跨境电子商务的纠纷处置。探索建立对海外电商企业的质量安全预警通报机制和追责机制，进一步完善跨境电子商务产品售后服务机制，建立维权渠道，强化电商平台和经营者的责任主体意识。努力建立重大消费安全事件应急处置机制，强化各监管部门联合执法，健全跨境电子商务经营者的退出机制和惩戒制度。

另外，还应以法规的形式将涉及跨境电商的一些基本问题进行澄清与规范，例如海关监管过程中有关货物与物品的区分、普通货物与货样广告品的区分、B2B 的认定标准等。

（六）完善国际贸易单一窗口，推动机构合作与法律协调

单一窗口的建立与完善，需要各职能部门的通力合作，主要从以下几个方面努力。

1. 搭建技术法律框架与开发技术设施并行

单一窗口所必需的电子交易方式首先意味着技术发展和设施处理程序的研发，但最终形成单一窗口总体系统架构的方案，会影响制定特定单一窗口实施所需的法律架构的范围与内容。需要避免的一个陷阱就是在尚未进行必要的法律分析并努力搭建单一窗口法律框架时就急于发展单一窗口的技术架构。最好的办法就是在进行单一窗口的技术开发同时并行开发法律框架。这样有利于使单一窗口架构的技术设计以及所采取的流程能够考虑到法律上的需求。建议单一窗口的建设工作在技术和法律框架下同时进行，以便处理与此类法律与技术相"交叉"的相关问题。例如，给予电子数据以合法的地位，

---

❶ 事前备案即通过经营企业和产品信息全备案、全申报建立质量核准机制，事后追溯即网上抽查抽测和产品消费信息的跟踪机制。参见吴维中，王荔红. 跨境电子商务检验检疫监管模式探讨 [J]. 《中国对外贸易》，2015（7）：82.

明确其证据地位；电子单证与信息以电子形式进行保留、储存与归档要求；完善电子签名制度。

2. 以电子口岸建设为基础，规范政府服务方式

电子口岸不能仅定位于口岸执法核查，而应该定位于公共执法服务，以公共执法数据交换和共享为目的，把各单位相关的注册备案信息全部共享出来，各执法单位可以相互调阅，则可节省各单位的大量的审批时间。先以"大通关"为核心业务，然后逐步发展到口岸相关单位的各方面业务。为让使用电子媒体所带来的效益实现最大化，单一窗口终要实现以电子方式重复纸质流程的各个步骤，即实施全部的无纸流程，这就要求优化流程，既要保证企业与政府主体之间电子信息通信无缝交换，也要确保政府部门之间的数据共享。这就带来了特殊的法律挑战，即需要对提交单证数据与分享信息的格式、范围等标准进行明确，以及处理商业与政务领域里的秘密与隐私问题。因此应推行海关通用的表格表单，方便企业使用。一方面需要采用一般综合性立法，以完全反映商业经营者的需求，并将其应用扩展到公共部门；另一方面要引入为信息交换提供隐私和案例保护的隐私法律法规等。

3. 强化政府主导，建立统一的负责机构

单一窗口设施是一种复杂的贸易便利化措施，成功实施的最重要的先决条件就是政府及相关政府部门的政治意愿，能够带动众多利益攸关方参与进来，共同努力，形成一个共同的体系。可以通过适当的法律授权方式，明确单一授权机关的协调或领导地位，并同时确认其他机构的相应的权力与协作地位，明确在单一窗口中相互合作的义务与权力划分；构建主管部门之间的联通协调机制，制定切实有效的措施办法。

（七）推进海关的国际合作，促进相关法律体系国际化

标准化是解决贸易信息不对称的有效手段，标准化建设应尽量符合国际惯例，并考虑国际合作，进一步完善包括电商标准体系在内的贸易便利化标准体系。跨境电商的涉外特征促使一地贸易便利化的建设还要尽可能考虑与境外对接的需要，例如平台信息分享与手续办理所需的数据元标准可参考联

合国贸易便利化与电子业务中心（UN/CEFACT）发布的贸易便利化建议书❶中的具体规定，也为我国日后统一标准积累实践经验。同时应积极探索与"丝绸之路经济带"沿途各国开展监管方式、贸易规则等多贸易便利化方面的多维度合作。国家层面应开展跨境电商相关政策信息的沟通，促进协调性技术系统的发展，跨境电商的质量把控，需要统一规则。

我国海关还应在推进贸易便利化进程中不断完善合作项目、增强对外的信息交换，结合"一带一路"和双边自由贸易协定的发展趋势，深入开展对世界各国和地区的贸易研究。尤其是在检验检疫技术法规、行政许可、合格评定结果互认等方面，制定相关支持政策和扶持措施，主动推进对外贸易发展。由政府牵头，借鉴有关自贸区经验，研究政策创新、监管创新和服务创新模式，以全面对接"一带一路"和各个双边自由贸易协定的签署，助力地区经济发展。同时，应注重对国际合作所需要的内部协调与外部沟通在监管法规中予以明确的定位与必要的制度构建。

---

❶ Trade Facilitation Recommendations ［EB/OL］. ［2021 – 06 – 01］. https：//unece. org/trade/un-cefact/tf_recommendations.